本书系2024年新疆师范大学博士（后）科研启动基金重点项目中国共产党"赶考"之路的历史轨迹、理论逻辑与实践遵循研究（XJBSRW2024006）、2024年度智库招标课题重点项目"新时代党的治疆方略理论体系、话语体系研究"（ZK2024B11）、2023年新疆师范大学青年拔尖人才《抗战时期中国共产党人在新疆的群众路线实践及当代价值研究》（XJNUQB2023-01）阶段性成果。

　　2024年国家社科基金高校思想政治理论课研究专项"基于新疆历史性成就的高校思政课教学案例库建设研究"（项目编号：24VSZ158）

新时代中国共产党的
"初心"研究

张文龙　乔秀丽◎著

九州出版社
JIUZHOUPRESS

图书在版编目（CIP）数据

新时代中国共产党的"初心"研究／张文龙，乔秀
丽著 . -- 北京：九州出版社，2024.9. -- ISBN 978-7-
5225-3406-0

　　I. D23

中国国家版本馆 CIP 数据核字第 2024FG5551 号

新时代中国共产党的"初心"研究

作　　者	张文龙　乔秀丽　著	
责任编辑	沧　桑	
出版发行	九州出版社	
地　　址	北京市西城区阜外大街甲 35 号（100037）	
发行电话	（010）68992190/3/5/6	
网　　址	www.jiuzhoupress.com	
印　　刷	唐山才智印刷有限公司	
开　　本	710 毫米×1000 毫米　16 开	
印　　张	15.5	
字　　数	229 千字	
版　　次	2025 年 5 月第 1 版	
印　　次	2025 年 5 月第 1 次印刷	
书　　号	ISBN 978-7-5225-3406-0	
定　　价	95.00 元	

目　录
CONTENTS

导　论

第一节　问题的提出

　　"为什么人、靠什么人的问题，是检验一个政党、一个政权性质的试金石。"[①] 回溯中国共产党百余年的历史演进图景，虽然我们党所处的历史方位和时代坐标随着时空的转换而不断变化，但我们党所秉持的全心全意为人民谋幸福的执政初心却始终如一。倘若拉长历史视野来考察和追寻中国共产党"为何人立命、为何人执政"，则更加有利于我们深刻把握中国共产党为什么行的奥妙所在。在革命战争时期，中国共产党秉持求得民族独立和人民解放、国家富强和人民幸福的建党初心，团结带领人民群众进行了艰苦卓绝的斗争，在付出惨痛代价的情况下推翻了压在中国人民头上的"三座大山"，最终实现了中华民族站起来的伟大飞跃；新中国成立以后，在政党角色转换中如何实现国家富强和人民富裕是摆在共产党人面前的重要议题，如何医治战争创伤和集中力量恢复国民经济极大考验着中国共产党的执政智慧和执政能力。中国共产党在全国执政以后并没有急于向社会主义过渡，而是依据当时实际国情提出了"一化三改"的过渡时期总路线，将社会主义建设和社会

---

① 中共中央党史和文献研究院. 十八大以来重要文献选编（下）[M]. 北京：中央文献出版社，2018：400.

主义改造同时推进，从而为国家富强和人民幸福奠定了坚强的制度保障和厚实的物质基础。改革开放以来，随着历史方位和社会主要矛盾的变化及人民群众对提高物质生活水平的迫切诉求，中国共产党在总结历史经验教训的基础上，及时纠正和转移党的工作重心，致力于以经济建设为中心，在大力发展生产力的基础上把提高人民生活水平作为党的工作的出发点和检验标准，经过四十多年的风雨历程，中华民族实现了从站起来到富起来的伟大飞跃。回溯我们党从"革命为民"到"建设为民"再到"改革为民"的历史演进逻辑，不难看出，中国共产党的价值理念和实践行动始终未离"为民造福"的价值中轴线，并指向最高的目标归宿——实现每个人自由而全面的发展和实现中华民族伟大复兴的美好夙愿。

党的十八大以来，在中国共产党的核心领导之下，人民群众的生活水平实现了前所未有的提升，我国的国际影响力、感召力和塑造力有了显著提高，进而为全球治理与和平发展贡献了中国智慧和中国方案。然而，在取得巨大历史性成就的同时，我们更要清楚地认识到，伴随着世情、国情和党情的深刻变化，中国共产党执政面临的威胁和挑战同样不可小觑。首先，从深刻变化的世情角度辩证审视，一方面，中国顺应世界发展的大潮流正以崭新的面貌站在世界舞台的中心，另一方面，以美国为首的西方资本主义国家始终秉持强烈的意识形态偏见和冷战思维，在经济上不择手段地发动大规模的贸易保护战，单边主义和逆全球化的趋势愈演愈烈；在政治问题上肆意插手中国香港、新疆的内政事务，在意识形态领域用"国强必霸"的西方发展逻辑来宣扬推导"中国威胁论"；在人类共同面临的问题上转嫁危机、回避矛盾为自己治理无力的困局开脱，极力污蔑和诋毁中国共产党的形象，究其本质而言，其最终目的是颠覆中国共产党的政权，割裂党与人民群众之间的亲密联系，阻碍中华民族伟大复兴的前进步伐。因此，如何在波澜诡谲的国际环境中保持自身发展的同时始终不渝地秉持为世界谋大同的大党情怀，是我们党在世情深刻变化的时代境遇中面临的严峻考验。其次，基于深刻变化的国情角度辩证审视，中国共产党在全面建成小康社会和实现"两个一百年"伟大奋斗目标的宏伟征程中，面临的现实挑战和潜在威胁是多方面的，我国改革进入深水区和攻坚期，社会矛盾和问题交织叠加，民生领域依然存在短板和难题，"社会主要矛盾发生了根本性变化，人民对民主、公平、正义、环境等方面的要求不仅限于量的规定，而是从更高质的层面提出了需求"①，为中国人民谋幸福和为中华民族谋复兴的初心使命在人民群众的期盼和渴望中显得尤为迫切和需要，这是我们党在国情深刻变化的时代境遇中面临的严峻考验。最后，基于深刻变化的党情角度辩证审视，党的十八大以来，中国共产党以强烈的政治勇气和高度的历史使命感推进全面从严治党，党的建设取得了巨大成效，但党内存在的突出问题和面临的严峻考验和危险依然没有得到根本性解决，中国共产党在长期执政的过程中仍然面临着"四大考验"的长期性、复杂性和"四大危险"的尖锐性和严峻性，隐形变异的"四风问题"严重败坏了党的光辉形象，浪费了党的有限资源，严重损害和弱化了党的先进性与纯洁性；部分党员干部理想信念动摇，在金钱、利益、美色等面前失去了自我，秉持金钱至上、利益至上的错误价值理念，宣扬马克思主义"过时论""失败论""无用论"，不信马列信鬼神，转而在封建迷信中寻求精神慰藉。行为是思想的外化，以上党内存在的诸多不良现象，折射出的是部分党员干部的"初心"缺位，淡忘了建党之初我们党所确立的为人民谋幸福的初心。如若忘记这个初心，我们党就会变质易色，最终会失去人民，失去未来，甚至会酿成全局性、颠覆性的灾难，最终难逃人亡政息的结果。

"时代是思想之母，实践是理论之源。"任何一种理论抑或是政治命题的出场均是对现实境遇的反思与回应，党的十八大以来，习近平总书记以深邃的历史情结和强烈的忧患意识，在不同的场合语境下，对"我是谁、为了谁、依靠谁"这一根本问题进行了本源式的追问，纵览习近平总书记的话语风格和叙事主线，党的"初心"这一全新政治话语经历了话语意义的演进与概念形塑的历程。习近平总书记在论述党的"初心"时，通常与"初衷""不忘""使命""恒心"等词汇交替使用，它们共同构成了以"初心"为词源的相互支撑的概念谱系。通过对文献资料的收集与整理，党的"初心"政

---

① 李建军，张文龙 . 新时代党的自我革命的出场语境、价值意蕴与实践理路［J］. 理论视野，2020（5）：86-92.

治命题的出场最早可以追溯到习近平总书记给国测一大队的老党员的回信中，他指出："不忘初心，方得始终。全国广大共产党员要始终在党爱党、在党为党，心系人民、情系人民，忠诚一辈子，奉献一辈子。"① 此后在多个场合中，习近平总书记强调广大党员干部"不能忘本忘祖、忘记初心"②，直至中国共产党成立 95 周年大会讲话上，习近平总书记以"不忘初心、继续前进"作为讲话主线，在回顾党的光辉历史的同时从八个方面就党员干部如何做到"不忘初心"做了系统全面的要求，然而需要注意的是，习近平总书记更多的是从实践层面强调如何坚守和不忘初心，并没有过多地从理论层面对"初心"的概念和内涵作出明确的阐释和概括。直到党的十九大报告上，习近平总书记不仅把"不忘初心、牢记使命"作为大会的主题词，而且在报告中鲜明地提出了中国共产党的初心就是为中国人民谋幸福的科学论断。党的十九大召开之后，党的"初心"很快成了国内学术界和理论界追踪的热点话题，研究取得了一定的成果。然而，通过对已有文献和资料的整理对比发现，当前对党的初心政治命题的研究依然存在一些不足。如：报纸评论性和宣传性的文章居多，空洞化和口号化的倾向严重，绝大部分理论成果的观点近似而繁杂，学理性和创新性不足，无法真正达到用理论研究成果讲政治的效果和意义。鉴于此，对党的"初心"这一政治命题进行深入研究是十分有必要的。本书希望通过对党的"初心"的出场渊源、历史演进、基本特征、经验总结等方面进行系统全面的梳理，以期在理论深度、视角创新和多学科交叉等方面对现有的研究成果进行有益的补充和拓展。

第二节　国内外研究现状及述评

自习近平总书记提出中国共产党人的"初心"的重要命题之后，引起了

---

① 习近平给国测一大队老队员老党员回信勉励广大共产党员 在党爱党在党为党忠诚一辈子奉献一辈子 [N]. 人民日报，2015-07-02（1）.

② 习近平. 习近平谈治国理政（第二卷）[M]. 北京：外文出版社，2017：326.

学术界和理论界的高度关注并形成了理论研究的热潮，紧跟目前学术界对中国共产党人"初心"的最新研究动态与研究进展程度，并对目前已有的学术成果进行系统全面的归纳与述评，有利于对本选题寻求切入点和突破点，进而在一定程度上弥补现有研究的不足和缺憾。

一、国内研究

自从习近平总书记提出中国共产党"初心"的重要命题之后，该命题很快成了学术界关注的理论热点且研究呈递进式增长，目前学术界主要聚焦于党的"初心"的理论渊源、出场缘由、科学内涵、价值意蕴、历史进程、实践进路等方面展开研究，基于对文献的梳理与归纳，国内的研究主要集中于以下五个方面。

1. 关于中国共产党"初心"的科学内涵研究。任何研究都须以概念的界定为逻辑前提，中国共产党的"初心"作为一个全新的政治话语，学者们从多个维度就什么是中国共产党的初心展开了广泛深入的研究，关于中国共产党的"初心"的科学内涵尚无一致的表述，学术界的观点主要集中在以下几个方面：

党的"初心"内涵之"理想信念说"。一些专家学者把中国共产党人的初心与实现共产主义理想目标和坚定马克思主义信仰结合起来概括其内涵。梅荣政指出："党的初心就是实现共产主义的最高理想和最终目标。"[1] 岳奎指出："初心就是共产党人的信仰和使命、标的和旗帜。"[2] 初心是我们党血液里独一无二的红色基因。李庚香同样指出："中国共产党的初心集中表现为对马克思主义的信仰。"[3] 何畏认为："中国共产党的初心首先表现为对马

---

① 梅荣政，梅晓宇. 全面领悟"不忘初心、牢记使命"的科学内涵［J］. 世界社会主义研究，2019，4（11）：20-23，94.

② 岳奎. "不忘初心"与自觉抵制西方非意识形态化错误思潮［J］. 马克思主义研究，2018（9）：132-140.

③ 李庚香. "不忘初心、牢记使命"的思想逻辑与实践路径［J］. 领导科学，2019（15）：5-11.

克思主义的赤诚忠心。"① 中国共产党的初心就是"对马克思主义的信仰和对共产主义的信念及为实现人民幸福的真诚赤子之心"②。谢春涛指出："初心就是习近平总书记所阐述的信仰、理想、信念和宗旨。"③ 具体来讲，首先必须坚持和发展马克思主义，其次要坚定远大理想和共同理想，再次要坚定"四个自信"，最后要坚持一切为了人民、一切依靠人民。左亚文指出："党的'初心'，既是宗旨、使命，也是信仰。"④ 卫兴华指出："共产党的初心是对马克思主义初心的继承与发展。"⑤ 高度彰显了共产党的初心与马克思主义初心的内在一致性和内涵相通性。牛先锋也指出："中国共产党人的初心就是致力于实现共产主义，为人民谋幸福的'初心'就是马克思主义政党的初心的中国化表达。"⑥ 郭玥认为："党的初心就是中国共产党自成立伊始就确立的共产主义和社会主义的远大理想信念，是建党之时树立的奋斗精神和赤子之心。"⑦

党的"初心"内涵之"心学说"。国内一部分学者认为中国共产党的初心核心内涵是以人民为中心，"民心"即"初心"。朱喆指出："中国共产党的初心就是民心，即以人民为中心，也就是以民心为心。"⑧ 邵彦敏也指出："中国共产党初心的核心是以人民为中心。"⑨ 为人民利益而接续奋斗，是中

① 何畏."不忘初心、继续前进"：中国共产党治国理政的根本原则和方法论［J］.思想理论教育导刊，2016（9）：66-69.
② 茹梦丹.习近平"初心"思想的科学内涵与践行路径［J］.延安大学学报（社会科学版），2018，40（3）：43-47.
③ 谢春涛.坚持初心就是要坚持党的信仰、理想、信念和宗旨［J］.前线，2016（10）：9-12.
④ 卫兴华，叶小文，李君如，等.百位专家学者谈初心［J］.人民论坛·学术前沿，2019（12）：4-69.
⑤ 卫兴华，叶小文，李君如，等.百位专家学者谈初心［J］.人民论坛·学术前沿，2019（12）：4-69.
⑥ 卫兴华，叶小文，李君如，等.百位专家学者谈初心［J］.人民论坛·学术前沿，2019（12）：4-69.
⑦ 郭玥.论党的初心与党的先进性和纯洁性［J］.探索，2016（5）：113-117.
⑧ 朱喆.初心·本心·民心［J］.学习月刊，2016（13）：10.
⑨ 卫兴华，叶小文，李君如，等.百位专家学者谈初心［J］.人民论坛·学术前沿，2019（12）：4-69.

国共产党区别于任何政党的显著标志。陈培勇指出："党的初心就其本质而言是民心。"① 中国共产党在百年的沧桑风雨中其存在和行动的价值意义始终没有偏离"为民"二字。韩振峰认为："中国共产党的初心是以人民为中心发展思想的生动阐释。"② 汤建龙强调：党的初心可以归纳为四个层面的内涵要义，其一是对马克思主义和社会主义及共产主义的信仰之心、信念之心、理想之心；其二是对民族和国家的图强之心、对群众的为民之心；其三是对党、党员的求真之心、务实之心和求实之心；其四是从个体层面来说表现为共产党人的道德良心，从整体层面来讲表现为中国共产党的公心。

党的"初心"内涵之"根本宗旨说"。国内一些学者认为中国共产党的初心是由党的根本宗旨决定的。韩振峰认为："中国共产党的初心是全心全意为人民服务根本宗旨的崭新表达。"③ 张城指出："全心全意为人民服务既是中国共产党的宗旨，亦是中国共产党的初心，二者是一以贯之、由始而终的。"④ 房广顺认为："中国共产党的初心就是建党之初所确立和规定的宗旨、性质和目标。"⑤ 周文斌认为："全心全意为人民服务是中国共产党的根本宗旨，更是中国共产党不能背离的'初心'。"⑥ 绝不能忘记入党时的神圣誓言和庄严承诺。

党的"初心"内涵之"革命精神说"。部分学者指出中国共产党在长期革命的实践过程中积淀的革命文化和革命精神就是党的初心。正如陆明所讲："红船精神就是中国共产党的建党初心。"⑦ 因此，要做到不忘初心就必须继承和弘扬"红船精神"；杨明伟指出："从'红船精神'可以悟出中国

① 陈培永．"初心"归根到底就是"民心"［J］．世界社会主义研究，2016（1）：118.
② 韩振峰，王蓉．中国共产党"初心"的多维探析［J］．广西社会科学，2020（1）：26-31.
③ 韩振峰，王蓉．中国共产党"初心"的多维探析［J］．广西社会科学，2020（1）：26-31.
④ 张城．中国共产党一以贯之的宗旨［N］．学习时报，2017-12-27（2）.
⑤ 房广顺．不忘初心的理论根据和历史逻辑［J］．沈阳干部学刊，2016，18（5）：5-6.
⑥ 周文斌．"不忘初心"贵在"三不忘"［J］．人民论坛，2019（20）：56-57.
⑦ 陆明．不忘初心：弘扬红船精神的时代要求［J］．人民论坛·学术前沿，2020（5）：124-127.

共产党的初心和特质。"①

党的"初心"内涵之"综合要素说"。部分学者认为中国共产党的初心是一个理论复合体。韩庆祥认为:"不忘初心可以从不忘本质、不忘本来、不忘品质、不忘初衷四个方面来加以阐释和理解。"② 郭学德指出:"不忘初心的深邃内涵包括不忘根本、不忘过去、不忘宗旨、不忘归途。"③

综上所述,虽然学者们对中国共产党初心的定义众说纷纭、各持己见,但总体上都包含了党的指导思想、奋斗目标、宗旨性质、以民为本等内容,为本文的研究提供了致思的逻辑理路。

2. 关于中国共产党初心的现实依据研究。"时代是思想之母,实践是理论之源。"任何一种全新理论抑或是思想都是在回应和关照当前实践所面临的全新场景而出场的,进入中国特色社会主义新时代,处于历史与未来的交汇期,习近平总书记为什么要反复强调中国共产党初心的重要性,学术界以此为研究的逻辑起点进行深入探讨,通过归纳总结主要有以下几种代表性观点:

党的"初心"的现实依据之"问题导向说"。部分学者认为中国共产党的初心是基于我们党在新的历史境遇中面临的危险和考验上出场的。张明认为:"在进入中国特色社会主义新时代的全新历史背景下,中国共产党的初心面临着世情、党情、国情深刻变化的新要求和新挑战,这也是习近平总书记提出不忘初心的重要考量所在。"④ 秦天认为:"在新的历史条件下我们党正面临着四大危险、四大考验的严峻挑战,党的初心正在遭受严重的侵蚀。"⑤ 中央党校原副校长黄宪起指出:"习近平总书记是着眼于我们党如何

① 杨明伟. 新时代中国共产党的精神源动力:从"红船精神"看中国共产党人的初心和特质 [J]. 求索,2018 (1):23–31.
② 韩庆祥. "不忘初心"的哲学阐释 [J]. 共产党员(河北),2016 (26):32–33.
③ 郭学德. 论"不忘初心"历史命题的重大和深远意义 [J]. 学习论坛,2019 (7):5–12.
④ 张明. 中国共产党初心与使命的三重逻辑:基于历史、理论与现实的三个关键词解析 [J]. 新疆师范大学学报(哲学社会科学版),2019 (6):49–59.
⑤ 秦天. 擦亮共产党人的初心 [J]. 红旗文稿,2016 (21):11–13.

在长期的执政过程中永远得到人民群众的拥护和支持这个根本问题上提出不忘初心的重大命政治问题的。"①　包心鉴指出："在我们正面临'百年未有之大变局'、国内国际还有一系列重大现实问题需要我们党回应和解决的重要历史时期，习近平总书记提出了不忘初心的重大命题。"②　刘浩林认为："习近平总书记提出'不忘初心'的思想，既是我们党应对外部危机与考验的需要，更是我们党在新的历史时期加强自身建设的主动选择。"③

党的"初心"的现实依据之"历史经验说"。部分学者认为中国共产党的初心就是对党的百年历史经验的回溯与总结。王建南认为："'不忘初心'是对党的 95 年历史经验的总结。"④　邓纯东指出："党的初心内蕴着对中国共产党历史经验和优良传统的总结与继承。"⑤　这是对我们党执政经验的深刻总结。彭劲松指出："习近平总书记强调坚守初心是对我们党长期历史经验的深刻总结、提炼和传承。"⑥　李国强则认为："不忘初心是一种历史的呼唤与记忆。"⑦　虽然我们如今过上美好幸福的生活了，但绝不能忘记我们过去经历的苦难岁月。

党的"初心"的现实依据之"未来指向说"。部分学者认为中国共产党的"初心"这一政治命题是面向未来的话语表达方式，旨在告诫和警示我们要以不忘初心的精气神走好新时代的长征路。徐燕玲指出："习近平总书记强调'不忘初心'，是为了探求在新时代如何更好地再出发，是一种未来取

①　黄宪起. 党的初心使命集中体现党的性质宗旨理想信念 [N]. 检察日报，2019-08-13（8）.

②　包心鉴. "不忘初心、牢记使命"的时代内涵 [J]. 人民论坛·学术前沿，2019（16）：81-83.

③　刘浩林，匡亮敏. 习近平"不忘初心"思想探析 [J]. 毛泽东思想研究，2018，35（4）：45-51.

④　王建南. 重大关头"不忘初心"是对党的历史经验的深刻总结 [J]. 思想理论教育导刊，2016（9）：57-61.

⑤　邓纯东. 论不忘初心牢记使命的三重逻辑 [J]. 湘湘论坛，2019，32（6）：31-38.

⑥　卫兴华，叶小文，李君如，等. 百位专家学者谈初心 [J]. 人民论坛·学术前沿，2019（12）：4-69.

⑦　卫兴华，叶小文，李君如，等. 百位专家学者谈初心 [J]. 人民论坛·学术前沿，2019（12）：4-69.

向的思维方式。"① 陶文昭指出："不忘初心是为了更好地继续前进，进而奋力谱写新时代的新篇章。"② 汪青松认为："'不忘初心'是不忘本来的基础上更好地面向未来，是为实现中华民族伟大复兴和实现共产主义的庄严宣誓。"③ 何畏指出："只有秉持初心，方能使党和国家沿着建党时的'初心'继续前进。"④

综上所述，国内学者对党的初心的提出缘由主要存在三种看法：一是回望过去，认为在新时代场域下强调不忘初心是对中国共产党百年历史经验的深刻总结和回溯；二是立足当下，认为中国共产党在建党之初确立的初心在新时代境遇中面临着多重危险与挑战；三是展望未来，认为强调不忘初心是为了更好地推进伟大事业，实现伟大梦想。

3. 关于中国共产党初心的时代价值研究。部分学者认为中国共产党的"初心"这一政治命题不单纯是一个理论命题，更是一个关乎中国共产党在新时代场景中治国理政的现实问题。宋文新指出："在新时代背景下能否做到不忘初心，事关我们党能否经受得住'四大危险'、克服'四大考验'，事关我们党能否回答好时代和人民给予的考题，事关中国共产党有没有能力和勇气肩负起实现中华民族伟大复兴的时代使命。"⑤ 杜飞进认为："只有秉持不忘初心，才能提高思想建党、理论强党的能力和水平，才能更好地推进新时代党的建设，才能始终保持党与人民群众的血肉联系，才能顺利实现党的十九大擘画的目标蓝图。"⑥ 苗遂奇指出："不忘初心为实现中华民族伟大复

①　徐艳玲. 新时代"不忘初心、牢记使命"的四重逻辑 [J]. 人民论坛，2019（S1）：52-54.
②　卫兴华，叶小文，李君如，等. 百位专家学者谈初心 [J]. 人民论坛·学术前沿，2019（12）：4-69.
③　汪青松. "不忘初心"与实现中华民族伟大复兴的中国梦 [J]. 思想理论教育导刊，2016（9）：62-65.
④　何畏. "不忘初心、继续前进"：中国共产党治国理政的根本原则和方法论 [J]. 思想理论教育导刊，2016（9）：66-69.
⑤　宋文新. "不忘初心、牢记使命"：中国共产党人的永恒主题 [J]. 长白学刊，2019（5）：1-8.
⑥　杜飞进. 不忘初心和使命：新时代实现党的历史使命的根本保证 [J]. 哈尔滨工业大学学报（社会科学版），2019，21（6）：1-13.

兴提供了根本信仰支撑和根本政治保障，同时中国共产党秉持为世界谋大同的初心赢得了国际社会普遍的认同和广泛的尊重，为解决人类面临的共同问题贡献了中国智慧与中国方案。"① 苗成斌从历史、理论、现实和价值四个维度阐述了不忘初心的重要性，指出："不忘初心是对历史规律的自觉遵循与践行，是思想建党和理论强党的必然要求和更高指向，是对中国共产党人理想信念和革命精神的坚守和赓续，更是对党的宗旨性质的内涵升华和时代彰显。"② 曾志刚从"四个伟大"的视角切入阐述党的初心的时代价值，认为："坚持不忘初心，有利于巩固党的执政地位，有利于创造人民幸福生活，有利于促进国家繁荣富强，有利于完成民族复兴大业。"③ 郭学德指出："只有秉持初心，才能永远不脱离人民群众，才能跳出'历史周期律'，才能使中国共产党永葆青春、永远年轻。"④

总体而言，国内学术界对中国共产党初心的时代价值的阐述比较详尽，学者们从各个维度指出新时代坚持不忘初心对于中国共产党人、中国共产党、中国人民、中华民族乃至世界范围皆具有重要的价值和意义，进而为本文的研究提供了很好的理论借鉴。

4. 关于中国共产党初心的践行路径研究。针对习近平总书记提出的中国共产党"初心"的重要论述，学术界展开了全面而广泛的研究，并对在新时代视域下中国共产党人如何恪守和践行初心从加强党的建设、坚持以人民为中心、完善制度保障、坚定理想信念等方面展开论述。

邓纯东指出："坚持不忘初心，其一要坚持以人民为中心的发展思想，其二要坚持党的群众路线，其三要坚持立党为公、执政为民的执政理念。"⑤ 蒋乾麟认为："坚持不忘初心，就必须始终保持对理想信念的崇高追求，必

① 苗遂奇. 不忘初心、牢记使命的时代价值 [J]. 红旗文稿，2018（2）：16-18.
② 苗成斌. 以初心和使命引领中华民族伟大复兴 [J]. 江苏社会科学，2019（6）：1-9，257.
③ 曾志刚. "不忘初心"的哲学意蕴与时代意义 [J]. 中国井冈山干部学院学报，2018，11（4）：13-22.
④ 郭学德. 论"不忘初心"历史命题的重大和深远意义 [J]. 学习论坛，2019（7）：5-12.
⑤ 邓纯东. 论不忘初心牢记使命的三重逻辑 [J]. 湖湘论坛，2019，32（6）：31-38.

须心怀对人民的真诚赤子之心。"① 同样，张明也认为："不忘初心，就是要坚持以人民为中心，交给人民群众一份满意的答卷。"② 冯雷也指出："坚守初心，就要坚定理想信念，就要坚持以人民为中心，就要一以贯之推动建设党的新的伟大工程。"③ 王朝庆认为："新时代恪守党的初心，首先始终要坚持人民的'幸福线'，其次必须修好共产党人的'心学'，再次要致力于提高党员干部的执政本领，最后要在深入学习党史教育的过程中重温和坚定初心。"④ 吴桂韩从党的建设的角度强调："做到不忘初心，必须有强烈的自我革命的精神，关键在于管住党的各级领导干部特别是高级领导干部。"⑤ 易言闻指出："坚守和践行党的初心，一是要坚定理想信念筑牢思想之基，二是要勇于自我革命，把党建设得更加坚强有力，三是要坚持以人民为中心夯实党的执政基础。"⑥ 另外，还有一些学者指出："坚持不忘初心，就要始终不渝地推进'四个伟大'。"⑦ 田心铭从理论学习层面指出："只有自觉学习马克思主义才能真正做到不忘初心。"⑧ 任晓伟从制度建设的层面强调："加强党内民主制度建设为坚守党的初心提供政治基础，以纪律建设作为推进全面从严治党的重要保障，从而防范和纠正党的初心的政治偏离。"⑨ 此外，自党

---

① 蒋乾麟. 从历史和现实两个维度理解和践行初心使命 [J]. 中国党政干部论坛，2019（11）：45-48.

② 张明. 中国共产党初心与使命的三重逻辑：基于历史、理论与现实的三个关键词解析 [J]. 新疆师范大学学报（哲学社会科学版），2019，40（6）：49-59.

③ 冯雷，彭萍萍，李百玲，等. 守初心、担使命，筑牢马克思主义信仰之基 [J]. 马克思主义与现实，2019（6）：1-6.

④ 王朝庆. 中国共产党"初心"话语的四个维度 [J]. 社会主义研究，2019（3）：76-83.

⑤ 吴桂韩. 不忘初心、牢记使命是加强党的建设的永恒课题 [J]. 党建研究，2019（12）：20-22.

⑥ 易言闻. 激励中国共产党人前赴后继、英勇奋斗的根本动力：学习习近平关于"不忘初心、牢记使命"重要论述 [J]. 党的文献，2019（6）：40-47.

⑦ 刘晓玲，刘晓川. 不忘"赶考"初心，推进新时代治国理政新实践 [J]. 马克思主义研究，2018（2）：5-13，159.

⑧ 田心铭. 不忘初心牢记使命 [J]. 红旗文稿，2017（22）：4-8.

⑨ 任晓伟. 中国共产党为什么"能"：制度治党视域下中国共产党坚守初心和使命的基本经验 [J]. 中国特色社会主义研究，2019（4）：39-45.

的十九届四中全会提出建立"不忘初心、牢记使命"制度的重大提议之后，学者们就如何构建"不忘初心、牢记使命"制度展开了深入研究，如：韩喜平指出："一是要建立思想教育建设体系，二是要建立历练政治品格的制度体系，三是要建立持续创新的制度体系。"① 张书林认为，要建立不忘初心、牢记使命的"教育制度、宣誓制度、宣讲制度、救济制度和考评制度"②。

二、国外研究

自习近平总书记"七一"讲话提出"不忘初心"到党的十九大正式界定中国共产党的"初心"的科学内涵之后，这一全新政治话语不仅在国内学术界引起了纷纷热议，同时也引起了国外媒体政坛界的高度关注，国外学者、政客和媒体着重从领导气质、意识形态领域、民族复兴、执政党建设等多个方面展开了全方位、多角度、宽领域的阐释和解读。

1. 中国共产党的初心之领导特质研究。国外一些媒体、政客和学者皆认为习近平总书记提出中国共产党的初心这一重大命题与他个人的成长环境、工作阅历和理论功底是密不可分的。常年研究中国问题的著名学者季北慈（Bates Gill）认为："习近平出生于红色革命家庭且有着多年的基层工作经历，既锻炼了习近平独特的为人和为政的个人品格，更强化了其对中国共产党和中国人民的忠诚和奉献。"③ 戈登·巴拉斯（Gordon Barrass）和奈杰尔·因克斯特（Nigel Inkster）认为："习近平是一个极具前瞻性思维的政治家和战略家，如他提出了'两个一百年'奋斗目标、中华民族伟大复兴的中国梦等长远目标规划，这与西方国家沉迷于制定短期的目标计划形成了鲜明

---

① 任晓伟. 中国共产党为什么"能"：制度治党视域下中国共产党坚守初心和使命的基本经验 [J]. 中国特色社会主义研究，2019（4）：39-45.

② 张书林. 建立不忘初心、牢记使命的制度：历程、依据、构想 [J]. 学习论坛，2020（3）：17-22.

③ GILL B. China's Future under Xi Jinping：Challenges ahead [J]. Political Science，2017，69（1）：1-15.

的对比。"① 英国《卫报》称赞习近平总书记是一个有着坚定理想信念和远大政治抱负的领导者，他知道在中国共产党的坚强领导之下中国将走向何方以及如何到达那里。② 澳大利亚前总理陆克文（Kevin Rudd）指出："习近平既有渊博的知识，又有极强的使命感。"③

2. 中国共产党的初心之意识形态研究。国际著名中国问题专家斯坦福大学教授魏昂德（Andrew G. Walder）指出："习近平一直以来非常重视党内共产主义理想和信仰，并旗帜鲜明地反对历史虚无主义对中国共产党的政治危害性。"④ 中国共产党的意识形态自始至终与中华民族的命运紧密相关。克里·布朗（Kerry Brown）认为："习近平把国家富强和民族复兴的意蕴潜移默化地融入中国共产党的意识形态中，从而形成了强大的凝聚力和向心力。"⑤ 英国《金融时报》评论称："基于市场经济持续深入发展和贫富差距日益悬殊的时代背景下，习近平提出不忘初心的重大命题旨在告诫和警示共产党人不要'背离或放弃'马克思主义，从而保持意识形态的纯洁性。"

3. 中国共产党的初心之话语创新研究。国外学者指出："中国的政治话语和意识形态是相对稳定的却又随着时代的变迁而呈现出不同的表达形式。"⑥ 拉姆斯（Lutgard Lams）认为："中国共产党的初心这一政治命题既是社会主义话语，而且还呈现出中国传统文化中儒家道德价值观的理论魅

① BARRASS G，INKSTER N. Xi Jinping：The Strategist Behind the Dream ［J］. Survival，2018，60（1）：41-68.
② 孙明. 起航新时代　开启新篇章：国际舆论眼中的中共十九大 ［J］. 当代世界，2017（11）：15-18.
③ 孙明. 起航新时代　开启新篇章：国际舆论眼中的中共十九大 ［J］. 当代世界，2017（11）：15-18.
④ WALDER G W. Back to the Future？ Xi Jinping as an Anti-bureaucratic Crusader ［J］. China：An International Journal，2018，16（3）：18-34.
⑤ BROWN K，BĒRZINA-ČERENKOVA U A. Ideology in the Era of Xi Jinping ［J］. Journal of Chinese Political Science，2018，23（3）：329-339.
⑥ WANG J. Representations of the Chinese Communist Party's political ideologies in President Xi Jinping's discourse ［J］. Discourse & Society，2017，28（4）：413-435.

力。"① 此外，铃木（Takashi Suzuki）等人认为："中国优秀传统文化为中国共产党意识形态理论、党的建设理论和治国理政等方面提供了厚实的文化沃土。"②

4. 中国共产党的初心之民族复兴研究。国外一些媒体和政客认为中国共产党确立的初心就是致力于实现中华民族伟大复兴的中国梦。欧洲新闻社评论称，习近平带领新一届中央政治局常委前往上海瞻仰中共一大会址，回顾历史，重温入党誓词，这一象征性举动强调中共未来将在"中国特色社会主义新时代"的建设进程中回归到该党创始者们所秉持的原始价值观。《华盛顿邮报》对党的十九大报告中"民族复兴"一词进行了词频统计，"民族复兴"一词在报告中出现高达 27 次，该报告指出十九大对"民族复兴"的重视程度在中国共产党历史上是前所未有的。《纽约时报》刊文指出："习近平的执政愿景主要集中在实现中华民族伟大复兴的宏伟目标上。"

从整体上，国外媒体、政客、学者对中国共产党初心的内涵和外延有了一定认知并能基本把握这一命题的时代特色，但不能真正透过迷雾追本溯源。一是割裂了党性与人民性之间的联系，国外学者偏向以中国共产党为研究主题展开叙事，而忽略了对人民性的研究和解读，殊不知，我们党执政的出发点和目标归宿始终以"人民"为坐标；二是国外学者只注重从政治话语层面的解读而缺乏学理性的系统研究，因此无法真正理解和认识中国共产党初心的生成和演进逻辑；三是国外学者认为中国共产党的理论创新都是以中国的经济发展为最终目的，然而他们忽略了中国共产党初心的激励和引导功能，中国共产党的初心正是基于对"三大规律"的深刻认知和把握而出场的，这才是中国共产党一往无前的动力之源，这与西方理论创新的意图有着本质的区别。

---

① LAMS L. Examining Strategic Narratives in Chinese Official Discourse under Xi Jinping [J]. Journal of Chinese Political Science，2018，23（3）：387-411.

② SUZUKI T. China's United Front Work in the Xi Jinping era-institutional developments and activities [J]. Journal of Contemporary East Asia Studies，2019，8（1）：83-98.

三、基本评述

目前学术界对中国共产党"初心"的研究已积累了一定的研究"存量"，为本文进一步深入研究提供了厚实的理论资源，但是该命题的研究正处于起步阶段，一些研究成果仅停留在叙事的表面层次而缺乏深入的研究和论证，从而导致目前对中国共产党"初心"的研究存在一些不足和缺乏进一步深入研究的空间。

1. 宣传性、应景性的研究成果居多，导致研究的文宣意味大于理论意味。通过对已有研究成果的梳理与归纳，发现目前此命题的研究成果以宣传性的报纸文章居多，大多数研究都是基于对中国共产党"初心"的学习心得和体会，抑或是对习近平总书记系列讲话展开简单的理论叙事，很少从学术理论的视角系统阐发问题，从而导致研究的成果流于形式和空泛。因此，需要从学理的角度出发揭示学术话语与政治话语之间的逻辑关系，从而真正达到用学术讲政治的效果。

2. 价值意蕴和本质属性研究过多，历史经验和实践导向研究不足。当前学术界对中国共产党"初心"的重大意义和时代价值研究颇多，且观点重复趋同，对中国共产党"初心"的历史经验和实践导向的研究存在不足。中国共产党的"初心"不是一个简单的主观认定，它的出场应该是一个历史过程，在党的不同历史时期，中国共产党的"初心"应具有不同的呈现形式和话语表达形式。在党的百年历史进程中，中国共产党人是如何为坚守和践行"初心"而矢志不渝努力奋斗的？经历过哪些曲折？取得过哪些成就？只有把"初心"置放在党的百年历史演进的轨迹上去把握其生成的历史必然性，方能为新时代中国共产党人坚守和践行党的"初心"提供精神支撑和动力之源。

3. 对中国共产党"初心"内涵的界定过于泛化，缺乏概念的严谨性和规范性。自习近平总书记提出中国共产党"初心"的重大政治命题以来，学术界对其内涵进行了多方面的解读和阐释，代表性的观点主要有"指导思想说""经典文本说""革命精神说""心学说""宗旨性质说"等，以上观点尝试从多个视角和维度界定党的"初心"的科学内涵，为本文的研究开拓了研究视野和思路。然而任何一种概念，其内涵应该是固定而明确的，概念的功能是描述事物最核心的特征，倘若概念过于泛化不仅会引起人们对概念理解上的歧义和混淆，而且在逻辑推理和话语表达上会产生不同程度的混乱。因此，要进一步地揭示出中国共产党"初心"的准确而简明的本质特点（内涵），使其内涵更加严密。

第三节　研究价值与研究理路

一、研究的理论价值

第一，有助于深化和丰富对马克思主义唯物史观的认识。马克思主义是一个随着时空迁移而不断创新的理论生命体，中国共产党自成立之初就把马克思主义作为观察国家前途命运的理论武器，在百年波澜壮阔的伟大实践中始终秉持马克思强调的"为绝大多数人谋利益"的价值理念，尤其是中国特色社会主义进入新时代，习近平总书记在继承马克思主义人民观的前提下不断进行理论的推陈出新，用"中国梦""以人民为中心""人民至上"等不同话语来阐释新时代党的宗旨性质和理念信念，党的"初心"的政治话语正是马克思主义人民观在新时代境遇下的中国表达和中国阐释，且赋予了其鲜明的中国特色和时代特色。

第二，有利于创新新时代党的话语体系和话语表达形式。中国特色社会主义实践场景呼唤构建新的执政党建设理论话语体系，执政党话语体系与话语风格总是随着生活实践的不断变化而呈现出不同的话语表达形式。党的十八大以来，习近平总书记在植根中国大地、立足中国实践、坚持问题导向的基础上不断创新和完善党的理论框架和话语体系，致力于丰富政治话语类型和创新话语表达形式，以人民群众喜闻乐见、易于接受的方式进行全新的话语叙事，就党的"初心"这一政治话语而言，习近平总书记把人民群众在日常生活中常用的大众话语上升到治国理政层面并赋予了其特定的政治含义，将党的思想主张形象通俗地表达出来，既有利于增强人民群众对中国共产党和其思想理论的接受度和认可度，更有利于增强党的政治话语的凝聚力和引领力。

第三，有利于深入学习和理解习近平新时代中国特色社会主义思想的价值向度和核心理念。习近平新时代中国特色社会主义思想内涵丰富、立意深远，彰显着以民为本、人民至上的政治品格和价值追求，因此，"为人民谋幸福、为民族谋复兴、为世界谋大同，是深刻理解和全面把握习近平新时代中国特色社会主义思想的'金钥匙'"①。对党的"初心"进行系统、全面、深入的研究和阐释，有助于我们进一步深化认识习近平新时代中国特色社会主义思想创立的逻辑起点、价值立场和目标归宿，进而有利于人们在学思悟道中领会其强大的真理力量和独特的思想魅力。

二、研究的现实价值

一个全新的政治命题抑或是理论的出场总是基于实践的诉求并通过指导实践来彰显理论的魅力和价值。党的十八大以来，随着世情国情党情的深刻变化，我国正处于实现中华民族伟大复兴的关键期，然船到中流、人到半山，我们党正带领人民进行具有新的历史特点的伟大斗争，党执政面临的危险和挑战前所未有。因此，要理解和把握新时代党的"初心"的价值旨趣，就需从理论的意义上主动回应现实诉求，在中国特色社会主义的全新境遇中把握其现实意义。

第一，新时代中国共产党的"初心"是中国共产党长期执政的精神动力。中国共产党走过百年的风雨历程，百年恰是风华正茂。回首党辉煌与苦难的百年奋斗史，我们党正是一以贯之坚守为中国人民求幸福和为中华民族谋复兴的初心和使命，才能始终做到在濒临绝境时初心不改、在极端困境时

---

① 中共中央宣传部.习近平新时代中国特色社会主义思想学习纲要［M］.北京：学习出版社，人民出版社，2019：10.

本色依旧、在陷入困顿逆境时使命在肩。正是在"初心"的强大力量的支撑和激励下，我们党才能在近代中国激烈的政治较量中脱颖而出，始终成为中华民族和中国人民的主心骨和坚强领导核心。进入新时代以来，我们党在长期执政条件下面临的执政考验和执政危险前所未有，影响和弱化党的先进性和纯洁性的因素无时不有，各种违背党的初心使命的行为时有发生，正如习近平总书记强调的："一个忘记初心的政党必定是没有未来的政党。"① 过去的历史见证了中国共产党人坚守初心的政治本色和崇高信仰，展望未来，唯有慎始敬终秉持为民造福的执政初心，方能在长期执政过程中永葆青春、永远年轻。

第二，新时代中国共产党的"初心"是我们党克难制胜的动力之源。百年征程的历史已经证明并将继续证明，我们党之所以能够在枪林弹雨中由小变大，在攻坚克难中由弱转强，在艰难困苦中不断从胜利走向新的胜利，其中一个至关重要的因素是中国共产党自始至终把解放人民、服务人民、造福人民作为砥砺前行的价值原点和力量之源。进入新时代以来，我们党在长期执政过程中面临着具有新的历史特点的伟大斗争，在实现社会主义现代化和实现中华民族伟大复兴的征程中依然会遭遇一系列未知的挑战、考验和危险，如在这次没有硝烟的新冠疫情防控战场上，正是中国共产党始终秉持"人民至上、生命至上"的理念，以实际行动践行党的初心，我们才能迅速取得了疫情防控的最终胜利。因此，只有在布满荆棘的前进征程中坚守和践行党的初心，方能在长期执政的历史进程中战胜一切未知的艰难险阻。

第三，中国共产党的"初心"能够唤醒历史记忆，进而凝聚人心和激发斗志。回望来路，习近平总书记时刻提醒广大党员干部一切向前也不能忘记过去，走得再远也不能忘记为什么出发。党的初心是无数先烈用鲜血和生命浇铸的，是千千万万共产党人忠贞不渝为之坚守得来的，是中国共产党百年苦难与辉煌的真实写照。更是一段不应忘却且不能忘却的红色记忆。把党的初心置放于百年寻梦、筑梦、圆梦的宏大征程中，有利于唤醒人们共同的历

---

① 习近平. 习近平谈治国理政（第三卷）［M］. 北京：外文出版社，2020：538.

史记忆,有利于激励共产党员重整待发,为了人民幸福和民族复兴而接续奋斗,有利于让广大人民群众真正认识和理解中国共产党是历史和人民选择的必然性,进而厚植党与人民群众的血肉关系。故此,只有矢志不渝地坚守初心,走好我们这一代人的新长征,方可告慰历史、告慰先辈,方可赢得民心、赢得时代。

第四,党的初心是新时代中国共产党继续赶考的强大精神动力。"时代是出卷人,我们是答卷人,人民是阅卷人。"① 党的初心使命总是在聚焦历史发展、时代变化、人民需求的动态平衡中实现"变"与"不变"的。社会主要矛盾的变化是新时代出给中国共产党最大的考卷。因此,应该把实现人民对美好生活的向往作为应试的满分答案,始终把维护好、实现好、发展好最广大人民根本利益作为优异分数的评判标准,永远铭记中国共产党来自人民,为人民而生,因人民而兴,任何时候都应把人民的利益摆在执政最高的位置,秉持"立党为公、执政为民"的执政理念,尊重人民的主体地位,站稳人民立场,始终接受人民群众的批评与监督,让人民群众亲眼看到、亲身体会中国共产党的赤子之心和为民情怀。如此,方能在长期执政的过程中给人民交一份满意的执政答卷。

三、研究的理路

(一)创新点

一是对中国共产党人"初心"的发展历程进行了整理和提炼。党的"初心"这一政治话语并非简单的主观认定,而是具有深远的历史演进逻辑,本研究通过把党的"初心"置放在中国共产党百年的历史演进轨迹上,总结提炼党的"初心"在不同的历史境遇中的阶段内涵和呈现形式,进而在整体上理解和把握新时代中国共产党"初心"出场的历史必然性,弥补当前研究仅着眼于对新时代以来中国共产党人"初心"研究的局限性。

二是试图改变以往某一学科单打独斗式的研究,借鉴和吸收中国党史、

---

① 习近平.习近平谈治国理政(第三卷)[M].北京:外文出版社,2020:70.

政治学、传播学等相关学科的基本原理与知识，从而拓宽研究的广度和增强研究的学理深度。

三是在破题上坚持理论演绎和实践导向辩证统一的原则，中国共产党的重要理论创新抑或是全新理论的提出，从来都不是"理论—理论"的单纯概念推演，更不是从"书本—书本"的逻辑演绎，而是首先植根于中国共产党百年的伟大实践当中，是在对现实问题的深入思考与不断求解的基础上出场的。因此，本书既从理论层面展开对党的"初心"的系统性研究，亦从实践角度探讨党的"初心"出场的现实境遇和时代诉求，从而增强本书的思辨性和学理性。

（二）研究方法

研究方法是开展学术研究的重要手段和基本方式，运用恰当的研究方法可以使研究顺利开展，进而可以得出正确的结论和形成优质的学术成果。本书以文献研究法、历史分析法、学术诠释法、跨学科研究法为主要研究方法，有步骤地对党的"初心"进行学理分析研究。

1. 文献研究法

党中央关于"初心"的系列论述散见，既渗透在习近平总书记的著作、文章、批示、题词、讲话中，也体现在新一代中央领导人治国理政的实践活动中。因此，要研究中国共产党初心与使命，就必须尽可能地全面收集整理党的重要文献文件、党中央领导人的重要讲话等。尽可能全面地收集整理党中央关于"党的宗旨""群众路线""党的建设""治国理政"等方面的文献资料，通过词频分析和语义网络搭建，如实地还原官方治国理政政治话语的根本意图。为此，要做大量的文本研究工作，才能对党的"初心"这一重要政治命题进行系统梳理。

2. 历史分析法

本研究将在纵向（历史维度）、横向（空间维度）、理论和实践、历时与共时、运用中，考察不同历史时期中国共产党人"初心"的确立、成熟和发展的演进逻辑，明确中国共产党的初心与使命在时空境遇、条件基础、要素结构、内容任务、基本特征等方面的"同中之异"，从而总结历史经验，揭示历史规律。

3. 学术诠释法

本研究将习近平总书记提出的中国共产党初心与使命的关键概念和话语进行学术诠释，并找出这些概念和话语所对应的学术话语。通过在此基础上进行创造性的话语转化，为中国共产党"初心"思想体系的形成提供重要的理论支撑。

4. 跨学科研究法

跨学科研究法是一种运用多学科的理论、方法和成果从整体上对某一课题进行综合研究的方法。如本书在撰写过程中，不仅运用了中共党史的基本理论和马克思主义中国化的理论，而且还充分借鉴了马克思主义哲学、政治学、行政学等相关学科的大量学术成果展开跨学科的组合研究，以期对党的"初心"这一研究展开全方位、宽领域、多层次的深入探讨。

（三）行文思路

本研究以当前已有的理论成果为支撑，以解决党员干部在坚守初心方面存在的严重问题为切入点，在习近平新时代中国特色社会主义思想的指导下深刻分析和阐述中国共产党人的初心。研究的总体思路：首先是突出问题导向，即对习近平总书记提出的"不忘初心"的重要政治话语进行逆向考辨，从而对当前部分党员干部忘记初心产生的原因和存在的问题进行深刻剖析；其次是构建理论框架，即对中国共产党人初心的理论渊源、历史演进、现实境遇等进行系统梳理，进而为新时代党的初心的出场提供学理支撑；最后，在系统研究的基础上全面总结党的百年奋斗历程中国共产党人确立初心、坚守初心和践行初心的经验启示，希冀为中国共产党的治国理政提供理论参考和价值遵循。

（四）研究重难点

1. 研究重点

党的"初心"这一重大政治命题是习近平总书记在党的十九大上正式提出来的，其不仅是一个理论课题，更是一个实践课题。探寻我们党百年来不懈奋斗的精神密码，需坚持大历史观，把党的"初心"置放在中国人民近代以来 170 多年的斗争史、中国共产党 100 多年的奋斗史中来认识和把握其出场的历史必然性，并在溯源历史的同时总结中国共产党的"初心"在革命、建设、改革的历史境遇中不同的话语表达和理论呈现形式，进而总结其历史经验和时代启示。

2. 研究难点

通过对本研究前期工作的筹划准备，发现在其论证过程中存在以下难点：其一，党的"初心"首先是一个政治话语，因此，如何实现用学术讲政治、实现学术话语与政治话语之间的辩证统一，以及如何弥补政治话语与学术话语之间的间隙和裂痕是我们当前构建中国特色哲学社会科学话语体系必须解决的问题。故此，本研究需规避政治化、口号化、空洞化的倾向，致力于用学术话语为政治话语提供原则方向和学理支撑，是本文在研究过程中遇到的首要难点。其二，党的"初心"是其宗旨性质、理想信念和奋斗目标在新时代视域下的全新话语表达，要厘清其清晰而准确的概念并不是轻轻松松就能够实现的，要用全新的政治话语体系来表达其时代内涵更非易事。其三，对党的"初心"进行深入研究所涉及的学科面广，不仅需要交叉运用多种研究方法，而且要求研究者具备广博的知识面。

第一章

中国共产党"初心"的
相关概念和理论基础

第一节　"初心"相关概念解析

一、文化词源及中国传统文化视角下"初心"的概念解析

任何一种思想抑或是话语的解析须以概念界定为逻辑前提。分析"初心"话语的本质内涵，首先要从文本语境中明确其最初概念。从文化词源的视角出发，《现代汉语辞海》对"初心"一词有着明确的释义，"初心"即"本意；本愿"①，它最初是佛教日常用语，如《华严经》中："不忘初心，方得始终"句，其意为唯有不忘最初的意愿和动因，方能够善始善终。《大方等大集经》也讲菩萨要"心始心终"，所谓"心始"即"初发心"，其意为初发心愿学习佛教者。后来伴随着佛教在社会上的广泛传播与深刻影响，"初心"一词逐渐演变成为老百姓普遍使用的民间话语。从中国传统文化的视角出发，中国传统文化中对"初心"一词亦有着广泛且深刻的阐述。老子在《道德经》中指出："含德之厚，比于赤子。"意思是说，道德修养深厚的人，就好比刚刚出生的婴儿，我们所秉持的赤子之心，就是纯真善良的美

---

① 刘振铎. 现代汉语辞海［M］. 上海：上海辞书出版社，2010：252.

德。孟子亦强调："大人者，不失其赤子之心者也。"其意为道德高尚的人始终未曾偏离抑或是摒弃纯洁善良的本心，道德上的成就往往来源于最初纯洁善良的赤子之心。唐代诗人白居易有言："所以表不忘初心，而必果本愿也。"（《画弥勒上生帧记》）其意为：唯有持之以恒保持最初的发心，最终的结果和最初的心愿方能达到吻合。宋朝诗人苏轼在《杭州召还乞郡状》中强调"臣若首其初心，始终不变"，其意为始终坚守自己的政治主张，永远不会改变。元代王惟一在《西江月》中写有"学道须当猛烈，始终确守初心。纤毫物欲不相侵"，旨在告诫世人学习真理需要有十分坚定的决心，而且要持之以恒守护好那份初衷，进而避免本心为物欲所侵蚀。宋朝词人晏几道在《风入松》中指出"若是初心未改，多应此意须同"，其释义为倘若你对某一件事情的初衷依旧没有改变的话，那么你当初的本愿会与此时的一样。南宋大诗人陆游在《清都行》中进一步指出："约君切勿负初心，天上人间均一是。"意思是说，和你约定了就千万不要辜负初时的意愿，不管在哪都应该是一样的。

质言之，在文化词源及其中华传统文化论域中，"初心"一词的基本内涵释义为"初衷、本意、本愿"，但是由于不同主体的职业、身份、阅历等迥然不同，因而人们在使用"初心"这一话语时所适用的范围和所表达的意向也彼此殊异。直至后来"初心"一词逐渐走入老百姓的日常生活中并成为民众日常生活中普遍使用的民间话语，老百姓用"初心"一词来表达对生活的纯真善良和真诚无邪的本心，并随着生活实践的不断变化将其本质内涵拓展为最初的心愿、愿望及最初的出发点。以此来警示忘记初衷、违背本愿的各种行为，旨在激励人们纵使历史的长河不断变化发展，但也要慎始敬终坚守当初的愿望，从而收获事业的成功。

二、新时代中国共产党"初心"的概念解析

通过对文化词源及其中国传统文化视域下"初心"概念的界定我们可以看出，"初心"一词最初源于民众个体生活中的话语文本，并在长期的生活实践中彰显出丰富多样的具体期盼和夙愿。中国共产党诞生和成长于中国大

地，深受中华优秀传统文化的滋养。因此，"初心"话语天然地与中国共产党之间存在着高度的内在契合性。习近平总书记首次在党内把"初心"这一民众话语的美好生活愿景升华为中国共产党治国理政的价值层面高度，从而使其具备了政党"执政价值"的重要理论意涵，进而实现了"不忘初心"这一词汇由文本语境向马克思主义执政党视域的创造性转化。不仅充分地借鉴了中华优秀传统文化中所蕴含的理论精华，而且赋予其具有中国特色和时代特色的全新理论内涵，以其特定的内涵和特别的外延使其话语的内涵和价值在新的叙述语境得以不断激活。"从而使一般意义上的大众话语上升到具有特定象征意义的政治话语。"① 然而，任何一种话语抑或是理论的提出和建构绝非轻而易举就能够实现的，理论的演进本身就是一个循序渐进的过程，而纵览习近平总书记的叙事风格和言说方式，中国共产党的"初心"这一话语亦是经历了反复的思考和严谨的酝酿才得以全新出场的。习近平总书记给国测一大队老队员、老党员的回信中写道："党的事业，人民的事业，是靠千千万万党员的忠诚奉献而不断铸就的。不忘初心，方得始终。"② 这是习近平总书记在党内首次提出"不忘初心"这一全新政治命题。在庆祝中国共产党成立九十五周年大会上，习近平总书记系统全面地从八个方面就如何做到"不忘初心"对全体党员干部提出了全新要求。不难看出，在党的十九大召开之前，习近平总书记大多从实践层面对"不忘初心"予以阐述，但对其具体内涵并没有进行科学的概括和提炼，直至十九大报告中习近平总书记鲜明地指出，中国共产党的初心，就是"为中国人民谋幸福"。这是习近平总书记在党内首次精准概括了中国共产党"初心"的科学内涵。而且在此后的多个场合，习近平总书记更是对中国共产党"初心"的本质内涵运用接地气的叙事方式做了更加通俗易懂的理论阐述和话语表达。在四川看望慰问各族群

---

① 张文龙，李建军. 新时代"人民至上"的理论出场、内涵布展与逻辑指向 [J]. 思想理论教育，2020（10）：28-34.
② 中共中央党史和文献研究院，中央"不忘初心、牢记使命"主题教育领导小组办公室. 习近平关于"不忘初心、牢记使命"论述摘编 [M]. 北京：党建读物出版社，中央文献出版社，2019：180.

众时他指出："让人民过上好日子是我们共产党人的初心、宗旨。"① 在江西考察时他进一步强调："以百姓心为心，与人民同呼吸、共命运、心连心，是党的初心，也是党的恒心。"② 可以说，"初心"的话语表述紧紧抓住了人民大众的"生活逻辑"，成为老百姓生活和日常需求的全新话语表达，习近平总书记对"初心"的话语表达清晰地呈现出概念中有生活、生活中有概念的逻辑特征。正因如此，"初心"这一全新话语成为新时代中国共产党政治语言中特有的政治术语和政治概念。

一言以蔽之，中国共产党"初心"的基本内涵是紧紧围绕"为中国人民谋幸福"这一鲜明主题而接续展开的，是其执政宗旨、政党性质及其奋斗目标在新的历史境遇下的集中体现，也是中国共产党的本质规定和主体自觉使然。我们党在阐述"初心"时由于对象、场合有了不尽相同的外延，但其都有着相同的价值内核。故此，"初心"一词天然地成为我们党执政目的和执政归宿多层面的情理表达，更是我们党在长期执政过程中所蕴含的政治信仰和执政原则的价值延伸。总体而言，我们党在深刻总结历史经验和理性审视人类社会发展规律的基础上把中国人民对美好生活的殷切期盼高度凝练成了执政党"为人民谋幸福"的初心，并以实现"为人民谋幸福"的初心来实现其终极历史使命。将中国共产党的"初心"定义为"为中国人民谋幸福"，是由中国共产党的性质所决定的，从"初心"的表述可知中国共产党对于全心全意为人民服务的宗旨一如既往地坚持与笃定，始终坚持人民至上、人民利益高于一切。因此，可以说中国共产党的"初心"是全心全意为人民服务根本宗旨的崭新表达，是中国共产党为人民服务政治本色的深刻彰显，也是"以人民为中心"发展思想的生动阐释。因此，我们在理解其科学内涵时可以围绕党的宗旨、性质和奋斗目标做适当的内涵延展，但是绝不能对其内涵

① 鞠鹏.习近平春节前夕赴四川看望慰问各族干部群众 祝福全国各族人民新春吉祥 祝愿伟大祖国更加繁荣昌盛［N］.人民日报，2018-02-14（1）.
② 谢环驰，鞠鹏.习近平在江西考察并主持召开推动中部地区崛起工作座谈会时强调 贯彻新发展理念推动高质量发展 奋力开创中部地区崛起新局面［N］.人民日报，2019-05-23（2）.

进行过于"泛化"的解读，否则会影响其概念和内涵的科学性、严谨性和准确性。

第二节　新时代中国共产党"初心"的理论溯源

任何一种理论抑或是全系概念的出场绝不是无源之水、无本之木，而是有着深刻的理论源头作为其出场依据。追本溯源，中国共产党的初心既是对马克思主义唯物史观和全人类解放思想的现实展开，亦是对中华优秀传统文化中民本思想的创新性发展与创造性转化，更是对中国共产党百年来"为民造福"优良传统的赓续与弘扬。

一、对马克思主义唯物史观和人类解放理想的传承与发展

中国共产党一经成立就自觉地把马克思主义作为建党立党的指导思想和理论基础。因此，要探寻中国共产党初心的理论源头，就需从马克思主义科学理论中追本溯源。马克思主义科学理论虽没有明确提出"初心"这一概念，但却涵盖了中国共产党初心的理论之源、历史追因和未来指向。马克思、恩格斯坚定地站在彻底的人民立场上，揭示了人类历史发展的基本规律和"两个必然"的总趋势，特别是资本主义社会的发展规律和基本矛盾，提出了共产主义远大理想及其实现路径，展示了实现人类解放和人的自由全面发展的美好愿景。

首先，中国共产党的初心是对马克思主义幸福观的理论展开。马克思在中学读书时期就暗自立下了为全人类幸福生活而矢志不渝奋斗的远大目标，他在中学毕业论文中写道："在选择职业时，我们应该遵循的主要指针是人类的幸福和我们自身的完美。"[1] 此后，马克思在其博士毕业论文中进一步表

---

[1] 中共中央马克思恩格斯列宁斯大林著作编译局．马克思恩格斯全集（第1卷）[M]．北京：人民出版社，2013：459.

示自己愿做普罗米修斯一样的人物，为了全人类的自由、解放和幸福而斗争到底，直至牺牲自己的生命。此外，马克思进一步强调要"废除作为人民的虚幻幸福的宗教，就是要求人民的现实幸福"①。这更是一语道出了马克思所向往的幸福是生活在现实生活中全体人民的幸福。换言之，对人的幸福问题的热切关注是马克思对资本主义社会人民的现实生活状况的反思与批判的理论主旨，从关注人的现实幸福的维度出发来积极探寻通达人类解放幸福的路径。这就使得马克思幸福论高度彰显出其与众不同的科学性与彻底性，它既克服了以往一切唯心主义把幸福单纯地视为脱离人之外的自在世界中感性幸福的历史缺陷，更是彻底超越了理性主义和宗教神学把人类幸福归结为受"绝对精神"和上帝支配命运的致命缺陷。可以说，这些理论为中国共产党人提供了为人民幸福而奋斗的精神动力和指明了为人民幸福而奋斗的前进方向。质言之，中国共产党为人民谋幸福的初心完全可以从马克思关于幸福的思想源泉中找到理论原点。

其次，中国共产党的初心是对马克思主义唯物史观的理论展开。在马克思主义唯物史观诞生之前，与马克思主义唯物史观截然对立的唯心史观在社会历史中长期占据统治地位，唯心史观认为社会发展和历史进步是由绝对的精神力量和少数英雄人物决定的，他们否认人民群众在社会发展中的地位和作用，因此也就无法洞察和揭示人的本质与社会发展的内在规律。马克思在致力于全方位全过程批判唯心史观的基础上以全新的视野和鲜明的立场透视出历史运动的规律和人固有的本质，进而建构了贯穿于唯物史观主旨和灵魂的群众观点。马克思在批判黑格尔关于人民和历史关系时指出："黑格尔的历史观以抽象的或绝对的精神为前提，这种精神是这样发展的：人类只是这种精神的无意识或有意识的承担者，即群众。"② 他在批判法国空论派时更是强调："他们宣布理性至上来同人民至上相对立，为的是排斥群众而单独地

---

① 中共中央马克思恩格斯列宁斯大林著作编译局．马克思恩格斯选集（第 1 卷）［M］．北京：人民出版社，2012：2．

② 中共中央马克思恩格斯列宁斯大林著作编译局．马克思恩格斯文集（第 1 卷）［M］．北京：人民出版社，2009：291．

实行统治。"① 这深刻揭示了旧式的唯心史观把精神和意识作为推动历史发展和社会进步的根本动因，而人民群众始终被排除在历史视野之外，其根本目的是维护资产阶级的专制统治。因此，马克思从人的现实社会生活出发并把实践唯物主义引入历史视域加以考察，进而论证了人民群众在社会和历史中的重要地位和积极作用。马克思批判性地指出："思想本身根本不能实现什么东西。思想要得到实现，就要有使用实践力量的人。"② 这旗帜鲜明地揭露了唯心主义的致命缺陷，从而强调人的主体性作用。因此，马克思进一步指出："历史活动是群众的活动，随着历史活动的深入，必将是群众队伍的扩大。"③ 这充分彰显了人民群众是历史的创造者和推动者的价值意蕴。鉴于此，无产阶级政党的实践活动的利益表达和价值指向必然是"绝大多数人的，为绝大多数人谋利益的独立的运动"④。这也是马克思主义政党的核心要义和独特标识，其终极使命是在为全人类谋利益的历史进程中最终实现每个人自由而全面发展的共产主义社会。一言以蔽之，马克思主义唯物史观为中国共产党的初心提供了理论渊源和实践指向，中国共产党的初心亦是马克思主义群众史观的理论阐释和具象化表达，并且在中国共产党百年历史图景中被赋予了鲜明的时代特色和丰富的意义空间。

最后，中国共产党的初心是对马克思主义人类解放理想的现实展开。马克思主义的政治理想归根到底就是通过共产主义革命运动来建立社会主义和共产主义社会，进而最终实现人的解放和全人类的解放。可以说，实现社会主义和共产主义，实现人的彻底解放和自由全面发展是贯穿马克思思想发展进程和人生奋斗历程的一根红线。这一政治理想是马克思基于对资本主义社

① 中共中央马克思恩格斯列宁斯大林著作编译局．马克思恩格斯文集（第1卷）[M]．北京：人民出版社，2009：291.
② 中共中央马克思恩格斯列宁斯大林著作编译局．马克思恩格斯文集（第1卷）[M]．北京：人民出版社，2009：320.
③ 中共中央马克思恩格斯列宁斯大林著作编译局．马克思恩格斯文集（第1卷）[M]．北京：人民出版社，2009：287.
④ 中共中央马克思恩格斯列宁斯大林著作编译局．马克思恩格斯文集（第1卷）[M]．北京：人民出版社，2009：287.

会的长期考察和对资本主义制度局限性的科学把握提出的。马克思在《德意志意识形态》中指出："在真正的共同体的条件下，各个人在自己的联合中通过这种联合获得自己的自由。"① 马克思科学地预测了人类历史发展的未来走向，即共产主义社会的最高境界是个人自由得到全面发展的真正的共同体。此外，马克思在其代表作《共产党宣言》中进一步全面系统地阐释了共产主义的科学内涵和核心本质。马克思鲜明地指出："代替那存在着阶级和阶级对立的资产阶级旧社会的，将是这样一个联合体，在那里，每个人的自由发展是一切人的自由发展的条件。"② 而且，马克思还进一步强调："共产主义只有作为'世界历史性的'存在才有可能实现。"③ 这更是高度体现了无产阶级政党的世界情怀，集中彰显了共产主义不仅仅是一般地域性的存在，而是要以宽宏的视野着眼于全世界，因为只有解放了全人类以后无产阶级才能真正彻底地解放自身，到这个时候，"社会才能在自己的旗帜上写上：各尽所能，按需分配"④。可以说，这些重要论述为中国共产党初心的孕育、形成、成熟以及发展提供了理论前提和出场依据。中国共产党在百年奋斗历史进程中始终秉承马克思主义的人民性立场、政治理想。作为中华民族和中国人民先锋队的中国共产党，毫无疑问要把为中国人民谋幸福和为中华民族谋复兴作为自己最重要的初心和使命，在实现初心和使命的过程中要为世界各国人民的幸福做出自己的贡献。新时代的中国共产党不仅是这样做的，更是随着实践场域的不断变迁赋予了其具有中国情怀和中国精神的"初心"话语表达，使其更具思想内涵和时代特征。

---

① 中共中央马克思恩格斯列宁斯大林著作编译局.马克思恩格斯文集（第1卷）[M].北京：人民出版社，2009：571.
② 中共中央马克思恩格斯列宁斯大林著作编译局.马克思恩格斯文集（第2卷）[M].北京：人民出版社，2009：53.
③ 中共中央马克思恩格斯列宁斯大林著作编译局.马克思恩格斯选集（第1卷）[M].北京：人民出版社，2012：413.
④ 中共中央马克思恩格斯列宁斯大林著作编译局.马克思恩格斯文集（第3卷）[M].北京：人民出版社，2009：436.

二、对中华优秀传统文化中民本思想的创造性转化与创新性发展

五千多年的中华优秀传统文化孕育着丰富的治国理政智慧与经验，其中最具代表的民本思想源于古代统治者和思想家的治国实践和历史反思，民本思想对民众的地位、作用等总体看法为中国共产党初心的思维方式、话语表达、规律认识提供了理论基因和文化积淀。

首先，传统民本思想强调民为根本。民本思想向来强调"民惟邦本，本固邦宁"（《尚书·五子之歌》），其意为老百姓是一个国家或政权延续的根基，唯有根基稳固了，国家方能安定。《三国志》中强调"为国者，以民为基"，更是告诫统治者管理国家要以老百姓为根本。传统民本思想还从"人民—社稷—君主"三者关系出发论证了老百姓在社会发展和政权稳固方面的重要性。如：《孔子家语·五仪》中有曰："君者，舟也；庶人者，水也。水所以载舟，亦所以覆舟。"喻指君王应正确认识和老百姓之间的关系，要有居安思危的忧患意识。孟子强调"民为贵，社稷次之，君为轻"（《孟子·尽心章句下·第十四节》），更是劝诫统治者要摆正与老百姓之间的位置，重视老百姓的地位和作用。黄石公有曰："英雄者，国之干，庶民者，国之本。"（《三略·上略》）其意为杰出的少数人物是一个国家的骨干，黎民百姓是一个国家的根基。这更是闪烁着朴素历史唯物主义的智慧火花。同样，中国共产党在百年的历史进程中历来重视人民群众的地位和作用，始终强调："我们党来自人民、根植人民、服务人民，一旦脱离群众，就会失去生命力。"[1] 诚然，从理论传承和话语表达的角度而言，这些思想和理念为中国共产党初心的生成提供了深厚的文化滋养。

其次，传统民本思想强调的重民主要体现在民心、民意方面。老子有曰："圣人无常心，以百姓心为心。"（《老子》）其意为即使是高居庙堂的圣人也不可能存在一成不变的想法，他们的想法总是以老百姓的意愿为转

---

① 习近平. 决胜全面建成小康社会 夺取新时代中国特色社会主义伟大胜利：在中国共产党第十九次全国代表大会上的报告 [M]. 北京：人民出版社，2017：66.

移。旨在告诫统治者一切决议应遵循民意。管子亦强调："政之所兴在顺民心，政之所废在逆民心。"（《管子》）这句话道出了民心与执政之间是相辅相成的关系。孟子指出："失天下者，失其民也；失其民者，失其心也。"（孟子·离娄章句上·第九节）意思是说，失去天下首先是因为失去了老百姓，失去老百姓的根本原因是失去了民心。《吕氏春秋》中更是强调："失民心而立功名者，未之曾有也。"（《吕氏春秋·顺民》）旨在警示统治者倘若要建功立业，若得不到老百姓的支持是不可能取得成功的。中国共产党自成立初始就把民心和执政紧密联系在一起，在百年的奋斗历程中始终强调"党与人民群众心连心""人心向背关系党的生死存亡""民心是最大的政治"，这些话语都体现了我们党知民心、顺民意的政治品格。毋庸置疑，这些重要论述为中国共产党初心话语的出场提供了理论借鉴。

最后，传统民本思想强调民生的重要性，主要以利民和富民为具体表现。因此，在利民方面强调"治国有常，而利民为本"（《战国策·赵策二》），意思是说，治理国家有其固定的规律和方法，而以利于老百姓为根本。在富民方面贾谊指出："民不足而可治者，自古及今，未之尝闻。"（《汉书》）其意为在百姓缺衣少食的情况下，君王能把国家治理好，这种情况从古至今未曾听说过，旨在隐喻式地告诫统治者唯有使老百姓过上衣食无忧的生活，国家方能安定太平。赵俨亦强调"善为国者，藏之于民"（《三国志·魏志·赵俨传》），意思是说，善于管理国家的人，总是把财富储藏在老百姓手里，同样也是告诫君王只有老百姓普遍富裕了，这个国家才能说是国泰民安。诚然，从话语表达的逻辑向度来看，这些思想和理念为中国共产党的初心提供了方法指导和逻辑支撑。

质言之，传统民本思想为中国共产党初心的形成、发展到践行提供了文化基因和践行依据。然而，传统民本思想天然地植根于古代农耕文明并依附于等级森严的封建专制制度，"因此，民本思想归根到底是君主维护阶级统治的舆论武器和思想工具，终究无法摆脱'君本'和'民本'截然对立的窠曰"①。显而易见，中国共产党的初心并不是对民本思想单向意义上的理论复归，而是以马克思主义唯物史观为理论武器在吸收和借鉴传统民本思想的合理内核基础上对其进行了理论重构与内涵拓展，进而实现了民本思想从"君民"到"人民"、"用民"到"为民"、"统治"到"发展"的效果的历史呈现。

三、对中国共产党执政为民优良传统的延续与弘扬

回溯党的百年历史图景，虽然我们党所处的历史方位、时代主题、社会矛盾、历史任务随着时空境遇的变换而不断变化，但我们党的出发点和立足点却始终未离"为民"二字。在革命战争时期，中国共产党一经成立就自觉秉持马克思强调的"为绝大多数人谋利益"的价值追求和伦理情怀，始终把"为民造福"作为我们党不断进行革命斗争的坐标系和动力源。毛泽东在谈到我们党之所以要进行武装革命的原因时指出："为了使中华民族得到解放，为了实现人民的统治，为了使人民得到经济的幸福。"② 在长期革命的生动实践中毛泽东更是强调："为了全党和全国人民的利益，这就是我们的出发点，就是我们的立场。"③ 可以说，从话语演进的内在规律而言，这里的出发点就是中国共产党的初心在"革命"语境中的原始性表达，为中国共产党初心话语的生成与演化奠定了逻辑起点和理论遵循。新中国成立之后，中国共产党面临着一穷二白的现实困境，以及如何快速改变这种窘境和建设社会主义新中国成为中国共产党面临的执政课题。此时，中国共产党执政为民话语的建构以"艰苦奋斗、同甘共苦"为表征。因此，中国共产党在社会主义建设过程中秉持"同甘共苦……同人民有福同享，有祸同当"④ 的价值理念，毛泽

---

① 张文龙，李建军. 中国共产党百年人民观的历史演进及其经验启示 [J]. 重庆大学学报（社会科学版），2021（4）：50-59.

② 中共中央文献研究室. 毛泽东文集（第1卷）[M]. 北京：人民出版社，1993：22.

③ 中共中央文献研究室. 毛泽东文集（第2卷）[M]. 北京：人民出版社，1993：22.

④ 中共中央文献研究室. 毛泽东著作专题摘编（下册）[M]. 北京：中央文献出版社，2003：2135.

东强调："共产党就是要奋斗，就是要全心全意为人民服务。"① 具体而言，这一时期中国共产党执政为民的话语表达紧紧围绕与人民群众艰苦奋斗、同甘共苦而进行话语拓展。党的十一届三中全会以来，基于历史方位和时代主题的变化，中国共产党坚持为民造福的政治本色不改，邓小平强调："必须把经济的发展使人民生活得到的改善反映出来。人民生活要有相当增长，人民才能满意。"② 世纪之交，面对国内外形势，中国共产党向世界庄严宣誓，不管遭遇任何危局困境，中国共产党始终代表中国人民根本利益的立场坚定如初。进入 21 世纪，基于对社会主义发展规律的深刻认知和准确把握，中国共产党理性地提出了"以人为本"的科学发展观，把人民群众的根本利益放在经济发展的核心位置加以重视，更是体现中国共产党爱民、为民的优良传统。党的十八大以来，我们党始终强调要把人民放在治国理政的最高位置，基于历史方位和社会主要矛盾的深刻变化，习近平总书记在深刻总结党的建设规律和社会主义发展规律的基础上提出了中国共产党的初心就是为中国人民谋幸福的全新命题，从党的政治话语演进的逻辑规律来看，中国共产党的初心话语不仅是对我们党历来执政为民优良传统的通俗化、形象化的理论表达，而且基于历史的发展赋予了其鲜明的时代特征和全新的时代内涵。

四、对古今中外政权兴衰的反思与镜鉴

历史地看，中国共产党在百年历史长河中始终能够主动汲取和充分借鉴古今中外政党兴衰的经验与教训，并以此来维持自身的先进性与纯洁性，这也是中国共产党虽历经百年沧桑而保持初心依旧的关键原因所在。不妨把历史的镜头回放到中国革命胜利前夕，此时，中国共产党即将面临由局部执政到全国执政的时代课题，因此，毛泽东同民主人士黄炎培就如何解决这一时代课题促膝而谈，黄炎培语重心长地指出："我生六十多年……所亲眼看到

① 中共中央文献研究室. 毛泽东文集（第 7 卷）［M］. 北京：人民出版社，1993：285.
② 中共中央文献研究室. 邓小平年谱：1975—1997（上）［M］. 北京：中央文献出版社，2004：657.

的，真所谓'其兴也浡焉'，'其亡也忽焉'……一个团体……乃至一国，不少……都没有能跳出历史周期律的支配力……中共诸君从过去到现在，我是略略了解的了。就是希望找出一条新路，来跳出这周期律的支配。"① 黄炎培把历代王朝兴亡更替的重复现象比喻为"历史周期律"提出来，实则是对中国共产党执政以后如何保持政权合法性和长期性的灵魂拷问。鉴于此，毛泽东胸有成竹地答道我们党已经寻找出了一条如何跳出历史周期律的新路，这"就是民主"②。可以说，这既体现了中国共产党对自己能否做到长期执政和保证红色江山不动摇、不变色的反思与警惕，更彰显了中国共产党对自己执政能力的高度自信，1949 年 3 月，当我们党准备离开西柏坡进京时，毛泽东更是比喻为"进京赶考"，他进一步强调："我们决不当李自成，我们都希望考个好成绩。"③ 这看似是一句轻松且幽默的语言，实则蕴含了中国共产党对我国几千年治乱规律的深刻借鉴和深度警惕、对自身秉持的初心和肩负的使命的深刻认识。改革开放中期，我们党执政面临最大的危险和挑战就是如何避免苏联解体、东欧剧变的历史性悲剧。因此，江泽民指出："经过七十多年的社会主义建设，却发生了剧变的悲剧，最后解体了、垮台了，这是为什么？其中的原因和教训需要全面深刻地加以总结。"④ 可以说，中国共产党正是在遭逢危局和困境的关键时刻始终对历史经验教训保持着清醒的认识，进而成功地经受住了考验，中国共产党的江山在广大人民群众的支持下愈加巩固。进入新时代以来，随着世情国情党情的变化，我们党执政面临的危险和挑战可谓复杂而又严峻。故此，习近平总书记在多个场合重温"两个务必""历史周期律"的问题并强调："要跳出'其兴也勃焉，其亡也忽焉'的历史周期律，就要靠头脑清醒，靠保持'两个务必'。"⑤ 旨在告诫和警示共产党人唯有一以贯之保持居安思危的忧患意识方能在历史的大浪淘沙中确保我

---

① 黄炎培．八十年来［M］．北京：文史资料出版社，1982：148-149．
② 黄炎培．八十年来［M］．北京：文史资料出版社，1982：149．
③ 中共中央文献研究室．毛泽东年谱：一八九三——一九四九（下卷）［M］．北京：中央文献出版社，2002：469．
④ 江泽民．江泽民文选（第 3 卷）［M］．北京：人民出版社，2006：26．
⑤ 习近平．论中国共产党历史［M］．北京：中央文献出版社，2021：27．

们的红色江山永不变色。习近平总书记还进一步对苏共人亡政息的原因做了系统的分析和阐述，在他看来，苏共在仅拥有二十万党员的时候夺取了政权，在拥有二百万党员的时候战胜了强大的法西斯，在拥有两千万党员的时候却出现了政权分崩离析的历史性悲剧，其中一个关键原因是一些苏共党员甚至是领导层成员"全面否定苏联历史、苏共历史……搞历史虚无主义，思想搞乱了"①。换言之，苏共党员忘记了历史、迷失了方向、背离了初心，所以失去了全体人民群众的信任与支持，因此它的垮台是历史的必然。而习近平总书记提出的"不忘初心"的全新话语，实则是对古今中外政权兴衰成败的反思与镜鉴，旨在告诫新时代中国共产党人唯有矢志不渝地践行为人民谋幸福的初心，唯有始终保持党和人民群众的血肉联系，我们党方能赢得民心、赢得时代，方能在长期执政的历史进程中规划自身的前途命运。

第三节　新时代中国共产党"初心"的显著特征

一、历史性与时代性的辩证统一

从历史的角度看，中国共产党的初心是在其百年历史场景中与不同的时代语境和历史情境彼此印证和相互推动的结果。因此，要系统分析和全面理解中国共产党初心的生成逻辑和演进规律，就需要结合特定的时代条件来考察和把握其鲜明的阶段性特征和时代性特质。可以说，中国共产党的初心并不是一个静态的理论体，而是伴随着时代主题、历史任务、社会矛盾、人民需求等的变化而有其具体的表现形式和出场方式。回溯百年历史，中国共产党自始至终把为中国人民谋幸福和为中华民族谋复兴作为立党初心并贯穿于其百年奋斗的历史实践中。然而，党的初心并不是轻轻松松、敲锣打鼓就能

---

① 中共中央文献研究室. 十八大以来重要文献选编（上）[M]. 北京：中央文献出版社，2014：113.

顺利实现的,其具体内涵和践行路径更是有阶段性追求之别。在革命战争年代,基于历史实践主题—革命时代语境的基本逻辑规定性,中国共产党的初心呈现出两个方面的基本特征:即一方面致力于对外实现民族独立与自由的美好愿景;另一方面,基于国内民生凋敝,人民群众生活在水深火热中的悲惨历史境遇,中国共产党的初心集中体现为求得国家富强和人民幸福的美好愿景,这两条主线是革命战争年代中国共产党初心的阶段性表达方式。新中国成立以后,随着民族独立和人民解放历史任务的基本实现,中国共产党的初心亦随着时代发展境遇的不断变化而呈现出符合此时历史条件和时代特征的表现形式。可以说,这一时期中国共产党初心因执政环境的不断变化而紧紧围绕如何巩固新生的政权及如何实现国家富强和人民幸福而有序展开。党的十一届三中全会以后,中国共产党自觉地把初心置于改革开放的伟大征途中加以认知和践行,通过大力发展生产力为改善和提高人民生活水平构筑坚实基础,进而在此基础上及时回应人民群众不断变化的多样化诉求。中国共产党的初心在改革开放新时期得到了历史性重构。进入新时代以来,中国共产党慎始敬终地把为人民谋幸福作为其执政初心。这就是说,中国共产党的初心随着时空境遇的变化亦有着相应的话语表达和理论拓展,但是其本质内涵和价值意指却始终如一,因此,要把中国共产党的初心置于历史、现实和未来的时间叙事框架中来辩证理解,"不忘初心"虽然是对过去的历史性回望,但它的根本目标是指向现实和未来,而且内在地规定现实"往哪里去"的前进逻辑。从纵向和横向的叙事逻辑主线而言,中国共产党为人民谋幸福的初心的本质内涵是不会随着时间坐标的位移而发生变化的,但是在每一段具体的历史时期,中国共产党的初心因各种因素的变化而呈现出不同的表现形式。因此,从大历史观审视,中国共产党的初心显然呈现出历史性与时代性的辩证统一。

二、终极性与阶段性的辩证统一

从时间维度来看,中国共产党初心的终极性目标是在未来社会里实现共产主义的至高理想,进而最终实现由必然王国到自由王国的飞跃。可以说,中国共产党的初心是一种终极意义上的独特信念，作为一种政党精神层面的独特性因素，既决定着中国共产党的群体特征和前进动力，亦决定着中国共产党初心的现实尺度和建构原则。质言之，理想因其远大而称其为理想，也就是说，中国共产党初心的终极目标不是轻而易举就可以达到的，需要在不懈奋斗的历史实践中才能得以实现，但这并不是说中国共产党初心的终极目标是可望而不可即的空中楼阁，它需要在现实境遇中阶段化、现实化，否则中国共产党初心的终极性目标将会失衡零落，本质内涵将会失真空洞，如此将很难唤起人们的共同记忆和鼓舞人民的精神动力。由此可见，中国共产党的初心会随着时代主题、历史方位、社会矛盾的变化而呈现出不同的出场图景，在新民主主义革命时期，中国共产党把立党的初心具象化为实现民族独立和人民解放，在社会主义革命和建设时期以及到改革开放和社会主义现代化建设新时期，中国共产党将秉持的初心具象化为致力于为实现国家富强和人民富裕而奋斗，进入新时代以来，随着历史方位和社会矛盾的根本性变化，中国共产党的初心以"美好生活""中国梦""人民至上"等显词汇为表征。可以说，这些具象化的初心与中国共产党初心的终极性目标在本质上是高度一致的，是我们党初心终极性目标的落地生根，这些阶段性的初心既承继着终极性目标的理想追求，又表明了终极性目标的可完成性和可实现性，体现为党和人民可期许的未来。因此，我们党每一阶段秉承的初心，都是未来通向终极性目标的必经之路。故此，中国共产党的初心集中彰显了终极性与阶段性的辩证统一。

三、民族性与世界性的辩证统一

从空间维度上来看，中国共产党的初心在其"意义空间上"彰显了民族性与世界性的辩证统一。中国共产党从其诞生之日起，就是一个拥有特定价值追求和价值观念的社会组织，中国共产党始终把造福人民作为自己之所以创设的最初动因，作为对中华民族命运的历史觉醒和自我觉醒。可以说，这是我们党虽饱经风霜而本色依旧、虽历经苦难而立于不败之地的精神支柱，倘若把历史的镜头切换到中国共产党百年的奋斗场景中，我们可以清晰地得出中国共产党"全心全意为人民服务""以经济建设为中心""以人为本""以人民为中心""人民至上"执政初心的历史性演进,"为民造福"的主线是清晰而一以贯之的。换言之,不管历史场景如何变迁,我们党始终把人民立场作为我们党的根本政治立场并贯穿于党的百年生动图景中,中国共产党的初心始终以"中国人民"为中心展开宏大的历史叙事,由此彰显了中国共产党初心鲜明的民族性。人类情怀是马克思主义的逻辑起点和历史归宿,马克思站在全人类的立场上来探寻人类解放的道路,致力于擘画出一个"在那里,每个人的自由发展是一切人的自由发展的条件"① 的自由人联合体的"大同"社会。中国共产党作为马克思主义政党,因此,为世界谋大同是我们党一以贯之的价值追求。早在革命战争年代,毛泽东就鲜明地强调"中国应当对人类有较大贡献"②,这高度彰显了中国共产党自觉的责任意识和博大的世界情怀,改革开放以来,我们党在注重发展自己的同时始终强调"可以对人类有较大的贡献"③。可以说,这既是一种使命自觉,更是一种政党自信,深刻浸润着马克思解放全人类的伦理精神和思想意蕴。党的十八大以来,中国共产党秉持为世界做出更大贡献的初心不改,正如习近平总书记强调的那样:"中国共产党是为中国人民谋幸福的政党,也是为人类进步事业而奋斗的政党。中国共产党始终把为人类作出新的更大的贡献作为自己的使命。"④ 这集中体现了中国共产党不仅让中国人民生活变得更加幸福美好,同时也希望世界变得更加和平美好的初心。而且针对"世界怎么了,我们怎么办"的问题,中国共产党为世界谋大同的终极理想提供了构建人类命运共同体的中国方案,这既是中国共产党的初心合乎时代与现实的自然延伸,更是对马克思强调的"自由人联合体"的中国表达和中国阐释,高度彰显了中国共产党对人类前途命运的关切。一言以蔽之,中国共产党的初心始终以造福人

---

① 中共中央马克思恩格斯列宁斯大林著作编译局 . 马克思恩格斯选集(第1卷)[M]. 北京:人民出版社,2012:422.

② 中共中央文献研究室 . 毛泽东文集(第7卷)[M]. 北京:人民出版社,1993:157.

③ 邓小平 . 邓小平文选(第3卷)[M]. 北京:人民出版社,1993:233.

④ 习近平 . 决胜全面建成小康社会 夺取新时代中国特色社会主义伟大胜利:在中国共产党第十九次全国代表大会上的报告[M]. 北京:人民出版社,2017:57-58.

民和人类解放为价值中轴和目标指向，高度体现了其鲜明的民族性和世界性。

第四节　新时代中国共产党"初心"的哲学意蕴

一、本源之问：对"我是谁"自我身份的再确认

作为一个走过百年历史岁月的马克思主义政党，无论是处于顺境抑或是逆境，中国共产党始终对"我是谁"的身份和角色问题保持着清醒而又坚定的认知，并在此基础上奠定了中国共产党关于"我是谁"的身份自觉、使命自觉与责任自觉。在革命建设年代，基于特殊的时代主题和历史任务，中国共产党一开始就对自我身份和角色有着清醒的认知和精准的定位，正如毛泽东强调的："共产党员是一种特别的人，他们完全不谋私利，而只为民族与人民求福利。"① 质言之，中国共产党从成立之初就把为民族和人民谋福利作为对自我身份和角色的有效回应，随着革命实践不断向前推进，我们党更是始终强调"我们一切工作干部，不论职位高低，都是人民的勤务员"②。"我们党要使人民胜利，就要当工具，自觉地当工具。"③ 这是中国共产党对自我身份和角色最生动、最有力的脚注。进入改革开放时期，中国共产党在深刻总结历史经验教训的基础上重新调适自己的身份与角色，对"我是谁"身份的记忆与认知重新被唤醒。鉴于此，邓小平强调："什么叫领导？领导就是服务。"④ 旨在告诫和警示全体党员干部要自觉地把自己视为人民群众的公仆而不是凌驾于人民之上的主人。世纪之交，面临复杂多变的执政环境，江泽民更是指出："我们共产党人是全心全意为党和国家的事业、为民族和人民

---

① 中共中央文献研究室．毛泽东文集（第3卷）［M］．北京：人民出版社，1993：47.

② 中共中央文献研究室．毛泽东文集（第3卷）［M］．北京：人民出版社，1993：243.

③ 中共中央文献研究室．毛泽东文集（第3卷）［M］．北京：人民出版社，1993：373.

④ 邓小平．邓小平文选（第3卷）［M］．北京：人民出版社，1993：121.

的利益而奋斗的。"① 这更是彰显了对自我身份定位的清醒认识。进入新时期，胡锦涛同样告诫共产党人要始终"做到立身不忘做人之本，为政不移公仆之心"②。不言而喻，中国共产党在改革开放伟大实践中始终以勤务员、公仆等爱民、亲民、为民的形象来厚植党与人民群众之间的血肉联系并进一步正确回答了"我是谁"的问题。党的十八大以来，随着世情国情党情的深刻变化，中国共产党在长期执政过程中面临的挑战和危险也更为复杂，在这种情况下，唯有保持政治身份上的清醒才能有效规避我们党在"我是谁"问题上迷失自我。故此，习近平总书记在多个场合反复强调："不要忘记我们是共产党人，我们是革命者。"③"老百姓是天，老百姓是地。"④ 其目的是警示和告诫共产党人始终要清醒地认识自我、审视自我，从而避免对"我是谁"这一身份之间的模糊与迷失。而习近平总书记提出"不忘初心"的全新政治话语，更是中国共产党对自我身份的历史性回溯与时代性确证，高度彰显了中国共产党矢志不渝坚守初心的思想自觉、政治自觉和实践自觉。因为只有理性清醒地认识和明白"我是谁"，才能够真正洞悉"我从哪里来"和准确把握"我到哪里去"。

二、历史之问：对"我从哪里来"自我轨迹的再回望

历史是中国共产党初心生发与演进的时空见证者，可以说，中国共产党的初心是在党的百年苦难与辉煌历史中确立的。因此，习近平总书记提出的"不忘初心"从一定意义层面而言是不忘历史，旨在通过历史的回望与反思来对"我从哪里来"的自我经历进行本源式的追问。"初心"在历史的时空

---

① 江泽民．江泽民文选（第3卷）[M]．北京：人民出版社，2006：133.
② 中共中央文献研究室．十七大以来重要文献选编（下）[M]．北京：中央文献出版社，2003：442.
③ 中共中央党史和文献研究院，中央"不忘初心、牢记使命"主题教育领导小组办公室．习近平关于"不忘初心、牢记使命"论述摘编[M]．北京：党建读物出版社，中央文献出版社，2019：15.
④ 中共中央党史和文献研究院．十八大以来重要文献选编（下）[M]．北京：中央文献出版社，2018：400.

中确立，"不忘初心"其实就是不忘历史，即通过对历史记忆的重温和观照，触摸和感受中国共产党"初心"的脉动，从而获取更多的前进动能。故此，需将中国共产党的初心置于党的百年历史坐标中来领悟和感受其蕴含的独特意涵。倘若把历史拉回到近代以来中华民族艰苦卓绝的奋斗镜头中来，中国共产党在中华民族和中国人民面临向何处去的生死存亡关头团结带领人民群众在战争环境极其残酷情况下赴汤蹈火、宁死不屈、浴血奋战，最终成功地推翻了长期压在人民头上的"三座大山"，在革命胜利前夕，针对一些党员干部因为胜利而产生贪图享乐不想过苦日子的情绪，毛泽东旗帜鲜明地指出："中国的革命是伟大的，但革命以后的路程更长，工作更伟大，更艰苦。"① 旨在告诫中国共产党人要时刻铭记我们从哪里来、怎么来的，更是为此后的社会主义革命和建设提供了精神动力、指明了前进方向。改革开放之后，中国共产党以强烈的政治勇气和责任担当对新中国成立以来所走过的道路和历史经验进行全面科学的分析与总结，以"逢山开路、遇水架桥"的斗争精神团结带领人民群众攻坚克难、砥砺奋进，书写了国家和民族不断发展的传奇篇章。进入新时代以来，中国共产党对"我从哪里来"这一本源问题保持着高度清醒的认知，正如习近平总书记强调的："一切向前走，都不能忘记走过的路，走得再远、走到再光辉的未来，也不能忘记走过的过去，不能忘记为什么出发。"② 可以说，一部党的百年史"是中国共产党和中国人民用鲜血、汗水、泪水写就的，充满着苦难与辉煌、曲折与胜利、付出和收获"③。而习近平总书记提出"不忘初心"的全新政治话语，更是一种隐喻式的劝诫和激励，其根本目的是提醒中国共产党人无论走到哪也绝不能忘记我们曾经遭受和经历的苦难与辉煌，要对"我从哪里来"的历史轨迹进行反复的回望与记忆。

---

① 毛泽东.毛泽东选集（第4卷）[M].北京：人民出版社，1991：1438.

② 中共中央党史和文献研究院.十八大以来重要文献选编（下）[M].北京：中央文献出版社，2018：345.

③ 习近平.在庆祝中国共产党成立95周年大会上的讲话[N].人民日报，2016-07-02（2）.

三、时代之问：对"我到哪里去"自我坐标的再定位

恩格斯曾经指出："一个知道自己的目的，也知道怎样达到这个目的的政党，一个真正想达到这个目的并且具有达到这个目的所必不可缺的顽强精神的政党——这样的政党将是不可战胜的。"① 回溯党的百年辉煌奋斗史，党的"初心"始终是中国共产党坚毅前行的动力和方向，更是指引中国共产党"到哪里去"的灯塔。在革命战争年代，中国共产党在成立初期就鲜明地把实现共产主义设定为最高奋斗目标并镌刻在自己的旗帜上，并且在不同的历史情境中根据实践的变迁而做出相应的调整。在革命战争时期，基于对时代主题和社会矛盾的系统认知和科学判断，中国共产党找准奋斗的航向，致力于为实现民族独立和国家解放和人民独立、国家富强和人民富裕而接续奋斗，新中国的成立标志着我们党团结带领人民基本上实现了民族独立和人民独立的历史性任务。因此，党的奋斗目标开始向国家富强和人民富裕的历史任务渐次转变，然而在社会主义建设后期，我们党对社会发展规律的把握和理解出现了主观认识与客观实际、动机与效果的严重偏离，导致这一历史阶段我们党并没有在真正意义上完成国家富强和人民富裕的历史任务。改革开放以来，中国共产党在总结历史经验和把握社会发展规律的基础上积极顺应人民群众的愿望与追求，将国家富强和人民幸福的历史任务置于改革开放的伟大历史进程中加以实现。毋庸置疑，改革开放 40 多年来取得的辉煌成就证明了我们党团结带领人民群众不断追求国家富强和人民富裕的历史任务，中国共产党在改革开放的历史场景中始终对"我到哪里去"的航向保持清醒的认知。党的十九大以来，中国共产党一以贯之在通向中华民族伟大复兴的征程中继续前进，正如习近平总书记所强调："我们这一代共产党人一定要承前启后、继往开来，把我们的党建设好，团结全体中华儿女把国家建设好，把我们民族发展好，继续朝着中华民族伟大复兴的目标奋勇前进。"② 可

---

① 中共中央马克思恩格斯列宁斯大林著作编译局．马克思恩格斯全集（第 39 卷）[M]．北京：人民出版社，2013：139.

② 习近平．习近平谈治国理政（第一卷）[M]．北京：外文出版社，2018：36.

以说，不管历史如何变迁，中国共产党对自我航向的认知始终是笃信不移的。因此，习近平总书记强调，在领导力量上，要始终坚持中国共产党的领导，党的领导是中国特色社会主义的最本质特征和中国特色社会主义制度的最大优势；在方向目标上，要始终坚持中国特色社会主义方向不动摇，无论怎么改革、怎么开放，都要始终坚持正确的立场和方向；在前进动力上，要始终坚定不移推进全面深化改革，改革开放是推进中国特色社会主义发展和实现社会主义现代化强国的强大动力，它只有进行时、没有完成时。而习近平总书记在全党范围内提出"不忘初心"的命题，实质上是告诫共产党人唯有不忘建党之初树立的远大理想，方能在未来的奋斗征程中坚定信念、勇毅前行。

总之，"初心"作为一种思维方法论，深刻体现了历史、现实和未来之间内在的辩证关系。正是在对"我是谁""我从哪里来"的回望和反思中，以习近平同志为主要代表的中国共产党人为人类社会和中国"向何处去"指明了前进航向，从而形成了视域宏阔、体系完整、逻辑严密的习近平新时代中国特色社会主义思想。习近平新时代中国特色社会主义思想的生成和发展，可以说是对"初心"话语"效果历史"的价值呈现。

第二章

中国共产党"初心"的历史演进

回溯中国共产党"初心"的演进史，可以说，是一部党的百年史，就是中国共产党秉持为民宗旨、肩负复兴使命，团结带领人民为实现共产主义最高理想而为之不懈奋斗的光辉史。然而，由于时代主题、历史方位、社会主要矛盾、阶段性奋斗目标的变化和不同，中国共产党的"初心"在革命、建设、改革的不同历史场域中亦有着不同的呈现图景和话语表达方式。所以，中国共产党的"初心"并不是主观臆想的飞来物，而是对百年来中华民族和中国人民根本意愿的集中表达。因此，需要把研究的视角置放在中国共产党百年的历史坐标中来追溯和考察我们党"初心"生成的图式场景和演变的嬗变逻辑。

第一节　新民主主义革命时期中国共产党"初心"的呈现图景

纵观中国近代历史，当古老的中国处于封建社会晚期的时候，西方资本主义国家已通过工业革命进入工业文明时代，并通过殖民扩张的方式来拓展世界市场，然而中国的封建统治者和政府竟浑然不知，依旧在闭关锁国的环境中做着"天朝上国"的美梦。1840 年，世界上最先完成工业革命的资本主义国家英国为了扭转和改变对中国的贸易逆差、掠夺原材料和市场，公然用坚船利炮打开了中国沉睡已久的大门，中国屈辱的近代历史就此开始。伴随着西方列强的侵入，中国社会的发展因此也脱离原有的轨道，近代中国的社会性质逐渐沦为半殖民地半封建社会，山河破碎、民不聊生、积贫积弱成为近代以来中华民族和中国人民悲惨境遇最真实的写照，"救亡图存"俨然成为中国近代以来所面临的核心议题。然而由于封建统治者的软弱无能，他们企图与西方列强签订一系列丧权辱国的不平等条约来换取战争的短时性休止，历史证明，这样的行为换来的结果只会是西方列强无尽的侵略，国家一次次蒙辱，人民一次次蒙难，中华民族的前途命运是一片濒临毁灭的悲惨暗淡的前景，中国曾经创造的盛世文明以及伴随着中国人民向来的民族优越感和自信心也瞬间荡然无存，反之近代历史给人民留下的记忆便是长期的民族屈辱感。关于这段悲惨屈辱的近代历史，马克思也曾明确指出，作为一个有五千多年历史的古老帝国，然而在近代以来却"不顾时势，安于现状，人为地隔绝于世界并因此竭力以天朝尽善尽美的幻想自欺"①，由此带来的只能是"落后就要挨打"的现实生存境况，正是基于这样的历史背景之下，中国人民在饱受屈辱苦难的同时酝酿着"救亡图存"的反抗斗争。

中华民族自古以来有着自强不息的光荣传统。面对严重的民族危机和深刻的社会危机，中国社会的各个阶级均站在各自的立场试图在民族危亡之际采取各种方式来挽救中华民族和中国人民的命运。首先，遭受苦难最深重的是占中国人口大多数的农民，他们过着饥寒交迫且无生存尊严的凄惨生活，因此，在双重压迫下的农民阶级有着强烈的反抗性。鸦片战争之后，据统计"各种农民起义即达 110 多次"②，其中影响力最大、最具代表性的是 1851 年洪秀全领导的以农民为主体的太平天国反帝爱国运动，太平天国运动在其历时 14 年的英勇抗争中对改变自身悲惨命运和民族落后面貌进行了诸多有益探索，其中最能反映他们理想的是颁布了中国农民运动史上第一个完整的土地纲领《天朝田亩制度》，这一纲领虽然带有强烈的空想色彩而在现实境遇中无法落地生根，但是它却反映了千百年来中国人民追求"天下一家，同享

---

① 中共中央马克思恩格斯列宁斯大林著作编译局. 马克思恩格斯文集（第 1 卷）[M]. 北京：人民出版社，2009：632.

② 中共中央党史研究室. 中国共产党历史：第 1 卷（上册）[M]. 北京：中共党史出版社，2011：11.

太平，无处不均匀，无人不饱暖"的美好愿景。但是农民阶级并不能代表新的生产方式，提不出科学有远见的奋斗纲领，历史证明，倘若没有一个坚强有力的先进阶级领导，单凭旧式的农民起义是无法实现救亡图存的历史任务的。随着民族危机进一步加深，中国民族资产阶级开始登上历史舞台并对中国的制度、文化等方面进行深刻反思。以康有为、梁启超为代表的资产阶级维新派以"救亡图存"为号召，他们试图效仿西方资本主义国家的模式，"在中国实行以建立君主立宪制、发展资本主义为最终目标的自上而下的政治改革"①，然而事实证明，在半殖民地半封建社会的中国，改良主义的方案在旧式的中国完全是水土不服、行不通的，所以他们改良运动不能不以失败而告终；正是因为看清了改良的道路在半殖民地半封建社会的中国行不通，"中国民族革命的先行者孙中山率先在中国大地上举起了近代民主革命的旗帜"②。孙中山以"振兴中华"为口号，通过民主革命的形式推翻了清王朝的腐败统治并结束了统治中国两千多年的封建制度，有力地促进了中华民族的觉醒，尤其是突破了"适应性变迁"的格局，是中国人民为改变国家和民族命运而英勇斗争的新的伟大起点。但是，由于民族资产阶级自身的软弱性和妥协性，导致革命的成果没有得到有效巩固，初生的资产阶级共和国并没有给人们带来预期的民族独立和人民解放，"中国仍旧在帝国主义和封建主义的压迫之下，反帝反封建的革命任务并没有完成"③。

历史地看，近代以来中国的各个阶级为"救亡图存"的历史任务进行了艰苦卓绝的探索，虽然每一次探索和斗争都在一定的历史条件下对社会的发展进步起到了一定作用，但是由于各种原因导致他们无法从根本上改变中华民族遭遇的悲惨命运。故此，"为了使中国人民摆脱贫穷落后的境遇，过上

---

① 中共中央党史研究室. 中国共产党历史：第1卷（上册）［M］. 北京：中共党史出版社，2011：12.
② 中共中央党史研究室. 中国共产党的九十年：新民主主义革命时期［M］. 北京：中共党史出版社，党建读物出版社，2016：7.
③ 中共中央党史研究室. 中国共产党的九十年：新民主主义革命时期［M］. 北京：中共党史出版社，党建读物出版社，2016：9.

自由、富裕和幸福的生活，并在此基础上实现中华民族的伟大复兴"①，就迫切需要新的思想引领运动，迫切需要新的组织凝聚力量。

一、建立集中统一的无产阶级政党

近代以来的历史已经深刻表明，以往中国人民各式各样的反抗斗争之所以屡遭失败，其根本原因就是缺少一个能够完全超越本阶级固有的局限性的社会力量领导中国人民进行彻底的社会变革。因此，"谁能够领导中国人民求得民族独立和人民解放，谁就将成为中国革命的领导阶级"②，质言之，历史和人民迫切呼唤一个真正能够肩负起实现民族独立和国家解放、国家富强和人民富裕历史任务的新的领导阶级和政党组织的出场。

辛亥革命的失败让中国人民陷入了深深的绝望、苦闷与彷徨之中，中国的出路究竟在何方？谁来拯救中华民族和中国人民的前途命运？救亡图存的历史使命迫在眉睫。直至俄国十月革命的胜利，才重新照亮了中国发展方向的前程。俄国十月革命的胜利大大促进了中国先进分子觉醒。它的胜利给正在苦闷中摸索、在黑暗中奋斗的中国先进分子指明了一条全新的出路，正如李大钊所说，十月革命的胜利使得饱受帝国主义欺凌的中国人民感到"格外沉痛，格外严重，格外有意义"③，俄国十月革命的胜利极大地鼓舞了中国人民尤其是中国的先进知识分子，一些先进的知识分子开始逐渐接触并宣传马克思主义思想，其中李大钊更是在中国大地上举起十月革命社会主义旗帜和宣传马克思主义的第一人。李大钊运用无产阶级的世界观，在深刻把握无产阶级革命发展规律的基础上先后发表了《法俄革命之比较观》《庶民的胜利》《布尔什维主义的胜利》和《新纪元》四篇光辉文献，从此开启了我国宣传马克思主义科学理论的先河。此后，他在《新青年》杂志上刊发了《我的马

---

① 中共中央党史研究室. 中国共产党的九十年：新民主主义革命时期［M］. 北京：中共党史出版社，党建读物出版社，2016：6.

② 中共中央党史研究室. 中国共产党历史：第 1 卷（上册）［M］. 北京：中共党史出版社，2011：15.

③ 中国李大钊研究会. 李大钊文集（第 4 卷）［M］. 北京：人民出版社，2013：124.

克思主义观》一文，这更是全方位地介绍了马克思主义科学理论，标志着马克思主义在中国进入比较系统的传播阶段。此外，李大钊还创办了学习和宣传马克思主义的团体——马克思主义学说研究会来大力介绍和宣传马克思主义，也就是这个时候，许多先进的知识分子接受了马克思主义，坚决地走上了马克思主义指引的革命道路。1919年"五四运动"之后，一些先进的知识分子在这次运动过程中亲眼看到和经历了中国工人阶级所表现出来的力量，因此他们积极主动地加入工人阶级的队伍中调查生活、宣传革命，以办学校和工会的形式普及和宣传马克思主义，从而逐渐和工人建立起亲密联系。可以说，先进的知识分子同工人相结合的过程实质上也是马克思主义同中国工人运动同向推进的过程，在这一过程中，一些先进的知识分子在思想感情上发生了深刻变化，并逐渐转变成为初步具有共产主义信念的先锋战士。与此同时，工人阶级开始逐步接受马克思主义，从而进一步提高了阶级觉悟和革命热情，"这时，中国无产阶级，由于自己的长成和俄国革命的影响，已经迅速地变成了一个觉悟了的独立的政治力量了"①，随着马克思主义在中国的广泛传播和工人阶级开始登上中国政治的历史舞台。直至1921年，"产生了它的先锋队——中国共产党，从此以后，使中国的解放斗争进入了新阶段"②，1921年7月23日，中国共产党第一次全国大会代表大会在上海秘密召开，标志着中国共产党正式成立。党的一大将党的名称确定为"中国共产党"，规定党的纲领是"'以无产阶级革命军队推翻资产阶级'，'采用无产阶级专政，以达到阶级斗争的目的——消灭阶级'，'废除资本私有制'，以及'联合第三国际'"③。次年，党的二大在上海召开，在党的二大上中国共产党明确提出了彻底的反帝反封建的民主革命纲领，即党的最低纲领，《大会宣言》还指出：党的目的是要"组织无产阶级，用阶级斗争的手段……渐次达

---

① 毛泽东. 毛泽东选集（第2卷）[M]. 北京：人民出版社，1991：672-673.
② 毛泽东. 毛泽东选集（第3卷）[M]. 北京：人民出版社，1991：1081.
③ 中共中央党史研究室. 中国共产党的九十年：新民主主义革命时期 [M]. 北京：中共党史出版社，党建读物出版社，2016：36-37.

到一个共产主义的社会"①，这又指明了党的最高纲领。此外，党的二大宣言还阐明了革命任务和目标是"打倒军阀，推翻国际帝国主义的压迫，实现中华民族的独立和中国的统一，革命的前途是走向社会主义、共产主义"②。不难看出，中国共产党的成立既是中国近代社会进步和革命发展的必然产物，亦是近代以来中国人民在救亡图存的生动实践中不断探索的必然产物，更是中华民族在追求民族复兴的艰辛道路上不断觉醒的必然产物。她提出的奋斗纲领和目标内在地预示着中国的光明和希望，更是对自身秉持的初心和肩负的使命的明确提出和正式确认。中国共产党自成立之时就以矢志不渝的理想和信念为"实现民族独立、人民解放和国家富强，为实现共产主义的远大理想，开始了不屈不挠、艰苦卓绝的斗争历程"。

二、致力于争取民族独立与自主

中国共产党的初心是其实践活动立足点和出发点的外显，从马克思主义认识论的角度审视，"初心"是一个主观性认知的概念，它的形成并不是无源之水无本之木，"其从根本上而言是由客观历史条件与实践情境所决定"③。因此，需要把理解的镜头置于近代以来的特定历史条件和历史情境中来考察和理解中国共产党的初心生成的历史必然性。

自鸦片战争之后，中国社会的正常发展进程伴随着西方列强的侵入而被无情地打断，由此带来的后果便是中国社会的性质以及社会主要矛盾随之发生了历史性变化。近代以来中国社会性质逐渐演变为半殖民地半封建社会，诚然，"帝国主义和中华民族的矛盾、封建主义和人民大众的矛盾，构成近

---

① 中共中央党史研究室. 中国共产党的九十年：新民主主义革命时期 [M]. 北京：中共党史出版社，党建读物出版社，2016：36-37.
② 中共中央党史研究室. 中国共产党的九十年：新民主主义革命时期 [M]. 北京：中共党史出版社，党建读物出版社，2016：36-37.
③ 张明. 中国共产党初心与使命的三重逻辑：基于历史、理论与现实的三个关键词解析 [J]. 新疆师范大学学报（哲学社会科学版），2019，40（6）：49-59.

代中国社会的主要矛盾"①，故此，社会主要矛盾的变化内在地决定了中国共产党初心的出场背景。在这样特定的时代情境下应运而生的中国共产党解决这一矛盾所秉持的初心必然是通过"革命的方法建立真正平民的政权，取得一切政治上的自由及完全的真正的民族独立"②，并在长期的革命斗争中期求为实现中华民族站起来的宏伟目标扫清道路。但是这样远大且艰辛的目标并不是轻轻松松就能够顺利实现的，因为在当时的中国，帝国主义的侵略加上封建军阀的统治是阻碍中华民族实现真正独立的根源，反观刚刚成立的中国共产党虽然有坚强、彻底的革命性，但是我们党还是一个历史很短、人数很少的政党，倘若不团结一切可以团结的力量来结成最广泛的统一战线，仅凭中国共产党的孤军奋战是难以应对中国革命之需要。中国共产党亦认为"中国现有的党，只有国民党比较是一个国民革命的党"③。故此，基于中国革命的迫切需要和顺应人民群众的强烈愿望，而且国民党对"三民主义"的内涵作出顺应时代潮流的全新阐释，如：在民族主义中旗帜鲜明地突出了反对帝国主义的内容，在民权主义中强调了民主权利应为"一切平民所共有"，孙中山在民生主义中更是提出"耕者有其田"的口号。可以说，新三民主义与中国共产党在民主革命阶段确定的政治纲领有着相似之处。因此，中国共产党在慎重选择之后决定采取以个人身份加入国民党的方式来实现民主革命的任务。首次国共合作实现以后，国民大革命很快迎来反对帝国主义和封建军阀的新局面，而且有力地促进了工人运动的恢复和发展，"各地工人群众的斗争，有根本上动摇帝国主义在华的统治之趋势"，进而在一定程度上唤醒了中国人民为争取民族独立与自由而奋斗的历史自觉。但是，正当革命形势迅速发展的同时，国民党右派掀起的反共逆流也在悄无声息地滋长，他们站在国民革命的对立面发动了反革命政变，对中国共产党人和积极参加革命的

① 中共中央党史研究室.中国共产党历史：第1卷（上册）［M］.北京：中共党史出版社，2011：13-14.
② 中共中央文献研究室，中央档案馆.建党以来重要文献选编（第1册）［M］.北京：中央文献出版社，2011：251.
③ 中共中央文献研究室，中央档案馆.建党以来重要文献选编（第1册）［M］.北京：中央文献出版社，2011：258.

群众实施残酷无情的逮捕与杀害，大革命的失败表明：以小资产阶级和民族资产阶级为代表的中国国民党由于阶级和历史的局限性导致他们无法承担起民族独立与自由的历史重任，因此，实现这个历史使命只能把希望寄托在中国共产党的身上。

1927 年大革命失败以后，在严峻的生死考验面前，坚强的中国共产党和英勇的中国人民并没有被吓倒、被征服，而是在总结失败教训的基础上继续高举反帝反封建的革命旗帜，我们党领导人民的革命斗争进入了土地革命时期。在这一时期，中国共产党理性分析和深刻总结了大革命失败的原因和教训，创造性地把马克思主义的革命学说应用于中国革命的实际境遇中，从而更加准确地把握中国革命发展的客观规律，更加清晰地认清了新民主主义革命的对象、任务、性质、动力和前途等一系列根本性问题，科学回答了"实现什么样的民主革命、怎样进行民主革命"的时代问题，并在长期的革命斗争中形成了以党的领导为政治保障、以土地革命为主要内容、以武装斗争为主要形式的一条"农村包围城市、武装夺取政权"的符合中国国情的民主革命道路。与此同时，中国共产党人团结带领人民群众在极端艰苦的革命斗争中始终怀揣革命必胜的信念和艰苦奋斗的精神，彰显出一往无前、不怕牺牲的英雄气概，激励着中国共产党人为实现民族独立与自由而不懈奋斗，并把人民革命斗争推向了全民抗战的全新阶段。

1931 年，日本侵略者悍然发动震惊中外的"九一八事变"，在中华民族面临生死存亡的紧要关头，如何有效联合尽可能多的力量进行抗日民族战争来挽救民族危亡成为摆在中国共产党面前最紧迫的问题。鉴于此，中国共产党顺应时代潮流、站在中华民族整体利益的高度在中国大地上率先举起反抗日本侵略者的旗帜。可以说，随着中日矛盾的尖锐化，国内矛盾逐渐降到次要位置，而中日矛盾成为当时中国革命所要解决的主要矛盾。中国共产党基于社会矛盾的主要变化做出了事关中华民族和中国人民利益的关键抉择，即"只有中华民族的伟大的坚强的力量才能粉碎日本帝国主义的进攻，建立民族独立、民权自由与民生幸福的新中国"①，中国共产党更是秉持中华民族利益高于一切的态度，主张建立不分阶级的抗日民族统一战线来促进中华民族的觉醒。故此，中国共产党主动摒弃前嫌，秉持民族大义，全力促成西安事变的和平解决，推动了抗日民族统一战线的建立。

第二次国共合作顺利实现以后，中国共产党带领人民军队以高昂的救国热情投入抗日洪流中，以卓越的政治领导力和社会号召力指引中国抗战的前进方向，长期在条件最艰苦的敌后方和日本侵略者做斗争，在抗日战争的过程中始终强调"每一个民族革命的战士，应该站在民族革命战争的最前线，到最危险最困难的地方去，成为全民族的模范"②，以"抗战的最后胜利必然是我们的"民族自信心有力地支撑起救亡图存的希望，在十四年艰苦卓绝的浴血奋战中，中国共产党"捍卫民族独立最坚定，维护民族利益最坚决，反抗外来侵略最勇敢，并做出最大的自我牺牲"③。抗日战争最终取得彻底胜利的事实表明，中国共产党是一个为了民族利益而不畏强暴、不怕牺牲的伟大政党，更是一个为了人民利益百折不挠、坚韧不拔的光荣政党，"从古以来，中国没有一个集团，像共产党一样，不惜牺牲一切，牺牲多少人，干这样的大事"④，中国共产党当之无愧是领导中国人民争取民族独立和人民解放的唯一正确领导核心。抗日战争的完全胜利在促进中华民族巨大觉醒的基础上更为中国共产党带领中国人民彻底实现民族独立与人民解放奠定了非常重要的基础。

抗日战争胜利以后，中国人民对战争带来的苦难深感厌倦，迫切期望建立一个独立、和平、民主、幸福的新中国。然而以蒋介石为代表的国民党反动派企图夺取全国人民用鲜血和生命换来的来之不易的抗战胜利的果实，竟

---

① 中共中央文献研究室，中央档案馆. 建党以来重要文献选编（第 14 册）［M］. 北京：中央文献出版社，2011：392.

② 中共中央文献研究室，中央档案馆. 建党以来重要文献选编（第 14 册）［M］. 北京：中央文献出版社，2011：518.

③ 本书编写组. 中国共产党简史［M］. 北京：人民出版社，中共党史出版社，2021：109.

④ 中共中央文献研究室. 毛泽东文集（第 3 卷）［M］. 北京：人民出版社，1996：292.

不顾人民群众的反对公开站在中华民族和中国人民的对立面发动内战，使中华民族再一次处于分裂的境地。中国共产党顺应人民在长期战乱后追求休养生息的强烈愿望，诚心通过和平的方式来实现中国的稳定与发展，中国共产党为和平、团结、民主而做出的艰辛努力内在地唤醒了广大的中国人民，使人们看清了国民党反动派的本质，从而汇聚起铜墙铁壁般的磅礴伟力，也正是因为紧紧依靠人民群众的衷心信任和广泛支持，中国共产党才能在三年内迅速地战胜国民党，一举推翻了国民党反动政权。新中国的成立宣示着中国人民站起来了，同时也标志着在中国共产党的领导之下我们基本实现了近代以来中国人民梦寐以求争取民族独立和国家解放的美好愿景，中华民族自此踏上了实现民族复兴的宏伟征程。

三、全心全意地为劳苦大众谋利益

中国共产党自成立初始就自觉地继承和遵循马克思主义唯物史观，始终把马克思强调的"为绝大多数人谋利益"的价值理念和价值追求贯穿于革命实践活动的全过程。我们党始终把人民作为革命斗争的坐标系和动力源，在近代特殊的历史情境中紧紧围绕"人民"展开宏大的历史叙事。

首先，中国共产党从建党初始就意识到人民群众在革命战争中的地位和作用。我们党在深刻总结近代以来的各种政治力量之所以最终没有完成救亡图存的历史任务，其中一个重要的原因是他们惧怕人民群众，不敢放手发动人民群众，更没有洞察出蕴藏在广大人民群众中的磅礴伟力。故此，中国共产党在特殊的革命情境中始终遵循马克思所强调的依靠人民创造历史和推动历史向前发展的人民主体性思想，并立足中国革命实践需求对其话语表达和理论蕴涵进行了具有中国特色和中国气派的话语重塑与意义转换。基于特定的时代背景和政治主题，如何在"三座大山"的残酷压迫之下取得革命的完全胜利成为新民主主义革命时期中国共产党必须面对且彻底要解决的时代课题。中国共产党在深刻洞察中国革命内在发展规律的基础上得出唯有在广大人民群众的衷心拥护和广泛支持下，我们党才能获取强大的群众力量进而取得革命战争的胜利。因此，在革命的历史情境中我们党有意识地将"人民"

"英雄""创造者"等词语贯穿于革命实践中，正如毛泽东强调："真正的铜墙铁壁是什么？是群众，是千百万真心实意地拥护革命的群众。"① 这一话语高度彰显了中国共产党对人民群众在革命战争中力量和作用的无比尊重，而且在总结抗战经验时毛泽东进一步强调："依靠民众则一切困难能够克服，任何强敌能够战胜。"② 中国共产党更是把人民群众置于决定战争胜败与否的高度加以审视和认知。此外，毛泽东还在多个历史场合不断强调，"群众是真正的英雄""上帝不是别人，就是全中国的人民大众"③，这些朴素的话语折射出的是我们党创新性运用马克思主义群众史观观照中国现实的实际应用，从而为中国共产党践行初心奠定了基调，同时通过打造循环话语叙事的动员机制有效提高了中国共产党人的初心意识和立场意识，进而从根本上激发并唤醒了广大人民群众支持和参与革命战争的积极性和主动性。

其次，中国共产党自建党之日起就对"为什么人"的根本问题保持着清醒而又坚定的认识。作为一个因信仰而组织起来的政党团体，我们党能够成功超越以往一切旧式政党团体追求和维护自身利益的历史局限性，始终把"为民造福"作为我们党之所以要进行革命的立足点和出发点，在革命过程中不仅能做到把广大人民群众视为取得战争胜利的不竭力量源泉，而且能主动做到把人民群众的利益作为革命的根本价值遵循，这也是中国共产党区别于任何政党的显著标识。在革命战争时期，由于长期受"三座大山"的压迫和剥削，中国人民过着穷困潦倒、食不果腹的悲惨生活，因此，在谈及为什么要革命时，毛泽东鲜明地指出："为实现民族独立，为建立民主制度，为在私有制基础上提高人民生活水平而进行革命。"④ 由此可见，中国共产党革命最初动因就是"解除人民的痛苦和争取人民的权利"。而且中国共产党对自我角色和身份有着明确的定位和清醒的认知，在革命过程中我们党一贯强

①　毛泽东.毛泽东选集（第1卷）[M].北京：人民出版社，1991：139.
②　毛泽东.毛泽东军事文集（第2卷）[M].北京：军事科学出版社，中央文献出版社，1993：381.
③　毛泽东.毛泽东军事文集（第2卷）[M].北京：军事科学出版社，中央文献出版社，1993：381.
④　中共中央文献研究室.毛泽东文集（第3卷）[M].北京：人民出版社，1993：190.

调要"把群众的利益放在第一位,这是我们与国民党的根本区别,也是共产党员革命的出发点和归宿"①。这是中国共产党对人民群众作出的庄严承诺。因此,为了兑现这个承诺无数共产党人赴汤蹈火、浴血奋战,甚至不惜牺牲自己的生命践行它。在艰苦卓绝的革命斗争中,中国共产党向来强调"不以绝大多数人民的幸福为民族的幸福,就决不是民族的最后解放;所以,抗战到底和争取民族绝大多数同胞的幸福,这就是民族至上"②,这高度彰显了我们党始终把为人民谋幸福摆在革命的最高位置,从理论演进的逻辑向度而言,这更是中国共产党的初心在革命语境中的集中概括和话语表达。而且在实践方面,中国共产党在总结历史经验的基础上经过长期的调查和反复的思考洞察出人民群众的迫切愿望是解决吃饱肚子的问题,而导致这一问题的根源是封建土地所有制的存在。故此,中国共产党主动顺应人民群众的利益诉求,在革命根据地紧紧围绕人民群众的吃饭问题开展了声势浩大的土地改革运动,我们党依靠人民群众的广泛参与使得"耕者有其田"的千年难题得到了成功解决,中国近一亿农民如愿以偿得到了属于自己的土地,一向被认为组织程度和思想觉悟不高的农民,谁能提出代表他们利益的正确主张并能慎始敬终地实现他们的利益,谁就能够赢得人民群众的认同和支持,而中国共产党成功的土地政策,极大地促进了人民群众对中国共产党的高度认可和情感认同,而且成功地避免了被边缘化的危险,使得中国共产党从众多政党全体中脱颖而出带领中国人民为实现人民幸福而矢志不渝地奋斗。一言以蔽之,中国共产党在革命时期展现出来的"爱民、为民"的优良传统,为中国共产党初心的演进奠定了情感基调、设定了中国共产党初心的价值准绳和伦理取向。

最后,我们党在革命战争时期始终对"我从哪里来"的本源问题保持着清醒认知,并在长期的革命实践中与广大人民群众形成了血浓于水的亲密联系。在革命战争时期,中国共产党非常重视人心向背的问题并始终认为在革

---

① 毛泽东.毛泽东选集 [M].北京:人民出版社,1991:242.
② 中共中央文献研究室,中央档案馆.建党以来重要文献选编(第16册)[M].北京:中央文献出版社,2011:182.

命斗争中"人心的向背，则是经常起作用的因素"①，鲜明地指出决定战争胜败的因素是人不是物，在更高程度上而言是人力和人心的对比。正是基于这样准确的判断和认知，我们党一开始就非常重视党与人民群众之间的关系，在革命战争时期，毛泽东把党和人民群众的关系形象地比喻为"鱼和水""土地和种子""老师和学生"的关系，而且他还进一步强调"八路军也就是老百姓，故军队不要忘本"②，这更是一语中的道出了中国共产党的"根"和"本"就是老百姓的真谛，旨在告诫共产党人要密切联系人民群众而不能脱离人民群众。而且针对党内存在的损害党群关系的现象和问题，我们党总是能够勇于承认错误并及时改正错误，通过开展整风整党的形式、运用批评与自我批评的锐利武器来改善和加强党与人民群众的血肉联系。久而久之，我们党在长期的革命实践中形成了"从群众中来，到群众中去"的亲民、爱民、为民的群众路线，毋庸置疑，群众观点和群众路线是我们党取得革命胜利的法宝。毛泽东在总结革命胜利的经验时指出"我们同国民党是对立的，一个要人民，一个脱离人民"③，这更是道出了中国共产党为什么能够取得成功的奥秘所在。可以说，党和人民群众的血肉联系就是中国共产党初心的集中彰显。

综上所述，中国共产党的初心是在近代以来探索救国救民的历史实践中出场的。基于新民主主义革命主题的实践规定性，中国共产党的初心主要呈现出内外两个方面的意义所指。对外以实现中华民族复兴为逻辑主线，为争取民族独立与解放而不懈奋斗；对内以救民于水火、解百姓于倒悬为己任，为实现人民幸福和自由而孜孜追求。质言之，中国共产党的初心与近代中国面临救亡图存的时代主题实现了内在的逻辑契合。

---

① 中共中央文献研究室．毛泽东文集（第7卷）［M］．北京：人民出版社，1993：407.

② 中共中央文献研究室．毛泽东年谱：一八九三——一九四九（中卷）［M］．北京：中央文献出版社，2013：160.

③ 中共中央文献研究室．毛泽东年谱：一八九三——一九四九（中卷）［M］．北京：中央文献出版社，2013：160.

第二节 社会主义革命和建设时期
中国共产党"初心"的呈现图景

新中国的成立揭开了中国历史的新篇章，我们党团结带领中国人民经过艰苦卓绝的浴血奋战彻底结束了国家四分五裂的局面，中国人民从"三座大山"的残酷压迫下解脱出来翻身成为国家、社会和自己命运的真正主人，中国人民开始以自强、自信的姿态立于世界民族之林，同时标志着我们党实现了近代以来民族独立与国家解放的历史任务，中国共产党自此开启了由局部执政走向全国范围内执掌政权的新征程。因此，中国共产党的初心需随着政治主题和时代情境的变化紧紧围绕实现国家繁荣富强和人民共同富裕的历史任务而接续展开。

一、致力于巩固新生的共和国政权

古人常言，打江山不易，而守江山更不易。新中国成立之初，我们党执政面临的危险和挑战同样不可小觑。倘若这些问题得不到彻底解决，我们党通过艰辛努力取得的革命成果就得不到巩固，社会生产力就得不到恢复发展，人民的生活水平就无法改善。不言而喻，能否及时有效地应对和解决这些困难与挑战来巩固新生的共和国政权极大地考验着中国共产党的执政能力和执政水平。因此，中国共产党保持着清醒的头脑，积极主动地采取一系列政策和措施来巩固新生的人民政权，医治战争后的创伤，致力于改善和提高人民群众的生活水平，由此开启了社会主义建设的新征程。

第一，在军事方面，人民解放战争的历史任务还没有彻底完成。虽然我们党通过三年多的解放战争取得了对国民党的军事胜利，但是"国民党还有100多万军队在西南、华南和沿海岛屿负隅顽抗"①，而且在新的解放区，国

---

① 本书编写组. 中国共产党简史［M］. 北京：人民出版社，中央党史出版社，2021：147.

民党的残余势力与当地的土匪恶霸互相勾结，给人民群众的生命财产安全和社会的发展稳定带来了严重的隐患。鉴于此，中国共产党组织和领导人民解放军以英勇的斗志和革命热情迅速扫荡国民党的残余势力。直至 1951 年底，中国共产党同西藏分裂势力进行了军事和政治相结合的斗争，经过不断的斗争西藏最终获得和平解放，这标志着祖国大陆最终实现了完全统一。在新解放区大规模的剿匪斗争过程中，中国共产党带领人民军队最终成功剿匪过百万，基本平息了大陆存在的匪患，从而为人民群众安居乐业的生活和社会秩序的稳定提供了安定的环境。

第二，在经济发展方面，新中国继承的是一个战争后千疮百孔的烂摊子，生产萎缩、生态破坏、发展困顿、民生困苦是当时新中国成立时经济社会发展最真实的写照。国民党长期黑暗统治下的恶性通货膨胀，导致市场物价疯狂上涨，人民群众的收入远远落后于物价飞涨的速度，中国人民依然过着穷困潦倒的悲惨生活。此外，在新解放区依然有三亿多人口没有进行土地改革，封建土地所有制的存在严重束缚着生产力的发展和抑制着人民群众的生产积极性。因此，能否及时地解决这些问题，事关我们党能否赢得人民群众的信任与支持、能否顺利地推进社会主义事业的建设。鉴于此，正如毛泽东所强调的"为了达到建设新中国的目的，对于什么困难我们共产党人也是无所畏惧的"[①]，面对这些棘手问题，中国共产党首先采取必要的行政手段和强有力的经济措施，团结带领人民群众同投机资本作稳定物价和统一财经的斗争，1980 年，政务院发出《关于统一国家财政经济工作的决定》，通过这一决定的贯彻执行，国家的财政收支趋于平衡，全国的物价不断回落并趋于稳定，从此宣告了我们党带领人民群众经过不断的斗争成功解决了使人民深受其苦的恶性通货膨胀和物价飞涨的根本问题，这为人民群众安居乐业、社会主义建设的有序开展创造了好的条件。其次，基于人民群众对解决土地问题的迫切期望，中国共产党适时在新解放区展开了声势浩大的废除封建土地所有制的土地改革运动，中国共产党在土地改革过程中始终强调"土地改革

---

① 中共中央文献研究室．毛泽东文集（第 7 卷）［M］．北京：人民出版社，1993：275.

的基本目的,就是废除地主阶级封建剥削的土地所有制,实行农民的土地所有制"①。质言之,我们党进行土地改革的目标指向是让广大劳苦大众拥有自己的土地,让他们凭借自己勤劳的双手创造美好生活。土地改革的完成,宣告了封建土地所有制的历史终结,同时中国的广大劳苦大众终于实现了千百年来"耕者有其田"的历史夙愿,中国共产党全心全意为劳苦大众谋利益的行为赢得了广大人民群众的信任与支持,从而极大地激发了广大农民参与社会主义建设的政治热情和生产积极性,对于巩固新生政权的重要性是不言而喻的。

第三,从国际环境而言,以美国为首的西方帝国主义国家狼子野心不死,他们不愿看到一个新的社会主义中国的建立,妄图把新生的共和国扼杀在摇篮中,对新中国实行政治孤立、经济封锁和军事包围。因此,能否在同美帝国主义势力的较量中取得胜利,是中国共产党面临的又一重大考验。故此,中国共产党以强烈的政治勇气和责任担当着手废除旧国民党政府同各帝国主义签订的一系列不平等条约,彻底地肃清帝国主义在中国的一切特权,重新确立新的外交方针与指导原则,"使鸦片战争以来中国主权被外国肆意践踏,外国人在中华大地上耀武扬威的百年屈辱史彻底结束"②。而且在抗美援朝战争中,在敌我力量极其悬殊的情况下,中国共产党集中统一领导的人民志愿军始终秉持国家和人民的利益高于一切的坚定信念,为了完成党和人民赋予的神圣使命,在波澜壮阔的抗美援朝战争中不畏强敌、舍生忘死,毛岸英等革命先烈更是用生命和鲜血践行着对祖国和人民的拳拳赤子之心。抗美援朝战争的伟大胜利,是中华民族真正站起来的宣言书,更是中华民族走向伟大复兴的重要标志,为我们党实现国家繁荣富强、人民幸福富裕的历史任务提供了和平稳定的环境。

---

① 中共中央党史研究室. 中国共产党的九十年:社会主义建设时期 [M]. 北京:中共党史出版社,党建读物出版社,2016:382.
② 本书编写组. 中国共产党简史 [M]. 北京:人民出版社,中央党史出版社,2021:151.

二、确立人民当家作主的社会主义制度

新中国成立之初，我们党深刻总结近代以后中国政治生活的惨痛教训，牢牢立足于中国的具体国情、社会环境和人文背景，致力于适合中国国情的民主政治发展道路，在新中国的制度设计中，不管是决定国家根本性质和国家政权组织形式还是确立国家的基本政治制度，人民当家做主始终是贯穿于国家制度设计的价值中轴，中国共产党不照搬照抄西方国家的政治制度发展模式，而是坚持以马克思主义科学理论为指导，在广泛的民主实践中逐步构建起一整套具有中国特色和中国气派的保障人民群众根本权益的制度体系。

在新中国成立前夕，毛泽东就鲜明地强调，"我们是人民民主专政，各级政府都要加上'人民'二字，各种政权机关都要加上'人民'二字"，这集中彰显了我们党的政权机关要以最广大人民群众根本利益的要求为宗旨。中国共产党不仅是这样宣传的，而且还充分意识到只有"建立一定的制度来保证群众路线和集体领导的贯彻实施"[①]。故此，经过不断的探索与努力，我们党在第一届全国人民代表大会上通过了我国历史上真正意义上的社会主义性质的成文宪法，宪法明文规定我国的一切权利属于人民，人民是国家真正的主人，而且还把人民代表大会制度确定为广大人民群众行使当家做主权利的根本政治制度。从制度和法律层面保证了人民群众在国家生活和社会生活中地位的至高无上性和绝对性，可以说，这是以往历史上任何政党组织无法想象和做到的，而在中国共产党这里却变成了现实。人民代表大会制度在真正意义上超越了古今中外"人民无法当家做主"的历史怪圈。其次，在人民代表大会根本政治制度的基础上我们还形成了中国共产党领导的多党合作和政治协商的基本政治制度，这一新型政党制度以中国共产党集中领导、各民主党派合作，中国共产党执政、各民主党派参政为基本特征，中国共产党与各民主党派秉持"长期共存、互相监督、肝胆相照、荣辱与共"的方针。因此，这一新型政党制度不仅能够最真实、最广泛、最持久代表和实现人民群

---

① 中共中央文献研究室．毛泽东文集（第3卷）［M］．北京：人民出版社，1993：19.

众的根本利益和社会各界的根本利益，而且能够把各民主党派有效地团结起来为实现人民群众的幸福美好生活的目标而共同奋斗。最后，我们党创造性地把马克思主义民族理论与中国的历史和现实有机结合，形成了具有中国特色的民族区域自治制度，这一基本政治制度对维护祖国统一和加强民族团结、促进少数民族地区经济社会繁荣进步、增强中华民族的凝聚力和向心力起着至关重要的作用。可以说，这些制度的确立与形成使得新制度代替旧制度变得可能，而且通过新制度的变迁，不仅极大地调动了人民群众参与社会主义事业建设的积极性和主动性，而且为实现国家的繁荣富强和人民的富裕美好的生活追求提供了坚强有力的政治保障，更为塑造能够适应社会主义事业建设的社会机制创造了前提。

三、加强党在全国执政后的自身建设

新中国成立之初，基于时代主题和历史任务即将发生历史性转变，毛泽东语重心长地提醒全体共产党员："因为胜利，党内的骄傲情绪……贪图享乐不愿再过艰苦生活的情绪，可能生长。"[①] 这既是一种忧患意识，更是一种隐喻式的警示与告诫，旨在要求中国共产党人要在革命胜利面前保持清醒的头脑和忧患意识，在夺取政权以后要经受住长期执政的考验。因此，毛泽东进一步号召全体党员"务必使同志们保持谦虚、谨慎、不骄、不躁的作风，务必使同志们保持艰苦奋斗的作风"[②]，两个务必的提出包含着对我国几千年来封建王朝兴衰成败的深刻借鉴，包含着对中国共产党加强自身建设来永葆先进性和纯洁、始终秉持全心全意为人民服务宗旨的理论强调。

正是基于以上多方面的慎重考虑，新中国成立以后，中国共产党十分重视在长期执政条件下自身建设的情况，并把加强党的自身建设置于决定社会主义伟大事业建设成败与否的政治高度加以审视和认知。首先，针对全国革命胜利以后部分党员干部以功臣自居的骄傲自满情绪和由此滋长的官僚主

---

① 毛泽东. 毛泽东选集（第 2 卷）［M］. 北京：人民出版社，1991：1438.
② 毛泽东. 毛泽东选集（第 2 卷）［M］. 北京：人民出版社，1991：1434.

义、形式主义和命令主义的不良作风，同时，随着党员数量和党组织数量的不断增加，党内难免会出现思想不纯、组织不纯和作风不正的问题。因此，在 1950 年 5 月，党中央发出《关于在全党全军开展整风运动的指示》，文件明确要求在全党范围内开展一次系统彻底的整顿作风运动，首要的是整顿干部的作风问题。因此，在 1951 年 3 月至 4 月，我们党组织召开了第一次全国组织工作会议，决定"在全体党员中进行一次关于共产党员必须具备的八项条件的教育，特别是关于社会主义、共产主义前途的教育"①。要求必须努力学习马克思列宁主义，学习马克思列宁主义与中国革命实践相结合的毛泽东思想。可以说，这些要求和规定既体现了我们党对党员干部的一贯的严厉要求，又从特定的时代主题出发，突出了强化理论武装、坚定理想信念的重要性，为整顿党的基层组织和提高党员干部的思想觉悟和政治信仰指明了方向。据统计，"经过整党，共有 41 万人被开除出党或被劝告退党，增强了党组织的纯洁性"②。毛泽东更是指出："对于开除这些人出党和撤销这一些人的职务，不应当有可惜的观点，这是毫不可惜的，如果没有开除和撤销他们的决心则是错误的。"③ 毋庸置疑，作为一个肩负历史使命的马克思主义政党"才不追求党员数量的增加，而注意党员质量的提高和清洗'混进党里来的人'"④，这彰显了中国共产党注重自身建设质量的理论自觉和实践自觉，通过整党运动，党的先进性与纯洁性得到了显著提升，对于党员干部坚定政治信念和明确政治方向、牢固树立全心全意为人民谋利的宗旨意识具有深远的历史意义。其次，我们党以从严惩治腐败为核心开展了"反贪污、反浪费和反官僚主义"的"三反"运动。在革命胜利前夕，毛泽东对资产阶级腐化堕落的思想早有预见，他指出："可能有这样一些共产党人，他们不曾被拿

① 本书编写组．中国共产党简史［M］．北京：人民出版社，中央党史出版社，2021：170．
② 本书编写组．中国共产党简史［M］．北京：人民出版社，中央党史出版社，2021：170．
③ 中共中央文献研究室，中央档案馆．建国以来重要文献选编（第3册）［M］．北京：中央文献出版社，1992：65．
④ 中共中央马克思恩格斯列宁斯大林著作编译局．列宁选集（第4卷）［M］．北京：人民出版社，2012：51．

枪的敌人征服过……但经不起人们用糖衣裹着的炮弹的攻击。"① 然而党内的一些党员干部没有深刻领会和铭记毛主席的衷心告诫,新中国成立之初,一些党员干部,特别是党的高级领导干部在和平环境中没有高度警惕资产阶级思想对自身的侵蚀作用,一些党员干部甚至把资产阶级的糖衣炮弹作为滋补的灵丹妙药,利用人民赋予的权力谋取私利,由此带来的结果只能是一些党员干部的思想和肌体逐渐被侵蚀,生活作风腐败堕落,进而导致一些党员干部脱离实际,脱离群众,最终脱离了革命。所以,"反贪污、反浪费、反官僚主义的问题,不是一个普通的问题,而是关系于革命成败,关系于全党、全军、全体政府工作人员和全体人民利益的大问题"②,倘若"三反"问题解决不好,就不能保证社会主义革命和建设事业顺利进行。所以,"必须把这种丑恶的反动思想和行为给以政治上的改造和法律上的制裁"③。故此,中国共产党颁布实施《中华人民共和国惩治贪污条例》,通过持续高压的"三反"斗争,全国有23.8万党员被清理出党,3.8万贪污分子受到刑事处理,特别是对刘青山、张子善这样党的高级领导干部作出了枪决处理,更是在全党全社会起到了强有力的威慑作用。"三反"运动的开展,中国共产党的组织成分和党员的素质有了明显的改善和提高,这对于我们党始终站稳人民立场、保持党的先进性与纯洁性有着十分重要的意义。最后,我们党十分重视党与人民群众之间的血肉联系,并把党群关系置于决定社会主义伟大事业能否取得成功的高度来强调。毛泽东指出:"任何时候也不要离开群众。党群关系好比鱼水关系。如果党群关系搞不好,社会主义制度就不可能建成;社会主义制度建成了,也不可能巩固。"④ 因此,党的八大把群众路线写进了党章,要求对全体党员干部进行党的群众路线教育,同脱离群众和伤害群众感

---

① 毛泽东. 毛泽东选集(第4卷)[M]. 北京:人民出版社,1991:1438.

② 中共中央文献研究室,中央档案馆. 建国以来重要文献选编(第4册)[M]. 北京:中央文献出版社,2011:26.

③ 中共中央文献研究室,中央档案馆. 建国以来重要文献选编(第4册)[M]. 北京:中央文献出版社,2011:27.

④ 中共中央党史和文献研究院. 建党以来毛泽东文稿(第6册)[M]. 北京:中央文献出版社,1987:547.

情的官僚主义作最坚决的斗争。我们党一贯要求全体共产党人决不能摆架子、摆资格，凌驾于人民群众之上，而是要以劳动者的姿态出现在人民群众当中，这是一种高尚的共产主义精神和气概。中国共产党还强调我们党不怕自我批评，当犯了错误之后要敢于及时承认错误并随时修正错误，这更是中国共产党秉持初心的重要形式。而且慎始敬终地强调"共产党就是要奋斗，就是要全心全意为人民服务"①，这更是说明了只有坚持永久的奋斗，中国共产党全心全意为人民服务的初心才能长时期保鲜。一言以蔽之，我们党通过各种自我革命的方式"已经成了团结全国人民进行社会主义建设的核心力量"②，历史和现实同样证明，唯有一以贯之加强和改善党的自身建设，社会主义革命和社会主义建设方能在广大人民群众的衷心拥护和广泛支持下不断向前推进并取得重大胜利。

四、曲折前进中进行社会主义建设的艰苦探索

马克思指出："无产阶级在夺取政权以后，要利用自己的政治统治……并尽可能地增加生产力的总量。"③ 新中国的成立实现了中华民族的独立和振兴，进而为中国共产党实现人民幸福打下了坚实的基础。因此，随着时代主题和历史任务发生变化，党的工作重心需从革命战争转向经济建设上来。而随着国民经济的恢复和社会主义新生政权的进一步巩固之后，我们党已具备进行大规模经济建设来实现国家富强和人民富裕历史任务的条件和水平。然而，我们党是在生产力极其不发达、经济文化十分落后的新中国团结带领人民建设社会主义，这和马克思恩格斯对未来社会发展的设想有所不同，我们党要进行社会主义建设也就无法从马克思恩格斯那里找到现成的答案。所以，只有充分结合我国的实际国情，通过不断的探索和长期的实践来作出回应。因此，毛泽东在深刻洞察社会发展规律的基础上指出："现在我们能造

---

① 中共中央文献研究室 . 毛泽东文集（第 7 卷）［M］. 北京：人民出版社，1993：285.
② 中共中央文献研究室 . 毛泽东文集（第 7 卷）［M］. 北京：人民出版社，1993：114.
③ 中共中央马克思恩格斯列宁斯大林著作编译局 . 马克思恩格斯选集（第 1 卷）［M］. 北京：人民出版社，2012：293.

什么？能造桌子椅子，能造茶碗茶壶，能种粮食，还能磨成面粉，还能造纸，但是，一辆汽车、一架飞机、一辆坦克、一辆拖拉机都不能造。"① 因此，我们党并没有急于向社会主义过渡，而是依据当时实际情况适时地提出了"一化三改"的过渡时期总路线，集中全国上下的人力和物力优先发展工业，尤其是发展重工业，因为"没有工业，便没有巩固的国防，便没有人民的福利，便没有国家的富强"②，故此，我们党及时决定从 1953 年开始实行以国家工业化为主体的发展国民经济的第一个五年计划。可以说，这是中国人民近百年来梦寐以求的愿望，"因为我国过去重工业的基础极为薄弱，经济上不能独立，国防不能巩固，帝国主义国家都来欺侮我们，这种痛苦我们中国人民已经受够了"③。因此，实现国家工业化是我们党致力于实现国家富强和人民富裕历史任务的必由之路，更是我们实现中华民族伟大复兴的必由之路。但是，工业化建设需要大量资金的投入，优先发展重工业需要的资金甚至会更多，而对中国这样一个传统农业大国而言，工业化建设需要的资金相当一部分来源于农业。当时社会上有种观点认为，中国穷，要与民休息，不宜进行工业化建设，而应该多发展与人民生活息息相关的轻工业，并呼吁政府要施行"仁政"。针对这种违反总路线的错误思想，毛泽东鲜明地强调："所谓仁政有两种：一种是为人民的当前利益，是小仁政；另一种是为了人民的长远利益，是大仁政。"④ 换言之，人民的生活水平和生活质量必须改善和提高，但是在这种特殊情况下又不能改善和提高很多，不能因为小仁政而妨碍大仁政。苏联人民在为国家工业化而斗争时期"甘愿担受牺牲，在各方面实行极端节省，节省饮食，节省教育经费、节省布匹，以求积累创立工业所必要的资金"。而中国人民自古以来就富有革命传统和强烈的家国情怀，

---

① 中共中央文献研究室．毛泽东文集（第 6 卷）[M]．北京：人民出版社，1993：329．
② 中共中央文献研究室，中央档案馆．建国以来重要文献选编（第 4 册）[M]．北京：中央文献出版社，2011：705．
③ 中共中央文献研究室，中央档案馆．建国以来重要文献选编（第 4 册）[M]．北京：中央文献出版社，2011：705．
④ 毛泽东．毛泽东在中央人民政府委员会第二十四次委员会议上的讲话 [N]．人民日报，1953-09-12．

他们长期地渴望改变落后和贫穷的悲惨境遇，人民群众的积极性和创造力是不可估量的。正因如此，中国共产党充分发挥集中力量办大事的政治优势，积极动员和号召广大人民群众发扬艰苦奋斗、英勇牺牲、亲密团结、攻坚克难的优良传统共同为社会主义工业化建设而不懈奋斗。而且我们党创造性地提出将社会主义工业化建设和社会主义改造同时推进，把发展生产和改善人民生活有机结合起来，对"农业、手工业、资本主义工商业"进行社会主义性质的改造。历史证明了"一五"期间我们国家在工业化建设方面取得了巨大的成就，这为我国建立独立的民族工业体系和国民经济体系奠定了深厚的基础。同时，随着社会主义改造的基本完成，标志着我国社会主义制度成功建立了，在我们党的正确领导下和人民群众的衷心支持和拥护下，我国成功进入了社会主义社会，实现了中国历史上最深刻最伟大的社会变革，这为我们党实现国家富强和人民富裕的时代任务奠定了政治前提和制度保障。从此以后，中国共产党的任务就是集中力量发展生产力，为实现国家繁荣富强和人民富裕幸福的目标而奋斗。

随着我们国家进入社会主义社会，如何建设社会主义俨然是我们党面临的全新课题。中国共产党在不断的分析、判断和思考之后，提出要以苏联为鉴戒，独立自主地探索适合中国国情的社会主义建设道路。因此，中国共产党人紧紧围绕如何建设社会主义进行了周密而系统的调查研究，在不断调查研究的基础上毛泽东提出了《论十大关系》，它初步架构了经济、政治建设等在社会主义建设中的潜在因素与逻辑导向，标志着我们党对社会主义建设有了清醒的认知和明确的想法。正如毛泽东所说："前几年经济建设主要学外国经验，《论十大关系》开始提出自己的建设路线，有我们自己的一套内容。"① 可以说，《论十大关系》的提出是社会主义探索的开始。直到1956年党的八大的召开，党的八大正确分析了国内形势和社会主要矛盾的深刻变化，明确指出了国内的主要矛盾已经转变为"人民对于建立先进的工业国的要求同落后的农业国的现实之间的矛盾，已经是人民对于经济文化迅速发展

---

① 中共中央党史研究室. 中国共产党历史：第2卷（上册）[M]. 北京：中共党史出版社，2011：187.

的需要同当前经济文化不能满足人民需要的状况之间的矛盾"①，社会矛盾的变化决定着政党实践活动的基本态势及目标指向，因此，解决这一主要矛盾所期冀的理想化方式就是通过集中力量发展生产力使我们国家实现从落后的农业国到先进的工业国的重大转变。因此，党的八大站在比较高的历史起点上为中国建设社会主义提供了战略设想、擘画了社会主义建设的宏伟蓝图。然而为了尽快实现中华民族站起来以后富民强国的强烈愿望，中国共产党提出了"鼓足干劲、力争上游、多快好省地建设社会主义"的总路线，期求在较短的时间内完成国家强大和人民富裕的目标，但是由于中国共产党缺乏社会主义建设的经验，在社会主义建设过程中违背了经济发展所必须遵循的客观规律，导致目标过于脱离实际且达到这一目标的方式和手段（"大跃进"和"人民公社化"）出了问题，最终造成了经济社会严重的破坏和倒退。直到后来我们党充分意识到错误并积极调整经济发展的方针来恢复国民经济的时候，"文化大革命"却爆发了，对社会主要矛盾的主观认定和错误判断，导致我们党在寻求国家富强和人民幸福的道路上偏离了本意和初衷，最终给党和人民带来了沉重灾难。但是即便如此，我们也要以大历史观的视角跳出历史现象，走向历史深处来分析事物的演进规律，从而透析历史现象、抓住历史本质。我们党的初衷是为了改变贫穷落后的面貌，使人民过上幸福美好的生活，但是在实践过程中出现了动机与效果的严重背离，但是，并不是说这一时期就是一无所获，即使在艰难的环境中我们党也在国防、科技、外交等方面取得了重大的突破和成就。可以说，这正反两方面的历史经验教训为我们党之后如何坚守初心和实现使命提供了宝贵经验、理论准备和物质基础。

---

① 本书编写组．中国共产党简史［M］．北京：人民出版社，中央党史出版社，2021：188．

第三节 改革开放和社会主义现代化新
建设时期中国共产党"初心"的呈现图景

"'文化大革命'十年内乱导致我国经济濒临崩溃的边缘，人民温饱都成问题，国家建设百业待兴。"① 质言之，国家富强和人民富裕的历史任务并没有在新中国成立后的 30 年里得到实现。因此，站在中华民族和中国人民何去何从的重大历史关头，以邓小平为主要代表的中国共产党人在深刻反思中国社会主义建设的经验教训基础上，基于对党和国家前途命运的深刻把握，在党的十一届三中全会以后，我们党以强烈的责任感和使命感把国家富强和人民幸福的美好夙愿重新回归到马克思主义生产力解放的维度进行思考、谋划，把党的初心置于改革开放的历史浪潮中加以展开。

一、重新确立思想路线，廓清党和人民思想认识的偏差

勇于承认错误并及时地修正错误之后，继续前进才有不断的动力和明确的方向。中国共产党向来是一个善于发现、敢于承认、勇于纠正错误的伟大政党，这也是为什么中国共产党即使犯了错误也能得到人民群众的支持而永立不败之地的关键所在。

"文化大革命"结束以后，如何彻底扭转十年内乱造成的严重局面显然是我们面临的最为迫切的课题，其中首要的问题是要彻底澄清思想混乱，对历史是非的标准问题做一个科学且合理的判定和结论。因此，需要一个转折契机来重构中国的未来发展走向。正如邓小平强调的，"我们一定要肃清林彪、'四人帮'的流毒，拨乱反正，打破精神枷锁，使我们的思想来个大解

---

① 中共中央党史和文献研究院，中央"不忘初心、牢记使命"主题教育领导小组办公室. 习近平关于"不忘初心、牢记使命"论述摘编［M］. 北京：党建读物出版社，中央文献出版社，2019：361.

放"①。故此,中国共产党在事关党和国家前途命运的紧要历史关头,首先在思想领域展开了彻底的拨乱反正。针对"两个凡是"的错误方针和长期"左倾"错误思想造成的严重影响,国内一些干部和理论工作者开始认真反思如何彻底跳出"两个凡是"的精神束缚,就真理标准问题展开了激烈讨论。从而不可避免地在全党全国范围内引发了关于实事求是与"两个凡是"两条思想路线的争论。1978年5月,一篇名为《实践是检验真理的唯一标准》的文章在光明日报公开发表,文章鲜明地指出,"对'四人帮'设置的禁区要敢于去触及,敢于去弄清是非"②,这篇文章的刊发在广大干部群众中引起强烈的反响,进而形成了一股解放思想、实事求是的历史潮流,但是因为它提倡的主旨思想与"两个凡是"尖锐对立,并且严重冲击了在中国盛行长达十年的思想僵化和个人崇拜的问题,因此真理标准问题的讨论在开展的时候受到了重重阻力。这时,中国共产党人以巨大的政治勇气和强烈的责任担当对真理标准问题的讨论给以明确肯定的支持,如邓小平关于真理标准问题的争论给予明确回应:"不要再下禁令、设禁区了,不要再把刚刚开始的生动活泼的政治局面向后拉。"李先念同样指出:"凡是经过长期社会实践证明是符合客观规律、符合大多数人利益的事,就坚决地办、坚持到底,我们的一切政策、计划、措施是否正确,都要以能否为人民群众谋利益作为标准来检验。"③ 由此可以看出,真理标准问题不仅是一个重大的理论问题,更是事关党和国家根本利益的现实问题,也正是因为这场深刻而广泛的大讨论,在正本清源的基础上有力地批判了"左倾"错误思想和扫清了"两个凡是"的观念尘垢,而且有效推动了政治、经济、文化、教育等各条战线的拨乱反正,这为中国共产党重新确立马克思主义的思想路线、政治路线和组织路线奠定了理论之基,更为党和国家实现历史性的伟大转折做了思想铺垫。

在党的十一届三中全会上,邓小平以"解放思想,实事求是,团结一致

---

① 邓小平. 邓小平文选(第2卷)[M]. 北京:人民出版社,1994:143.
② 邓小平. 邓小平文选(第2卷)[M]. 北京:人民出版社,1994:143.
③ 中共中央党史研究室. 中国共产党历史:第2卷(下册)[M]. 北京:中共党史出版社,2011:1028.

向前看"为会议主题报告向全党发出号召。首先，我们党以自我革命的政治勇气全面纠正了"文化大革命"以及"左倾"错误思想带来的严重后果，坚决批判了"两个凡是"的错误方针，充分恢复和发扬了我们党一贯以来的党内民主和实事求是、群众路线、批评与自我批评的优良传统和政治优势，重新确立了马克思主义的思想路线、政治路线和组织路线，实现了建国以来党的历史上最具深远意义的伟大转折，由此开启了我国改革开放的新时期。其次，在党的十一届三中全会后，我们党按照实事求是、有错必纠的原则对"文化大革命"期间造成的冤假错案进行全面平反，其中影响最大的是彻底推翻强加给刘少奇的种种罪名，恢复了刘少奇作为国家主要领导人的名誉。这表明中国共产党是一个光明磊落的马克思主义伟大政党，对所犯错误不讳言、不逃避，能够以揭丑亮短的勇气和决心主动修正错误，可以说，这些做法重新塑造了党的良好形象，改变了广大人民群众对中国共产党的认知和看法，因此也获得了人民群众的理解、信任与支持。最后，党的十一届三中全会之后，因为长期受封闭和错误思想的影响，党内有一些人对党的新路线、新方针和新政策产生不理解甚至是抵抗情绪，还有部分人肆意夸大党和毛泽东所犯的错误，企图否定党的领导和否定毛泽东和毛泽东思想。鉴于此，中国共产党深刻意识到必须对建国以来党的历史和重大历史问题做一个基本的总结。故此，经过一年多的准备工作，党的十一届六中全会通过了《关于建国以来党的若干历史问题的决议》（以下简称《决议》），《决议》对党的一些重大历史事件和历史人物作了实事求是的评价，科学总结了建党以来中国共产党正反两方面的历史，尤其是对毛泽东的功过做了全面、准确、科学的评价，而且针对如何对待毛泽东思想，邓小平指出"毛泽东思想这个旗帜丢不得。丢掉了这个旗帜，实际上就否定了我们党的光辉历史"①。这从党的历史的高度重新确立了毛泽东和毛泽东思想的历史地位，表明了中国共产党敢于承认、正确分析、坚决纠正自己包括领袖人物所犯的错误，高度体现了我们党的独特品质和政治本色。《决议》的通过标志着中国共产党在指导思想

---

① 邓小平. 邓小平文选（第2卷）[M]. 北京：人民出版社，1994：298.

上拨乱反正的最终完成，这为中国共产党在改革开放新时期秉持实现国家富强和人民富裕的初心廓清了思想迷雾、指明了前进方向。

二、以经济建设为中心，提高和改善人民的生活水平

"为中国人民谋幸福，为中华民族谋复兴，是中国共产党人的初心和使命，也是改革开放的初心和使命。"① 新中国的成立虽然使中国人民站起来了，但是因为各种历史原因，在新中国成立后 30 年里国家富强和人民富裕的历史任务并没有真正得到实现，正如邓小平强调的那样："一个真正的马克思主义政党在执政以后，一定要致力于发展生产力，并在这个基础上逐步提高人民的生活水平。"② 穷则思变，因此，如何及时回应人民群众对改变忍饥挨饿、缺衣少食的悲惨生活境遇的殷切渴望和对幸福美好生活的迫切诉求是中国共产党在这一历史时期需要解决的核心问题。

基于对党和国家前途命运的历史自觉和对社会发展规律的深刻把握，党的十一届三中全会以后，中国共产党以巨大的政治勇气毅然停止了"以阶级斗争为纲"的思想路线并成功实现了党的工作重心向社会主义现代化建设的转移，作出了实行改革开放的伟大历史性决策。诚然，这是中国共产党秉持为中国人民谋幸福的历史自觉和行动自觉。伴随着改革开放的不断深入发展，中国共产党人就"什么是为民造福、怎么为民造福"的根本性问题进行不断的思考与探索。因此，邓小平用饱含深情的语言指出："我们要想一想，我们给人民究竟做了多少事情呢？我们一定要根据现在的有利条件加速发展生产力，使人民的物质生活好一些，使人民的文化生活、精神面貌好一些。"③ 可以说，这既是一种对自我初心与使命的清醒反思，更是对未来如何实现初心与使命的政治宣言。故此，中国共产党从人民群众所思所盼中寻找方向，一开始就把改善和提高人民群众的物质文化水平作为党一切工作的出发点和立足点。

---

① 习近平. 论坚持全面深化改革［M］. 北京：中央文献出版社，2018：514.
② 邓小平. 邓小平文选（第 3 卷）［M］. 北京：人民出版社，1994：28.
③ 邓小平. 邓小平文选（第 3 卷）［M］. 北京：人民出版社，1994：128.

　　首先，我们党始终坚持以改革的实践效用来主动回应人民群众的新期待、新诉求。从当时的中国实际国情来看，占全国人口百分之八十以上的农民连最基本的吃饭问题都得不到根本保障，更谈不上对幸福美好生活的期盼和追求。邓小平鲜明地强调："社会主义必须大力发展生产力，逐步消灭贫穷，不断提高人民的生活水平。"① 在党的十一届三中全会召开之前，我国农村存在生产和消费领域管理过于集中和分配领域存在严重的平均主义等弊端，这些问题和现象严重地打击了农民的生产主动性和积极性。鉴于此，中国的改革率先从农村开始。因为不甘于贫穷落后的生活境遇，安徽、四川等地的农民首先突破旧的经济体制的束缚，创造性地进行了农业生产包产到组的实验，这个做法简单易行，而且取得的成效非常显著，因此受到了广大农民的认可和欢迎。可以说，在中国农村人口多、可耕地少、生产条件和技术水平落后的情况下，广大农民的积极性是促进生产力快速发展的至关重要因素。邓小平同样强调："调动人民积极性的最中心的环节，还是发展生产力，提高人民的生活水平。"② 因此，在邓小平的支持和推动下，中国共产党逐渐形成了对农村经济体制改革的共识，从 1982 年开始，党中央连续五年内发出五个中央"一号文件"来推动农村经济体制改革，在我们党强有力的支持下，以包产到户、包干到户的家庭联产承包责任制在全国迅速推广与开展，充分调动了农民的生产主动性和积极性，农业生产得到了前所未有的快速发展。随着农村经济体制的贯彻与落实，广大农民群众有了更多的自主权，全国各地的农村很快涌现出了一大批乡镇工业企业，同时出现了一大批生产和经营专业户，这更是印证了"农村改革经过三年的实践证明是成功的，现在农村面貌焕然一新，百分之九十的人生活改善了"③。中国共产党在农村的改革集中体现了我们党尊重人民群众的首创精神、依靠人民群众而改革、紧紧围绕人民群众利益诉求而改革的政治本色。在农村改革取得成功之后，我们党渐次把改革的重心转到城市。因为历史原因，城市改革比农村改革更为复

---

①　邓小平.邓小平文选（第3卷）[M].北京：人民出版社，1994：10.

②　邓小平.邓小平文选（第3卷）[M].北京：人民出版社，1994：178.

③　邓小平.邓小平文选（第3卷）[M].北京：人民出版社，1994：178.

杂，面临的困难和风险也更为巨大。但是，我们有农村改革的经验作为借鉴，加之我们有一个坚强有力的核心作为引领，以城市国有企业为重点的改革全面展开，我们党在改革过程中始终秉持"胆子要大，步子要稳"的原则，在城市的工业、商业、科技、教育等重要领域进行全面的深化改革，使得这些领域内的资本、技术、知识等生产要素全部解放了出来，因此生产力得到了极大解放。伴随着改革的有序推进，我们国家的对外开放也逐步展开，这是基于深刻的历史教训而做出的战略选择。正如邓小平强调的，"三十几年的经验教训告诉我们，关起门来搞建设是不行的，发展不起来"①。因此，中国共产党坚定不移走对外开放的道路，通过设立经济特区向世界展示中国改革发展的形象，通过吸引和利用外资，引进国外的资金、技术、管理等来发展社会主义经济。邓小平指出"坚持改革开放是决定中国命运的一招"②，质言之，不管是农村的"家庭联产承包责任制"还是城市的国有企业改革，抑或是对外开放的伟大壮举，都是中国共产党为人民谋幸福的时代彰显，体现了中国共产党践行初心的历史自觉。

其次，伴随着改革开放的持续深入发展和中国特色社会主义事业的不断向前推进，内在地要求中国共产党就"什么是社会主义、怎样建设社会主义"的根本性问题依据中国国情和实践经验做出理论和实践上的明确回答。因此，以邓小平为主要代表的中国共产党人在深刻洞察社会主义发展规律和人类社会发展规律的基础上持续揭示社会主义的本质，通过长时间的理论思考与实践探索对社会主义的内涵、特征、建设路径、评价标准有了更加深入和科学的认知。早在1980年，邓小平同国外领导人座谈时就提出"社会主义本质"的内涵，可以说，从这时起他就致力于从社会主义本质出发探索社会主义建设和发展的问题。此后，邓小平在视察东北时语重心长地指出："我们人民的生活如此困难，怎么体现出社会主义的优越性？"③ 不言而喻，邓小平以反问的形势内在地回答了社会主义就是要广大老百姓过上富裕幸福

---

① 邓小平. 邓小平文选（第3卷）［M］. 北京：人民出版社，1994：64.
② 邓小平. 邓小平文选（第3卷）［M］. 北京：人民出版社，1994：64.
③ 邓小平. 邓小平文选（第3卷）［M］. 北京：人民出版社，1994：10.

的生活。而且邓小平进一步指出:"贫穷不是社会主义,发展太慢也不是社会主义。"① 这更是从发展质量和发展速度的角度阐释了社会主义,直到1992 年的南方谈话,邓小平对社会主义的本质有了更为稳定和科学的表述:"社会主义的本质,是解放生产力,发展生产力,消灭剥削,消除两极分化,最终达到共同富裕。"② 这一全新表述,深刻揭示了社会主义的核心要素和价值追求,更是与马克思主义所描述的每个人自由而全面发展的未来社会有着共通之处。而且我们党不断强调"社会主义发展生产力,成果是属于人民的"③,这集中深刻回答了"为了谁"的根本问题。邓小平还提出了衡量社会主义发展状态和事业建设成败的"三个有利于"标准,进一步指出了"人民,是看实践。人民一看,还是社会主义好,还是改革开放好,我们的事业就会万古长青"④,这更是把人民群众作为改革开放事业的评判者、阅卷人,使得我们党为民造福的初心更具现实主义特征,高度体现了我们党一贯以来"爱民、为民"的价值逻辑。而且邓小平在深刻洞察社会主义发展规律的基础上以长远的战略眼光提出了"三步走"的发展战略,对"温饱—小康—现代化"的目标进行了时间和路线上的设计。可以说,中国共产党的初心在改革开放的历史进程中实现了从革命到改革的理论升华与话语转型。

三、加强党的建设,锻造推进改革开放的坚强领导核心

党的十一届三中全会之后,中国共产党重新审视自身的历史问题和深刻总结党的建设的经验教训,在新的历史条件下如何提高和加强党的自身建设,如何重新塑造党在人民群众心中的良好形象来获得人民群众的理解、信任与支持,如何重新改善党与广大人民群众之间的血肉联系,是中国共产党在改革开放新时期亟待解决的执政课题。

---

① 邓小平.邓小平文选(第 3 卷)[M].北京:人民出版社,1994:255.
② 邓小平.邓小平文选(第 3 卷)[M].北京:人民出版社,1994:373.
③ 邓小平.邓小平文选(第 3 卷)[M].北京:人民出版社,1994:255.
④ 邓小平.邓小平文选(第 3 卷)[M].北京:人民出版社,1994:381.

　　"革命胜利后，搞社会主义也要靠一个好党，否则胜利就靠不住。"① 进入改革开放初期，中国共产党自觉地把自身的建设置于决定社会主义事业成败与否的位置加以审视和认知。其一，党的十一届三中全会以后，我们党以巨大的政治勇气和高度的使命感彻底纠正了"文化大革命"及以前一些政治运动和思想斗争中"左"的错误，基本解决了党的思想路线的问题。但是，党内还存在一些旧疾和顽疾没有得到根本性解决，加之新发展起来的一些影响党的先进性与纯洁性的危险因素与腐败因素，"是党内思想不纯、作风不纯、组织不纯的严重表现"②。因此，我们党下定决心以刀刃向内的态度和决心开展整党运动，针对损害党的形象和伤害党与人民群众血肉联系的党员干部，情节较轻的通过思想教育的方式加强其党性修养，通过经常性开展批评与自我批评的方式提高为人民服务而不谋私利的思想觉悟，情节严重的"该开除党籍的就开除党籍，该给撤职或其他处分的就给这些处分，犯罪的还得法办"③。可以说，这是整党运动不走过场的显著标志。通过整党运动，党群关系不仅得到了显著的改善，党的风气更是得到了整体好转。其二，制度治党成为党的建设的鲜明特征。基于对历史经验教训的深刻总结，邓小平鲜明指出："如果不坚决改革现行制度中的弊端，过去出现过的一些严重问题今后就有可能重新出现。"④ 所以，我们党坚持以制度建设强化党的建设的效能并始终强调"制度问题，关系到党和国家是否改变颜色，必须引起全党的高度重视"⑤，故此，我们党把制度问题置于关系党和国家前途命运的高度加以强调，在实践层面，我们党颁布实施了《关于党内政治生活的若干原则》，对于恢复和健全党内政治生活、严明党的政治纪律、为保证完成社会主义现代化建设发挥了重要作用，而且我们党还强调建立健全群众监督制度，让广大人民群众监督党员干部的作风与行为，提出了选拔任用干部的"四化"标

---

① 邓小平. 邓小平文选（第3卷）［M］. 北京：人民出版社，1994：114.
② 邓小平. 邓小平文选（第3卷）［M］. 北京：人民出版社，1994：255.
③ 邓小平. 邓小平文选（第3卷）［M］. 北京：人民出版社，1994：38.
④ 邓小平. 邓小平文选（第2卷）［M］. 北京：人民出版社，1994：333.
⑤ 邓小平. 邓小平文选（第2卷）［M］. 北京：人民出版社，1994：333.

准来完善我们党选人用人的组织制度。此外，我们党以强烈的执政勇气提出废除干部领导职务终身制，"一批老同志以实际行动，带头废除领导职务终身制，推进干部制度的改革"①，更是充分彰显了我们党加强自身建设的政治效应和行动自觉。其三，随着市场经济和对外开放的持续深入发展，一些党员干部特别是党的高级领导干部抵挡不住金钱、权力、美色的诱惑，最终走上了贪图享乐、以权谋私、贪污腐败的犯罪歧途，针对这些现象和问题，邓小平发出"这个党该抓了，不抓不行了"② 的号召。故此，我们党坚持改革开放事业和反腐败斗争同时发力、同向同行，一手抓改革开放，一手抓惩治腐败，而且不断强调"我们要反对腐败，搞廉洁政治。不是搞一天两天、一月两月，整个改革开放过程中都要反对腐败"③，这更是体现了我们党反腐永远在路上的态度和决心。质言之，我们党通过一系列措施和手段不断提高自身建设质量，进而赢得了民心民意，改革开放伟大事业才能在人民群众的衷心拥护和广泛支持下不断向前推进。

20 世纪末期，基于世界局势风云突变，苏联解体、东欧剧变以及西方敌对势力加紧和平演变的多重威胁和挑战，中国共产党"以高度的革命责任感和紧迫感……为全面提高党的战斗力而斗争"④，紧紧围绕"建设一个什么样的党，怎样建设党"的时代课题而不断加强党的自身建设。首先，随着西方和平演变的不断渗透，资产阶级自由化思潮开始泛滥，资产阶级"自由""民主""人权"的口号甚嚣尘上，由此带来的严重影响便是利己主义、拜金主义、民族虚无主义和历史虚无主义错误思潮的滋长蔓延，从而导致一些党员干部在大是大非面前分辨不清对错，甚至迷失了方向。因此，我们党清楚地认识到"加强党的建设，首先要切实加强思想建设"⑤，思想建设是我们党保持政党先进性、不断提高战斗力的根本保证，只有思想问题解决好了，

---

① 邓小平．邓小平文选（第 3 卷）[M]．北京：人民出版社，1994：145.
② 邓小平．邓小平文选（第 2 卷）[M]．北京：人民出版社，1994：314.
③ 邓小平．邓小平文选（第 3 卷）[M]．北京：人民出版社，1994：327.
④ 江泽民．江泽民文选（第 1 卷）[M]．北京：人民出版社，2006：89.
⑤ 江泽民．江泽民文选（第 1 卷）[M]．北京：人民出版社，2006：94.

"党的组织建设和作风建设就比较容易解决"①，故此，针对思想建设方面的问题，中国共产党及时在全党范围内进行"三个基本教育"（马列主义、毛泽东思想基本理论的教育、党的基本路线的教育、党的基本知识的教育），特别强调要把党性教育贯穿始终，旨在坚定共产党人的理想信念，唤醒共产党人的宗旨意识。以整风的精神开展"讲学习、讲政治、讲正气"为主要内容的"三讲"教育活动探索党的建设新形式，不断提高共产党员的学习能力、坚定共产党员的政治立场、树立全心全意为人民服务的浩然正气，以此来防范被瓦解、被腐化的危险。其二，我们党在深刻洞察和总结党的建设规律和执政规律的基础上提出了党要管党，从严治党的全新命题。江泽民指出："坚持党要管党、从严治党，以改革的精神从思想上、组织上、作风上全面推进党的建设。"② 这一重要论述将"严"字贯穿于党的建设的各个方面，旨在不断提高党的领导水平和长期执政水平，不断增强我们党的战斗力和拒腐防变能力。一言以蔽之，正是因为我们党以强烈的使命自觉和责任担当不遗余力地重视和加强党的自身建设，我们才成功避免了苏联亡党亡国的历史性悲剧，并把社会主义伟大事业和党的伟大工程成功地推向了新世纪。

进入 21 世纪，随着世情国情的深刻变化，我们党面临的执政考验和执政危险将是长期的、持续的，更是复杂的、严峻的。因此，如何在新的历史时期保持党的先进性和纯洁性，使我们党锻造成为带领广大人民群众团结奋斗的坚强领导核心，是我们党在新世纪面临的崭新课题。故此，我们党在深刻总结自身建设的经验教训基础上并以强烈的忧患意识发出警示："一个政党过去先进不等于现在先进，现在先进不等于永远先进。"③ 因此，我们党顺应时代发展潮流，不断把握和运用党的建设规律，并以改革和创新的意识为准则致力于提高党的建设科学化水平，"牢牢把握加强党的执政能力建设、先进性和纯洁性建设这条主线……全面加强党的思想建设、组织建设、作风建设、反腐倡廉建设、制度建设，增强自我净化、自我完善、自我革新、自

---

① 江泽民．江泽民文选（第 1 卷）[M]．北京：人民出版社，2006：94.
② 江泽民．江泽民文选（第 2 卷）[M]．北京：人民出版社，2006：263.
③ 胡锦涛．胡锦涛文选（第 3 卷）[M]．北京：人民出版社，2016：11.

我提高能力,建设学习型、服务型、创新型的马克思主义执政党"①。这一论述形成了反映时代要求、面向未来发展的党的建设全新布局,内在地蕴含了自我革命的原始话语表达,首次提出了"三型"政党的建设目标,集中体现了中国共产党对执政规律和党的建设规律的认识达到了新的历史高度。

质言之,改革开放时期我们党紧紧围绕国家富强和人民幸福的历史任务而不断加强自身建设,旨在锻造能够秉持全心全意为人民谋利益初心的坚强领导核心。可以说,正是因为在中国共产党的坚强领导下,我们才最终实现了富起来的伟大历史飞跃,中国人民从物质到精神上实现了真正的富裕,这是一条已经由历史和实践证明并将持续证明的颠扑不破的真理。

四、紧紧围绕"人民"展开改革开放和社会主义现代化建设的宏大叙事

进入改革开放新时期,我们党在深刻总结历史经验的基础上自觉地秉承和弘扬党的政治优势和优良传统,主动把"人民"内在地设定为改革开放的价值意蕴和逻辑引线,并把"人民"视为改革开放伟大事业的根本依托和动力源泉,进而形成具有中国特色和时代特色的人民群众话语的意义符号所指系统。可以说,这一时期,中国共产党在改革开放历史进程中有意识地凸显和重视人民群众的历史主体性和价值主体性,不断打造以"情感—利益—价值"为中心的群众话语传播体系。

首先,人民群众是推动改革开放伟大事业的实践主体的话语强调为中国共产党的话语叙事奠定了理论基调。我们党在改革开放的叙事语境中自觉地秉承马克思主义强调的"人民是历史的创造者"的科学真理,为动员和鼓励广大人民群众积极投身改革开放伟大事业提供了强大的心理和情感支撑。因此,在改革开放过程中,我们党始终把以"人民群众是真正的英雄""群众是力量的源泉""尊重人民群众的首创精神"等为代表的显性话语贯穿于改革开放的全过程。早在1980年,面对社会主义现代化建设的现实课题,中国

---

① 胡锦涛.坚定不移沿着中国特色社会主义道路前进 为全面建成小康社会而奋斗:在中国共产党第十八次全国代表大会上的报告 [N]. 人民日报,2012-11-18 (1).

共产党用"党只有紧紧地依靠群众……才能形成强大的力量，顺利地完成自己的各项任务"① 这一话语提醒全体共产党人要注重发现人民群众的作用，邓小平还强调："农村搞家庭联产承包，这个发明权是农民的……我们把它拿来加工提高作为全国的指导。"② 这更是高度体现了中国共产党重视人民群众和尊重人民群众磅礴伟力的政党自觉性。世纪之交，中国共产党在面临危局困境时始终保持清醒的认知并鲜明地强调："谁深深扎根于人民之中，同广大群众结合在一起，谁就有力量、有智慧、有办法，就能够经受考验、战胜困难，作出突出的成绩。"③ 不言而喻，这是告诫和警示共产党人唯有紧紧靠靠人民群众才能战胜执政面临的一切危险与困难。而且我们党把人民群众的历史主体性置于决定改革开放和社会主义现代化建设事业的全新高度加以审视和认知，正如江泽民所强调："我们党所领导的改革开放和现代化建设事业，是人民群众参加的、为人民群众谋利益的事业，只有相信和依靠群众，充分发挥他们的积极性创造性，才能获得成功。"④ 这更是体现了中国共产党一贯以来依靠人民群众完成历史使命的致思逻辑。进入 21 世纪，随着改革开放和社会主义现代化事业的持续深入发展，中国共产党保持紧紧依靠人民群众推动历史向前发展的政治本色不变，在新的历史时期我们党始终强调："人民群众是推动科学发展的主体。科学发展取得了多大成效、是否真正实现了，人民群众感受最真切、判断最准确。"⑤ 可以说，这进一步深化了中国共产党坚定的人民性立场。

其次，始终保持与人民群众的血肉联系是中国共产党改革开放时期话语叙事的集中呈现。在改革开放新时期，我们党始终铭记和发挥革命战争年代党与人民群众鱼和水的关系、土地与种子的关系的优良传统和政治优势，而且进一步把党群关系置于决定改革开放伟大事业兴衰成败的位置加以重视。

---

① 邓小平．邓小平文选（第 2 卷）[M]．北京：人民出版社，1994：1.
② 邓小平．邓小平文选（第 3 卷）[M]．北京：人民出版社，1994：382.
③ 江泽民．论党的建设 [M]．北京：中央文献出版社，2001：181.
④ 江泽民．江泽民文选（第 3 卷）[M]．北京：人民出版社，2006：539.
⑤ 中共中央文献研究室．十七大以来重要文献选编（上）[M]．北京：中央文献出版社，2009：579.

随着改革开放的步伐不断向前推进，一些党员干部在"我是谁"的身份定位问题上渐渐迷失了方向，他们"不把自己看作是人民的公仆，而把自己看作是人民的主人"①，完全颠倒了人民群众是主人而共产党员是仆人的正常关系，这样不仅伤害了人民群众的感情，而且损害了党的光辉形象。鉴于此，邓小平在多个场合不断强调："什么叫领导？领导就是服务。"② 旨在告诫共产党人要时刻摆正党与人民群众的关系。此后，邓小平更是谆谆告诫共产党人："如果哪个党组织严重脱离群众而不能坚决改正，那就丧失了力量的源泉，就一定要失败，就会被人民抛弃。"③ 这更是高度彰显了党群关系的好坏直接影响党的前途命运的深刻道理。正因如此，中国共产党通过不断加强自身建设来塑造良好形象，从而不断改善和厚植党与人民群众的亲密联系，改革开放伟大事业才能在人民群众的广泛参与和衷心支持下不断深入发展。世纪之交，面对波澜诡异的国际形势，中国共产党深刻认识到，唯有保持党与人民群众的血肉联系，我们党才能经受住一切危局困境，我们的红色江山才能保证不动摇、不变色。因此，江泽民衷心告诫和警示共产党人："如果不注意加强党同人民群众的联系，不注意克服脱离群众的现象，听任腐败现象蔓延，处于执政地位的共产党也会蜕变，丧失人心。"④ 可以说，这既是基于历史的深刻教训，更是基于对现实严峻挑战而做出的有力回应，其目的在于警示共产党人深刻铭记得民心者得天下的执政哲理。因此，江泽民更是语重心长地强调："要时刻摆正自己同人民群众的位置，牢记为人民服务的宗旨，警惕脱离群众的倾向。"⑤ 这为如何提高和改善党群关系指明了方向。进入21 世纪，基于对社会主义发展规律的洞察和掌握，中国共产党深刻认识到"改革发展越是处于关键时期，党的群众工作越是要加强"⑥。故此，胡锦涛

---

① 邓小平. 邓小平文选（第 2 卷）［M］. 北京：人民出版社，1994：332.
② 邓小平. 邓小平文选（第 3 卷）［M］. 北京：人民出版社，1994：121.
③ 邓小平. 邓小平文选（第 2 卷）［M］. 北京：人民出版社，1994：368.
④ 中共中央文献研究室. 江泽民论有中国特色社会主义（专题摘编）［M］. 北京：中央文献出版社，2002：426.
⑤ 江泽民. 论党的建设［M］. 北京：中央文献出版社，2001：281.
⑥ 中共中央文献研究室. 十六大以来重要文献选编（中）［M］. 北京：中央文献出版社，2006：314.

强调："保持党同人民群众的血肉联系，是我们党无往而不胜的法宝，也是我们党始终保持先进性的法宝。"① 这进一步深刻揭示了人心向背与党的长期执政呈现出高度的正相关性，更是道出了党与人民群众的血肉联系是中国共产党取得一次又一次胜利的成功秘诀。

最后，紧紧围绕"人民利益"而不断进行群众话语建构是中国共产党宏大话语叙事的鲜明价值导向。回应人民对改变生存境遇和提高生活水平的美好期盼是中国共产党领导人民进行改革开放的初心归结，改革开放的初始动力就是维护好和实现好广大人民群众的根本利益。因此，在改革开放初期，基于对新中国成立以来我们党历史经验教训的深刻总结与反思，邓小平鲜明地强调："如果只讲牺牲精神，不讲物质利益，那就是唯心论。"② 这一话语彰显了人民群众既是改革开放的工具更是改革开放的目的的重要理念，集中体现了工具理性和价值理性同时在场的价值意蕴。故此，邓小平进一步指出："必须把经济的发展使人民生活得到的改善反映出来。人民生活要有相当增长，人民才能满意。"③ 质言之，我们党要把致力于提高和改善广大人民群众物质生活水平作为社会主义建设的出发点和目标归宿，并将其作为我们党执政效能的最终检验者和评判者。世纪之交，中国共产党直面执政考验，保持全心全意为人民谋利益的政治本色不变，我们党在深刻总结历史规律的基础上创新性地提出了"三个代表"重要思想，这为我们党践行为人民谋利益的初心提供了理论遵循和方法指导。而且江泽民告诫共产党人："不论社会怎么发展，对共产党员来说，全心全意为人民服务这个宗旨不能变……都要……不改革命的初衷。"④ 可以说，这是中国共产党的初心在全新叙事语境中的具象性表达，不改革命的初衷就其本质而言就是不改为人民谋利益的初心。进入 21 世纪，中国共产党在总结历史和洞悉现实的基础上理性审视和

---

① 中共中央文献研究室．十六大以来重要文献选编（下）［M］．北京：中央文献出版社，2006：535.
② 邓小平．邓小平文选（第 2 卷）［M］．北京：人民出版社，1994：146.
③ 中共中央文献研究室．邓小平年谱：1975—1997（上）［M］．北京：中央文献出版社，2004：657.
④ 江泽民．江泽民文选（第 3 卷）［M］．北京：人民出版社，2006：184.

系统研判人民群众对美好生活追求的主题转换与阶段发展的情况下，站稳人民主体叙事立场，创新性地提出了以人为本的"科学发展观"。其思想精髓是"以人为本、执政为民"，旨在把"人"置于"发展"的优先位置，致力于真正做到"把最广大人民的根本利益作为贯彻落实科学发展观的根本出发点和落脚点"①。这更是彰显了我们党对社会主义发展规律的掌握和认识达到了历史新高度。此外，我们党更是强调："党的一切奋斗和工作都是为了造福人民。"② 这一深情话语更是丰富填充了中国共产党初心的语言特色和话语符号，彰显了中国共产党宏大话语叙事的情感温度，为后来中国共产党初心话语的"出场"内设了理论框架和表达方式。

---

① 中共中央文献研究室．十七大以来重要文献选编（上）［M］．北京：中央文献出版社，2009：576.
② 中共中央文献研究室．十七大以来重要文献选编（上）［M］．北京：中央文献出版社，2013：12.

第三章

新时代中国共产党"初心"的发展

第一节　新时代中国共产党"初心"的出场依据

　　时代是思想之母，实践是理论之源，任何一种理论抑或是全新理念的出场绝不是抽象概念的演绎，而是基于不断变化实践的迫切呼唤。同样，作为一种全新的政治话语，新时代中国共产党的"初心"是基于世情国情党情的深刻变化而出场的。回答和解决这些新问题和新矛盾内在地呼唤着新思想新理论的出场。故此，以习近平同志为核心的党中央坚持以问题意识为导向，牢牢扎根中国实践并放眼于世界，以宽宏的历史视野深刻洞察和系统分析我们党执政所面临的现实状况、外部条件、变化趋势等因素，在主动回应人民期望和愿景的生动实践中赋予了中国共产党初心以崭新的思想内涵与富有中国特色和时代特色的话语表达形式。

一、世界面临百年未有之大变局严峻复杂考验的国际形势

　　知世情方能明大局。当今世界国际格局和世界秩序正在进行调整和重塑，国与国之间相互依存达到前所未有的程度，"你中有我、我中有你"的人类命运共同体俨然成为世界发展的大趋势大潮流。"同时，一些地方战乱和冲突仍在持续，饥荒和疾病仍在流行，隔阂和对立仍在加深，各国人民追

求幸福生活的呼声更加强烈。"① 可以说,中国目前正处于重要战略期与重大风险期两种状态并存,光明前景与严峻挑战两种趋势同在的关键历史时期,故此,如何理性审视和主动应对世情深刻变化带来的严峻考验,是中国共产党在新时代背景下必须解决的时代课题。

一方面,中国凭借自身实力成功实现了从被开除球籍的危险到日益走向世界舞台中心的华丽转变,这对中国共产党百年来秉持的初心提出了全新和更高的时代要求。因此,中国共产党需及时调整和定位自身角色,需将为中国人民谋幸福的执政初心置于人类社会发展的历史潮流中加以审视与认知。换言之,当今中国的发展与进步离不开世界发展大变局,中国共产党需团结带领人民以更加积极主动的态度融入世界发展的浪潮中寻找发展机遇,以更加开放的姿态拥抱世界,唯有以全球化的时代眼光吸收和借鉴人类最新最先进的文明成果,才能为中国共产党践行为人民谋幸福的初心奠定坚实有力的基础和保障。诚如习近平总书记所言,只有始终不渝坚持走对外开放的发展道路,"中国才能实现自己的目标,才能为世界作出更大贡献"②,诚然,这是从世界发展的时代潮流中把握中国共产党的执政初心,并为其赋予了丰富的意义空间,中国共产党百年来经过艰辛探索和不断实践为中国人民谋幸福的初心,其本质上也是包含了中国足以引导世界各国人民追求美好幸福生活的基本价值理念。中国共产党在新的历史场景中紧紧围绕为中国人民谋幸福的初心而不懈探索与奋斗,从理论内涵、价值意蕴、适用范围等方面而言"已经逐步超越了单一民族国家的特殊性探索,而具有了更加普遍性的价值与意义"③。质言之,中国共产党在探索为中国人民谋幸福的初心所体现出的人民性和维护人类共同利益所彰显出的人类性就其终极目标归宿而言是相融相通的。

① 习近平. 加强政党合作 共谋人民幸福:在中国共产党与世界政党领导人峰会上的主旨讲话 [N]. 人民日报,2021-07-07(2).
② 中共中央宣传部. 习近平新时代中国特色社会主义思想三十讲 [M]. 北京:学习出版社,2018:287.
③ 张明. 中国共产党初心与使命的三重逻辑:基于历史、理论与现实的三个关键词解析 [J]. 新疆师范大学学报(哲学社会科学版),2019,40(6):49-59.

另一方面，我们国家在逐渐走进世界舞台中央的过程中，中国共产党面临的外部挑战和风险可谓是前所未有的。尽管和平与发展依然是时代发展的主题，但是整个世界并不太平。

首先，国际政治形势变化莫测，以美国为首的西方资本主义国家始终保持冷战思维、强权政治和霸权主义，赤裸裸地打着"民主""自由""人权"的口号肆意插手我国香港、台湾和新疆的内政问题，在中国极力鼓吹"茉莉花革命"，其根本目的在于通过制造国家内部矛盾来蓄意挑拨我们党与人民之间的联系，最终达到颠覆中国共产党的政权和分裂社会主义中国的企图。

其次，随着中国经济快速发展并取得一系列伟大成就，一些西方国家肆意掀起贸易保护主义的风浪，单边主义、孤立主义和反全球化和逆全球化思潮甚嚣尘上，全球"黑天鹅事件"和"灰犀牛事件"时有发生。经济全球化旨在以互通有无为前提，以合作共赢为目标，以共同发展进步为旨归。而"逆全球化""贸易保护主义""单边主义"完全与其背道而驰。可以说，为了实现国内矛盾的转移，更为了全方位打压和遏制中国来重新掌握世界经济发展的主导权，美国通过制定贸易保护壁垒等逆全球化的不公正行为遏制我国经济的正常发展。从根本上说，这是资本主义制度天生具有的缺陷和由此带来的国内矛盾激发到一定程度不得不向外转嫁危机的必然结果，看似是美国围绕经济利益和中国展开的战略博弈，究其本质而言是美国妄图迟滞和阻遏中华民族伟大复兴的历史进程。

最后，我国意识形态领域正在进行着一场"没有硝烟的战争"，以美国为首的西方国家以所谓的"普世价值""人权外交"等为招牌，不断在意识形态领域对我国进行全方位渗透，特别是进入信息全球化时代以来，互联网等新媒体成为西方国家进行意识形态渗透的新工具和新途径。因此，美国等西方国家利用新媒体空间通过直接发声或培植代理人发声的方式，在网络上肆意对我国进行思想文化和意识形态的渗透。其主要表现为：一是通过文化渗透的方式来侵蚀马克思主义指导思想，动摇我国的社会主义制度，他们通过肆意传播和扩散非马克思主义的理论和反马克思主义错误思潮，以此来挤压、排斥、代替马克思主义指导地位，从而动摇社会主义的根基；二是以丑化中国共产党的形象和宣扬"普世价值"的方式来攻击中国特色社会主义、否定中国共产党的领导、消解社会主义核心价值观,进而瓦解人民群众对中国共产党的政治认同和对社会主义共产主义的信念,最终达到摧毁中国人自信心和凝聚力的目的。

一言以蔽之,面对严峻复杂考验的国际形势,中国共产党需根据世情的深刻变化与国家和人民的根本利益来定位当代中国发展的境遇。因此,如何在经济全球化的历史进程中始终不渝地坚持为人民谋幸福的初心,是新时代背景下中国共产党践行初心所面临的外部环境考验。

二、中国特色社会主义进入新时代的国内形势

时代问题对马克思主义执政党而言至关重要,因为一定的时代判断决定一定的时代任务,一定的时代任务从根本上决定了一定的时代作为。"经过长期努力,中国特色社会主义进入了新时代,这是我国发展新的历史方位。"① 质言之,正是因为我们党所处的历史方位发生了根本性变化,使得中国共产党必须深刻认识到绝不能因为时空坐标发生位移而改变初心,也正是因为时代方位的变化,内在地规定中国共产党绝不能因取得一些成绩而骄傲和懈怠,而是要有居安思危的忧患意识,科学认识和全面把握在新的历史场域中践行全心全意为人民谋幸福的初心所面临的各种威胁和挑战。

一方面,在党的十八大以来,经过全党全国各族人民群众的长期努力,中国共产党成功地"解决了许多长期想解决而没有解决的难题,办成了许多过去想办而没有办成的大事"②,党和人民的各项事业取得了举世瞩目的辉煌成就和发生了前所未有的历史性变革,尤其经过中国共产党和中国人民的接续奋斗,"我们实现了第一个百年奋斗目标,在中华大地上全面建成了小康社会,历史性地解决了绝对贫困问题,正在意气风发向着全面建成社会主义

---

① 习近平.决胜全面建成小康社会 夺取新时代中国特色社会主义伟大胜利:在中国共产党第十九次全国代表大会上的报告 [N].人民日报,2017-10-28(1).

② 习近平.决胜全面建成小康社会 夺取新时代中国特色社会主义伟大胜利:在中国共产党第十九次全国代表大会上的报告 [N].人民日报,2017-10-28(1).

现代化强国的第二个百年奋斗目标迈进"①。换言之，经过长期努力，我们党基本上实现了国家富强和人民富裕的历史任务，从而为中国共产党持之以恒实现为人民谋幸福的初心奠定了更为坚实的物质基础和更为主动的精神力量。然而，从另一方面来讲，我们党在致力于实现第二个百年奋斗目标的过程中正经历着前所未有的深刻转型与变化。尽管我们国家一直以来的基本国情没有发生根本性变化（我国处于并将长期处于社会主义初级阶段），但是随着中国特色社会主义伟大事业持续深入发展，我国的基本国情亦随着时代的不断变迁而呈现出具有不同历史特点的新变化。其中，社会主要矛盾的根本性转化是其最显著的变化，回溯党的百年光辉历史，我们可以清楚地认识到，作为社会基本矛盾不断演绎的结果，不同历史阶段的社会主要矛盾在很大程度上决定着中国共产党初心与使命的具体内涵与实现形式。在硝烟弥漫的革命战争年代，基于特定的时代主题和社会主要矛盾，内在地规定中国共产党必须把争取民族独立和人民解放作为进行革命的初心，同样，在改革开放新时期，基于社会主要矛盾的深刻变化，我们党自觉地把实现国家富强和人民富裕的目标作为改革开放的初心与使命，在党的十九大报告上，习近平总书记立足新的时代方位做出了"我国社会主要矛盾已经转化为人民日益增长的美好生活需要和不平衡不充分的发展之间的矛盾"② 的科学判断。可以说，"落后的社会生产"随着改革开放40多年来取得的巨大成就已成为过去式，发展不平衡不充分的问题直接影响了人民群众幸福感的提升，制约了人民美好幸福生活的实现。人民群众的需求和期盼不再仅仅局限于吃饱穿暖的基本物质层面的问题，而是对幸福美好的生活有了更高、更为深刻的体悟与认知，例如对民主与法治、公平与正义、安全与环境等方面的诉求变得更加强烈，这些更高层面的利益诉求俨然成为新时代衡量人民生活幸福与否的重

---

① 鞠鹏，殷博，李响. 庆祝中国共产党成立100周年大会在天安门广场隆重举行［N］. 人民日报，2021-07-02（1）.

② 中共中央党史和文献研究院，中央"不忘初心、牢记使命"主题教育领导小组办公室. 习近平关于"不忘初心、牢记使命"论述摘编［M］. 北京：中央文献出版社，党建读物出版社，2019：9.

要参考标准。因此，为中国人民谋幸福的初心在新的历史视域下有了更为具体的内涵和时代特色，而且有了更为丰富的意义空间，对长期执政的中国共产党来说，只有及时并恰当地解决好发展不平衡不充分的问题，才能更好地秉持为人民谋幸福的初心，进而不断促进人的全面发展和全体人民共同富裕。

三、执政面临的"四风问题"和"四大危险""四大考验"的党内形势

党的十八大以来，中国共产党以强烈的忧患意识和巨大的政治勇气大力推进和建设党的新的伟大工程，党的自身建设方面取得了重大历史性成就，并积累了许多管党治党的重要经验，党的建设质量和建设效果均得到了显著提高。然而，我们更应该清楚地意识到，进入中国特色社会主义新时代，我们党的执政环境遭遇的威胁和挑战更加复杂严峻，其中党内存在的"四风问题"愈演愈烈，长期执政面临的"四大危险"和"四大考验"更是长期的、尖锐的、严峻的。可以说，这些执政面临的严峻问题时刻考验着中国共产党治国理政的能力和水平。因此，"能不能坚持不懈同自身存在的问题和错误作斗争"就成为中国共产党能否慎始敬终秉持为人民谋幸福初心的关键因素。

首先，严重损害党的光辉形象和伤害党群关系的"四风问题"是当前党内存在的突出矛盾和问题的突出表征，更是广大人民群众心里深恶痛绝、反映最强烈的问题，其主要表现为：其一，一些党员干部知行不一，坚持"虚"字当头，"空"字挂帅，想问题办事情不求实效只注重形式和过程。部分党员干部在学习党的理论知识尤其是在党的教育实践活动中既不明确学习教育的目的，更不重视理论学习的意义，最终导致理论和实践严重脱离，这也是造成部分党员干部本领恐慌的重要原因所在。更有甚者，有些党员干部尤其是党的高级干部秉持"难以给领导留下印象的事不做，形不成多大影响的事不做，工作汇报或年终总结看上去不漂亮的事不做"[①] 的错误政绩观，

---

① 习近平．习近平谈治国理政（第一卷）［M］．北京：外文出版社，2018：369．

在为民服务解难题的时候不用力用心用情去解决人民群众最直接最现实的利益问题，而是"只看'门面'和'窗口'，不看'后院'和'角落'"①，严重违背了内容与形式的辩证统一关系，这些现象究其本质是形式主义的问题。其二，部分党员干部受官本位思想的严重侵蚀，不愿与广大人民群众打成一片，不是全心全意想着"做官为民"而是官气十足沉迷于"做官当老爷"，从"人民公仆"异化为"人民老爷"，从根本上颠倒了党与人民群众的"主仆"关系，其实质是两千多年遗留下来的封建残余思想侵蚀而造成的权力观扭曲。其三，远离了战火纷飞的革命年代，随着经济的发展和物质的充裕，部分党员干部忘掉了中国革命胜利前夕毛泽东同志给共产党人打的清醒剂和预防针，一些党员领导干部革命意志衰退，奋斗精神消沉，转而把贪图安逸和及时行乐奉为人生哲学，把个人的感官快乐和私人利益置于高于一切的位置，片面追求人的个人属性的无限满足，而忽视人的社会属性和精神追求，严重败坏了党的光辉形象，侵害了党风、政风和民风，这与我们党一贯以来保持的艰苦奋斗的优良传统格格不入。其四，在深受享乐主义思想毒害的情况下，部分党员干部开始蜕化变质，醉心于追求剥削阶级骄奢淫逸的生活方式，"相互攀比、讲究排场、铺张浪费"一度成为其生活方式的真实写照。这些不良现象和问题带来的后果便是"疏远了人民群众，败坏了党风政风，最终会严重损害党的先进性和纯洁性、严重损害党的执政基础和执政地位"②。党的十八大以来，虽然我们党以作风建设永远在路上的决心和态度力戒"四风"问题，贪图虚名的形式主义、漠视群众疾苦的官僚主义、贪图安逸的享乐主义和纸醉金迷的奢靡之风得到了一定程度的遏制，但是"四风"问题具有顽固性和反复性，而且随着时代发展不断呈现出多样性和变异性等特点。因此，能否成功彻底地解决"四风"问题极大地考验着新时代中国共产党能否全心全意践行为人民谋幸福的执政初心。

---

① 习近平．习近平谈治国理政（第一卷）［M］．北京：外文出版社，2018：369.
② 中共中央党史和文献研究院，中央"不忘初心、牢记使命"主题教育领导小组办公室．习近平关于"不忘初心、牢记使命"论述摘编［M］．北京：中央文献出版社，党建读物出版社，2019：189-190.

其次，中国共产党在长期执政过程中面临着"四大考验"的严重挑战。其中执政考验是我们党面临的最大也是最严峻的考验，是我们党克服其他考验的前提和基础，更是检验我们党能否成功通过其他执政考验的重要标志。对在中国执政的中国共产党来说，能否在党的执政环境日趋复杂和党的执政基础发生变化的背景下经受住长期执政的严峻考验决定着国家的前途和民族的命运。因此，习近平语重心长地劝诫共产党人："功成名就时做到居安思危、保持创业初期那种励精图治的精神状态不容易，执掌政权后做到节俭内敛、敬终如始不容易，承平时期严以治吏、防腐戒奢不容易，重大变革关头顺乎潮流、顺应民心不容易。"① 可以说，这"四个不容易"深刻阐述了我们党在新时代视域下面临的执政考验，因此，能否在执政环境日益复杂的情况下为人民执好政、掌好权，能否长期保持自身的先进性与纯洁性、能否长期做到密切联系人民群众而不脱离人民群众等事关党生死存亡的问题是我们党面临的执政考验。改革开放以后，随着经济社会不断深入发展，我国的政治、经济、文化、社会等改革步入深水区，社会结构、利益关系和思想观念等方面呈现出多元化特征，由此带来的是社会风气和思潮的互相激荡和博弈，这对长期执政的中国共产党来说是极具艰巨性和考验性的时代课题。而且随着市场经济体制的不断完善和发展，传统的义利观受到严重冲击，市场经济本身固有的趋利性、追求利益最大化、金钱本位以及等价交换原则自觉或不自觉地流入了党内，导致部分党员干部把权力和金钱视为人生追求并沉迷其中无法自拔，理想信念动摇、宗旨意识淡薄，淡化了建党时的初心，革命精神和共产主义信仰被物化、被抛弃。很显然，社会主义市场经济既充分彰显了社会主义制度的优越性，同时也给党的建设带来了更为严峻的挑战。随着我国日益走进世界舞台的中心，我们党面临的国家环境和周边环境较之以往也更为复杂严峻，包围、打压、遏制、分化、分裂、唱衰中国的声音不绝于耳，加之西方各种敌对势力的渗透，导致部分党员干部在政治立场和政

---

① 中共中央党史和文献研究院，中央"不忘初心、牢记使命"主题教育领导小组办公室．习近平关于"不忘初心、牢记使命"论述摘编［M］．北京：中央文献出版社，党建读物出版社，2019：305-306.

治方向上产生迷茫，对社会主义伟大事业和共产主义理想丧失信心，给我们党治国理政带来了不可忽视的外部环境考验。

最后，我们党在长期执政过程中面临着"四大危险"的严峻挑战。自政党政治产生以来，不管是资产阶级政党抑或是无产阶级政党，似乎都逃不过在取得执政地位之后出现活力衰退、不思进取、意志消沉，最终演变为一些老牌执政党出现人亡政息悲惨命运的执政魔咒。从中国共产党自身来看，我们党已走过百余年光辉岁月，截至 2023 年党员人数为 9918.5 万人，已名副其实成为世界第一马克思主义大党，在百年的艰辛奋斗中我们党虽历经数次生死考验却取得了巨大历史性成就。因此，"很容易在执政业绩光环的照耀下，出现忽略自身不足、忽视自身问题的现象"①。在这种情况下，"救民族于危急存亡之间"和"救人民于水火，解百姓于倒悬"的忧患意识渐行渐远，导致一些党员干部理想信念动摇，大局意识下降，艰苦奋斗的优良传统丢失，精神上存在骄傲懈怠的危险。面对世情国情党情深刻变化带来的新情况新问题，由于部分党员干部在形式主义方面存在严重问题，在开展工作时只注重事物的表面现象而忽略其内在的本质，把内容与本质截然对立起来，导致他们不懂规律、缺乏本领，最终无法克服"本领不足、本领恐慌、本领落后"② 的问题，长此以往可能会出现迷失方向、落后于时代的危险。随着历史的触角不断向前延展，部分党员干部在时间的洗礼中逐渐模糊了其最初的身份，忘记了"我是谁"的本源问题，宗旨意识淡薄，"人民的公仆"异化为"人民老爷"，把自己凌驾于人民群众之上，无形地拉大了党与人民群众之间的距离，导致脱离群众的危险愈演愈烈。面对"四大危险"，一些党员干部经不起权力和金钱的诱惑而精神空虚、信仰"迷路"，自觉或不自觉地成为金钱和美色的俘虏，丧失了共产党人的革命气节，严重损害了党在人民心中的光辉形象，伤害了人民群众的感情。可以说，消极腐败的危险严重威胁着党的执政地位和执政基础。

质言之，习近平总书记发出"不忘初心"的警示绝不是一句口号，而是

---

① 习近平. 论坚持全面深化改革［M］. 北京：中央文献出版社，2018：327.

② 习近平. 习近平谈治国理政（第一卷）［M］. 北京：外文出版社，2018：404.

因为党内存在的"四风"问题、"四大考验""四大危险"导致部分党员忘记了初心，背弃了使命，这也是新时代中国共产党的初心"出场"的重要原因所在。

第二节　新时代中国共产党"初心"的基本内涵

任何一种思想抑或是理念的分析需以概念或内涵的界定为逻辑前提。中国共产党的初心是习近平总书记回溯和总结党的百年辉煌历史、立足新的历史方位而在全党范围内提出的全新政治命题。因此，需要把理解的视角潜沉到习近平总书记的叙事语境和叙事文本中理清其根本内涵和价值投射。而"文本是概念实现自我建构的重要场域"①，在党的十九大召开之前，党的初心作为话语符号，其"所指"内涵并不明确，它或是党的宗旨、性质等方面的综合体，其内涵始终处于相对模糊的状态，通过对进入新时代以来习近平总书记关于"初心"话语重要论述的文本进行系统又全面的梳理，不难发现，中国共产党初心的所指内涵是有特定的理论释义和话语表达的。习近平总书记在不断揭示中国共产党的初心内涵时以更高的站位和更宽的视野从"为人民谋幸福、为民族谋复兴、为世界谋和平与发展"三个维度进行理论建构。可以说，中国共产党初心的话语表达是一种群众易于接受的表述，可以进行适当的理论拓展，但绝不能脱离人民幸福这个主题。

一、中国共产党初心的基本点：为中国人民谋幸福

回溯中国共产党百年波澜壮阔的辉煌历程，虽然时代在变，人民的需求亦在变，但中国共产党的执政初衷始终没有偏离人民幸福、社会安康的主题，始终把为人民谋福利、谋幸福作为其执政的根本价值考量。在党的十九

---

①　王朝庆，宋进．"不忘初心"话语蕴含的辩证逻辑［J］. 中国特色社会主义研究，2019（4）：94-100.

大上，习近平总书记鲜明指出："中国共产党人的初心和使命，就是为中国人民谋幸福，为中华民族谋复兴。"① 可以说，这是习近平总书记在系统总结党的光辉历史、立足新的时代方位，在党的历史上首次提出了中国共产党的初心这一全新政治命题，而且对其内涵给予明确界定，即"为中国人民谋幸福"就是中国共产党一以贯之的初心。此后，习近平总书记更是以人民群众喜闻乐见的表达方式对这一内涵作了群众想听、愿意听、听得懂的理论阐释和话语表达，即"让人民过上好日子是我们共产党人的初心、宗旨"②。简言之，人民幸福是中国共产党人初心的基本内涵和根本价值追求，这一价值追求包含了丰富的思想内涵与现实要求。故此，只有弄清楚人民幸福的内涵是什么、如何实现人民幸福等根本问题，我们才能真正理解中国共产党初心的实质内涵。

追求美好幸福的生活是人类永恒的主题，是永远的进行时。幸福是人们对自身现实生活得到提高和改善的良好感受和愉悦体验。它既包括人们基本生存和生活条件的客观改善与人们对美好生活需要的双重规定，更高度体现为人的物质需要和精神需要得到充分满足以后的生活状态及其愉快体验。马克思主义理论的逻辑主线是致力于实现全人类的解放，而人类解放的首要前提是人们通过能动性的实践活动从支配甚至压迫奴役自身的自然力量和社会力量中完全脱离和解放出来，摆脱"人为物役"的生存状态。显而易见，马克思站在全人类的立场上并以唯物史观为思想武器，始终关注人的现实需要和根本利益，以宽宏的视野和坚定的立场构建了贯穿马克思主义主旨的幸福理论。因此，习近平总书记在继承和发展马克思主义幸福理论的基础上形成了以人民群众为幸福主体、以满足人民群众美好生活需要为核心内容、以不断增强人民群众的获得感和幸福感为现实尺度的人民幸福观。这一幸福观具有丰富的意义空间，主要包括以下方面的含义。

① 中共中央党史和文献研究院，中央"不忘初心、牢记使命"主题教育领导小组办公室．习近平关于"不忘初心、牢记使命"论述摘编［M］．北京：中央文献出版社，党建读物出版社，2019：1.
② 鞠鹏．习近平春节前夕赴四川看望慰问各族干部群众 祝福全国各族人民新春吉祥 祝愿伟大祖国更加繁荣昌盛［N］．人民日报，2018-02-14（1）.

　　其一，人民幸福是个人的，亦是社会整体的，更是全体人民的幸福。"人民幸福"中的"人民"既是我们每一个单独的个体存在，亦是指特定的阶级、阶层和各行各业的人群，更是指作为整体的中国人民。因此，从幸福的主体来看，为人民谋幸福就是突出以中国人民为主体的幸福，是包括所有劳动人民在内的大多数人的现实幸福。而纵览习近平总书记的叙事风格和叙事内容时，这一特点体现得更为明显。他在论述全面小康时讲道："党的一切工作就是要为老百姓排忧解难谋幸福。全面小康路上一个不能少，脱贫致富一个不能落下。"① 这旗帜鲜明地指出全面小康不是部分人的小康，而是惠及每一个中国人民的小康。在谈到"为谁发展"的问题时，习近平总书记进一步强调："推动改革发展成果更多更公平惠及全体人民，朝着实现全体人民共同富裕的目标不断迈进。"② 概言之，我们党始终把促进全体人民共同富裕摆在执政的重要位置。此外，习近平总书记更是语重心长地指出："我们的目标很宏伟，但也很朴素，归根结底就是让全体中国人都过上更好的日子。"③ 这里所讲的"目标"即党的"初心"，这更是深刻揭示了中国共产党的初心就是为所有中国人民谋幸福。

　　其二，人民幸福不仅是物质的，亦是精神的，是物质生活得到满足和精神世界得到升华的辩证统一。依据马斯洛的需求层次理论，物质需求是人生存的基础，精神生活则是物质生活得到充分满足后的升华。倘若人们的物质生活富裕充足而精神世界失去意义归属和精神依托。诚然，这样的生活状态决不能说是幸福美好的，尤其是进入新时代以来，人民群众的需要和诉求也随着时代的不断发展和社会主要矛盾的深刻变化而呈现新的特点，这就内在地决定了人民幸福范畴的具体内容和表现形式同样是不断变化和发展的。可以说，人民幸福是以人的多重需要满足为前提。因此，要切实让人民群众不

---

① 中共中央党史和文献研究院，中央"不忘初心、牢记使命"主题教育领导小组办公室．习近平关于"不忘初心、牢记使命"论述摘编［M］．北京：党建读物出版社，中央文献出版社，2019：141．
② 习近平．在纪念孙中山先生诞辰150周年大会上的讲话［M］．北京：人民出版社，2016：7．
③ 习近平．习近平谈治国理政（第三卷）［M］．北京：外文出版社，2020：134．

仅要在物质生活层面而且要在精神生活层面体会到获得感和幸福感。只有这样，中国共产党为人民谋幸福的初心才能真正彰显出其真实性和可实现性。因此，习近平总书记在论述人民幸福时特别强调社会主义物质文明与精神文明协调发展的重要性。也就是说，要满足人民过上美好生活的新期待，就必须 "不断丰富人民精神世界，增强人民精神力量"①。换言之，我们党在充分满足人民群众物质生活幸福的基础上，更要致力于追求超越物欲的更高尚更持久的精神世界的幸福。这些论述深刻体现了人民幸福的内涵随着时代发展被赋予了崭新的时代内涵和丰富的意义空间，同样体现了我们党对为人民谋幸福的初心有了更高层面的认识。

二、中国共产党初心的立足点：为中华民族谋复兴

2012 年 11 月 29 日，习近平总书记带领新一届政治局常委到国家博物馆参观大型展览《复兴之路》并首次提出了能够表征全体中国人民共同美好夙愿的 "中国梦" 的全新概念。他用平实亲切又充满力量的讲话指出："实现中华民族伟大复兴，就是中华民族近代以来最伟大的梦想。"② 此后，他在十二届全国人大第一次会议闭幕式上对 "中国梦" 的具体内涵做了进一步说明和阐释，即 "实现中华民族伟大复兴的中国梦，就是要实现国家富强、民族振兴、人民幸福"③。从 "中国梦" 的概念来看，国家富强和民族振兴是实现中华民族伟大复兴中国梦的前提和基础，而人民幸福则是实现中华民族伟大复兴中国梦的最终奋斗目标和价值归宿。因为 "中国梦归根到底是人民的梦……必须不断为民造福"④。可以说，中国梦的提出，不仅升华了中国共产党的为民初心，而且为我们党在新时代践行初心树立了价值目标。

梦想是激励人们坚毅前行的精神动力，当一种梦想能够将整个民族和全

---

① 中共中央宣传部. 习近平新时代中国特色社会主义思想学习纲要［M］. 北京：学习出版社，人民出版社，2019：154.
② 习近平. 习近平谈治国理政（第一卷）［M］. 北京：外文出版社，2018：36.
③ 习近平. 习近平谈治国理政（第一卷）［M］. 北京：外文出版社，2018：39.
④ 中共中央宣传部. 习近平新时代中国特色社会主义思想学习纲要［M］. 北京：学习出版社，人民出版社，2019：54.

体人民的期盼与追求都凝聚起来的时候，这种梦想不仅有了共同美好愿景的深刻内涵，而且有了动员全体社会成员为之不懈奋斗、慷慨趋赴的强烈归属感和强大感召力。透过历史的巨镜可以深刻认识到，实现中华民族伟大复兴是近代以来萦绕在中华民族灵魂深处的呐喊，更是近代以来中国人民孜孜以求的夙愿，"一百年来，中国共产党团结带领中国人民进行的一切奋斗、一切牺牲、一切创造，归结起来就是一个主题：实现中华民族伟大复兴"①。不妨把历史的镜头向前拨动，中华民族伟大复兴是伴随着民族遭遇巨大的心理创伤和人民经历深重灾难而出场的。因此，中国共产党从一开始就是作为一个使命型政党而登上历史舞台的，在民族危急存亡之际，我们党从来没有隐瞒自己的意图和目的，而是以无比坚定的勇气向世人宣告把民族独立和解放作为自身的历史使命并为之矢志不渝地奋斗。正如毛泽东所说，"我党奋斗的方向，是使中华民族起死回生的完全正确的方向"②。这里所讲的使中华民族起死回生就其本质而言是为了实现中华民族伟大复兴而奋斗。而从苦难与辉煌历史中走来的中国共产党为实现民族复兴做出了巨大贡献，可以说，"从古以来，中国没有一个集团，像共产党一样，不惜牺牲一切，牺牲多少人，干这样的大事"③。正是我们党团结带领全国各族人民群众无论是在顺境或逆境却始终没有改变实现民族复兴美好愿景的初心和志向，中华民族最终才得以实现站起来的历史性飞跃，中华民族伟大复兴的美好夙愿自此成为可以实现的梦想。特别是进入改革开放新时期，我们党更是以高度的历史使命感把中华民族伟大复兴置于改革开放的时代步伐中而接续奋斗。我们党在深刻总结社会主义发展规律的基础上并认识到："我国社会主义初级阶段，是逐步摆脱贫穷、摆脱落后的阶段……是全民奋起，艰苦创业，实现中华民族

①　鞠鹏，殷博，李响．庆祝中国共产党成立100周年大会在天安门广场隆重举行［N］．人民日报，2021-07-02（1）.
②　中共中央文献研究室．毛泽东文集（第3卷）［M］．北京：人民出版社，1993：46.
③　中共中央文献研究室．毛泽东文集（第3卷）［M］．北京：人民出版社，1993：292.

伟大复兴的阶段。"① 世纪之交，江泽民更是自信地向世界宣示，"在新的世纪中，中华民族将实现伟大的复兴"②，这为我们党实现中华民族伟大复兴设定了明确的时间表和路线图。在迎来 21 世纪的历史时刻，胡锦涛在新世纪献词中自信地强调："中国共产党人和各族人民正在沿着建设有中国特色社会主义道路阔步前进，奋力开拓中华民族伟大复兴的美好未来。"③ 由此可见，改革开放以"史诗般"的进步和取得的巨大成就让激荡百年的民族复兴梦想达到了历史新高度。进入新时代以来，在中国共产党的正确领导下，我们取得了一系列历史性、全局性、开创性的巨大成就，为中华民族伟大复兴提供了更为坚实的物质基础和更为主动的精神动能，使得"我们比历史上任何时期都更接近中华民族伟大复兴的目标"④，尤其是党和全国各族人民长期英勇顽强的不懈奋斗，我们如期实现了第一个百年奋斗目标，同时向世界庄严宣告了"中华民族伟大复兴进入了不可逆转的历史进程"⑤。回望党的百年奋斗历史，我们党从成立伊始就自觉地把实现中华民族伟大复兴的中国梦内蕴于中华民族"站起来、富强来、强起来"的宏大征途中，以强烈的使命意识毅然开启了"寻梦、追梦、圆梦"的奋斗之路。

梦想不是幻想和空想，梦想只有照进现实才能实现，梦想只有落在恰当的载体上方能实现。实现中华民族伟大复兴的"中国梦"归根到底是为了造福人民，最根本的目标归宿是实现人民的幸福梦。而为人民谋幸福诚然是实现中华民族伟大复兴中国梦的最佳载体。没有人民幸福支撑的"中国梦"会因为缺少实践载体而成为镜中花、水中月，更因没有把人民群众置于中华民族伟大复兴的生动实践中而失去力量之源，这也高度体现了我们党在任何时候始终将人民群众放在执政最高位置的原则。正如习近平总书记所讲，"中

① 中共中央文献研究室．十三大以来重要文献选编（上）［M］．北京：中央文献出版社，1991：12-13.
② 江泽民．江泽民文选（第2卷）［M］．北京：人民出版社，2006：491.
③ 胡锦涛．胡锦涛文选（第1卷）［M］．北京：人民出版社，2016：460.
④ 习近平．习近平谈治国理政（第一卷）［M］．北京：外文出版社，2018：35.
⑤ 鞠鹏，殷博，李响．庆祝中国共产党成立 100 周年大会在天安门广场隆重举行［N］．人民日报，2021-07-02（1）.

国梦最根本的是实现中国人民的美好生活"①。所以,"中国梦"的核心理念
就是把人民幸福作为目标归宿,把人民对美好生活的需求作为主要任务,中
华民族伟大复兴的实现过程本质上就是中国共产党带领人民群众实现对幸福
美好生活追求的过程,这无不彰显着"中国梦"蕴含的人民性的本质特征。
此外,"中国梦归根到底是人民的梦,必须紧紧依靠人民来实现"②。这更是
明确道出了"圆梦"依靠谁的深刻道理。诚然,广大人民群众既是逐梦的主
体力量,亦是美好梦想的铸造者,换言之,人民群众在实现自己梦想的同时
也在创造和推动历史的向前发展,最终在 14 亿中国人民的辛勤劳动和艰苦
奋斗中成就中华民族伟大复兴的中国梦,一言以蔽之,实现中华民族伟大复
兴的伟力之最深厚的根源在于广大人民,根本归宿亦在于人民,实现中华民
族伟大复兴的中国梦只有同人民对美好生活的向往紧密结合起来方能顺利
实现。

三、中国共产党初心的拓展点:为世界谋大同

"中国共产党历来有着深厚的人民情怀,不仅愿意为中国人民造福,也
愿意为世界各国人民造福。"③ 质言之,造福世界人民是中国共产党为中国人
民谋幸福初心的外延拓展和逻辑必然。既体现了中国共产党对整个人类前途
命运的深刻思考和人文关怀,也体现了中国共产党致力于实现马克思主义所
强调的"实现全人类解放"的最高理想,更体现了中国共产党怀柔远人、和
谐万邦的大党担当和世界胸怀。

首先,为世界谋大同的情怀深深植根于中华民族生生不息的优秀历史文
化传统。天下大同是中华优秀传统文化的核心理念之一。因此,为世界谋大
同诚然是中华民族历来追求大同理想在新时代的集中投射。纵观中国五千年

① 习近平接受《华尔街日报》采访时强调 坚持构建中美新型大国关系正确方向 促进
亚太地区和世界和平稳定发展 [N]. 人民日报,2015-09-23 (1).
② 习近平. 习近平谈治国理政(第一卷)[M]. 北京:外文出版社,2018:40.
③ 李伟红,赵成,杨迅,等. 习近平出席中国共产党与世界政党高层对话会开幕式并
发表主旨讲话 [N]. 人民日报,2017-12-02 (1).

的文明演进的历史图景，古代的先贤圣哲皆从不同的视角对大同社会的理想图景进行过淋漓尽致的描绘，早在2500多年前的春秋战国时期就已经提出了一套未来"大同"社会的理想蓝图，而且对天下大同做了最精彩的描绘："大道之行，天下为公……不必为己……是谓大同。"（《礼记·礼运》）其大意为在大同社会里，人们的爱不仅是放在自己的亲朋好友和子女身上，而是着眼于整个社会共同体中不分高低贵贱的一切人，人们过着和睦相处的生活，不存在根本利益上的冲突，提倡用无私的奉献精神代替任何自私自利的行为，这就是美好的大同社会理想。可以说，作为我国古代优秀传统思想中的核心价值理念，大同社会理想给予后世很多进步思想家以启迪和思考，他们进一步把这一思想接续传承和发展下去。孟子有曰："穷则独善其身，达则兼济天下。"（《孟子·尽心章句上·第九节》）其意为一个人在不得志时就洁身自好修养个人品德，得志显达之时就要造福天下百姓。《钱氏家训·国家》中讲道"利在一身勿谋也；利在天下者必谋之"，同样表达了中华民族的博大襟怀。此后，梁启超在《大同书》中积极倡导"去九界"以达人类"大同"，民主革命先驱孙中山在民族危急存亡之际发出了"天下为公"的响亮口号并为之奋斗了一生。可以说，无论时代如何发展，天下大同的思想总是能够穿过岁月的时空激励着一代代中国人民为了实现这一美好愿景而砥砺奋斗。同样，对一个国家而言，也要保持这样一种至高境界。正如习近平总书记所强调："中国将继续奉行互利共赢的开放战略，将自身发展机遇同世界各国分享，欢迎各国搭乘中国发展的'顺风车'。"① 不言而喻，这是对天下大同思想在新的时空场域中的全新话语表达。而且他在多个场合指出："世界大同，和合共生，这些都是中国几千年文明一直秉持的理念。"② 这一论述更是集中体现了中国古代"大同"社会理想为新时代中国共产党为世界谋大同的初心提供了丰厚的理论滋养，中国共产党以马克思主义科学理论为武器对中华民族几千年的大同理想文化进行了创造性转化和创新性表达并赋

---

① 习近平. 习近平谈治国理政（第二卷）[M]. 北京：外文出版社，2017：546.
② 严文波. 中国传统"和合"理念与构建人类命运共同体 [J]. 红旗文稿，2020（16）：45-47.

予了其崭新的时代内涵，使其迸发出适应时代发展的强大精神动能。

其次，为世界谋大同的初心来源于马克思主义追求的"实现全人类彻底解放的世界梦"。马克思在深刻洞察人类社会发展规律的基础上深刻揭示了历史向世界历史转化的变革逻辑，他以宽宏的全球视野科学预言了"由于世界市场的开辟，人们的活动范围愈渐扩大，历史也就越是成为世界历史"①。而且马克思还预测了人类社会发展进步的历史走向，认为"共产主义只有作为'世界历史性的'存在才有可能实现"②。换言之，共产主义只有在未来这样一个真实的共同体社会逻辑中，即"在那里，每个人的自由发展是一切人的自由发展的条件"③ 才得以成功实现。而中国共产党秉持的"为世界谋大同之初心"，深刻浸润着马克思主义"解放全人类"的伦理意蕴，其从根本上超越了不同的政治制度、不同的国家利益、不同的意识形态，无疑是对马克思主义强调的"每个人自由而全面发展"的返本开新，使得让世界各国人民过上幸福美好生活的共同内心愿景有了科学的理论遵循和现实指向，进而勾勒出了"美美与共"大同世界的人类幸福圆，这时"作为目的本身的人类能力的发挥，真正的自由王国，就开始了"④。显而易见，中国共产党秉持的"为世界谋大同之初心"就是马克思"全人类解放梦"的价值追求合乎时代与现实的自然延伸，高度体现了中国共产党初心的民族性与世界性的辩证统一，中国共产党在继承、发扬和实践的过程中赋予其鲜明的中国特色和时代特色，是马克思"世界梦"在中国大地上的中国阐释和中国表达。

最后，为世界谋大同彰显着中国共产党与生俱来的独特政党基因。诞生于中华民族危急存亡之际的中国共产党，无论是弱小还是强大，不管处于顺境还是逆境，却始终没有忘记兼济天下、造福世界的历史使命，这也是中国

---

① 中共中央马克思恩格斯列宁斯大林著作编译局. 马克思恩格斯选集（第1卷）[M]. 北京：人民出版社，2012：413.
② 中共中央马克思恩格斯列宁斯大林著作编译局. 马克思恩格斯选集（第1卷）[M]. 北京：人民出版社，2012：413.
③ 中共中央马克思恩格斯列宁斯大林著作编译局. 马克思恩格斯选集（第1卷）[M]. 北京：人民出版社，2012：294.
④ 中共中央马克思恩格斯列宁斯大林著作编译局. 马克思恩格斯全集（第46卷）[M]. 北京：人民出版社，2013：929.

共产党区别于其他任何政党团体的显著标志之一。新中国的成立标志着占有人类总数四分之一的中国人民自此实现了站起来的伟大飞跃，中国同时避免了被开除"球籍"的危险。因此，伴随着自身的不断发展壮大，中国共产党就如何对全人类做出自己应有的贡献进行深刻的思考，正如毛泽东同志强调，"中国应当对于人类有较大的贡献。而这种贡献，在过去一个长时期内，则是太少了。这使我们感到惭愧"①。不难看出，这时的中国共产党人尽管有强烈的为人类做贡献的主观意愿，但受限于当时中国社会面临着一穷二白的现实困境，因此内在地要求中国共产党只有团结带领人民使中国变成富强的国家，然后通过自身的繁荣昌盛来为人类做出新的更大贡献。因为"如果不是这样，那我们中华民族就对不起全世界各民族，我们对人类的贡献就不大"②。故此，我们党以强烈的历史使命感团结带领人民以国家富强和人民富裕为奋斗目标进行了深刻的社会主义改造，党和人民自力更生、发愤图强，经过艰辛的奋斗与探索，最终成功实现了一穷二白、人口众多的东方大国昂首迈进社会主义社会的历史性飞跃，中国共产党以实际行动取得的巨大成绩兑现了许下的承诺。在国际社会上，中国共产党倡议并坚持"和平共处五项原则"，为解决国与国之间关系提供了最佳选择，中国的主张开始影响世界，从这一方面而言，中国不仅发挥了负责任大国的作用，而且开始为人类做出自己应有的贡献。改革开放以后，中国共产党为世界做贡献的历史使命感更为强烈，随着改革开放的不断发展，我们党把为世界做出更多更大的贡献视为义不容辞的责任，我们党在开展社会主义现代化建设时，"不但要使我们自己发展起来，实现四个现代化，而且要能够随着自己的发展，对人类做更多的贡献"。此外，中国共产党进一步自信地向世人宣示："到下世纪中叶……社会主义中国的分量和作用就不同了，我们就可以对人类有较大贡献。"③ 可以说，这既是一种对民族的自信，更彰显了一个马克思主义政党的使命担当。世纪之交，面对波澜诡异的国际环境，中国共产党保持为世界做

①　中共中央文献研究室. 毛泽东文集（第7卷）[M]. 北京：人民出版社，1993：157.
②　中共中央文献研究室. 毛泽东文集（第7卷）[M]. 北京：人民出版社，1993：89.
③　邓小平. 邓小平文选（第3卷）[M]. 北京：人民出版社，1994：143.

贡献的初心不改，始终强调"必须紧紧团结全国各族人民，把我们伟大的祖国建设成为富强民主文明的社会主义现代化国家，争取对人类做出新的更大的贡献"①。历史和实践已经充分证明，中国共产党自始至终是一个具有人类情怀和历史担当的伟大政党，伴随着中国的发展强大，中国共产党将会不断地为人类社会做出更大的贡献。进入新时代以来，经过长期的艰辛奋斗，中国实现了由以前被开除"球籍"的危险困境到今天综合实力的提高并日益走进世界舞台的中央的华丽蜕变。因此，中国共产党既有能力也更有实力为世界做出一个负责任大国应有的更大贡献。面对"世界怎么了，我们怎么办"的时代之问，我们党以宽广的视野思考关乎各国利益和关系人类前途命运的根本性问题，而且更加自觉地把中华民族的前途命运置于人类前途命运的基础上加以审视和认知，中国共产党以马克思主义世界观和方法论为工具深刻洞察和分析世界发展潮流的变化，高瞻远瞩地提出了构建人类命运共同体的重要思想。积极主张"建设持久和平、普遍安全、共同繁荣、开放包容、清洁美丽的世界"②。在政治上坚持走相互尊重、平等协商的新路；在安全上坚持以对话协商、互利合作的新安全观解决人类面临的安全难题；在经济上倡导护理工艺，摒弃零和博弈，同舟共济推动世界经济朝着更加开放包容、合作共赢的方向发展；文化上坚持以文明交流超越文明隔阂、以文明互鉴超越文明冲突；在生态上坚持合作应对气候变化等全球性问题，以此来保护人类赖以生存的共同家园，尤其是全球抗击疫情的实践更是有力地证明，中国共产党自觉秉持包容的世界情怀，始终站在人类进步的一边，为全球疫情防控、恢复世界经济、维护人类生命健康提供了中国方案和贡献了中国力量，以具体的实际行动充分践行了其为世界谋大同的历史使命。

---

① 江泽民．江泽民文选（第3卷）[M]．北京：人民出版社，2006：299.

② 习近平．决胜全面建成小康社会 夺取新时代中国特色社会主义伟大胜利：在中国共产党第十九次全国代表大会上的报告[N]．人民日报，2017-10-28（1）.

第三节　新时代中国共产党践行"初心"的基本原则

一、人民中心原则

"相信谁、依靠谁、为了谁"是任何一个执政党必须回答的时代课题。古今中外，为人民的幸福而呼唤呐喊的组织和政党团体并不少见，但旗帜鲜明地将"人民"二字镌刻在自己的旗帜上并为之奋斗的却只有马克思主义政党，古往今来，中国打着为人民造福谋利的旗号的各式各样的组织和个人并不少见，但慎始敬终、脚踏实地为民谋利、为民造福的却唯有中国共产党。回望中国共产党百年辉煌历程，在硝烟弥漫的革命战争年代，中国共产党在秉持马克思主义唯物史观和总结以往一切政党团体失败经验的基础上深刻认识到，只有依靠人民群众才能取得革命战争的胜利，只有坚持革命为民方能赢得民心，中国共产党才能立于不败之地。可以说，正是基于科学理论的指导和经验教训的镜鉴，我们党自觉把民族解放和人民幸福作为革命活动的出发点和目标归宿，充分发挥人民群众在革命战争中的决定性作用，依靠人民群众的磅礴力量并通过不屈不挠、流血牺牲的艰苦斗争，最终推翻了"三座大山"，中国人民真正翻身做了主人，生活得比过去更有尊严。新中国成立之后，中国共产党以国家富强和人民富裕为奋斗目标，通过社会主义改造建立了社会主义制度，从而为实现人民幸福奠定了坚强的制度保障和厚实的物质基础。进入改革开放新时期，中国共产党在反思错误和总结经验的基础上主动回应广大人民群众的殷切期盼和利益诉求，坚持以经济建设为中心来改善和提高人民群众的生活水平，把"三个有利于"作为评价其一切工作得失成败的标准，创新性地提出"以人为本"的科学发展观，将"现实的人"作为一个"核心"，所有的发展都紧紧围绕人来进行，其根本目的是让全体人民群众共享改革发展的成果。回顾党的奋斗历程，我们可以清楚地认识到，无论世界局势如何风云变幻，我们党始终坚持"立党为公、执政为民"这个关键，始终把人民置于党一切工作的最高位置，这也是中国共产党为什么能够历经磨难而又不断奋起，并在长期执政的道路上不断创造辉煌成就的根本原因所在。

党的十八大以来，中国共产党始终站在人民立场上把握和处理好改革重大问题，自觉秉持维护和发展人民利益的价值理念。故此，习近平总书记在党的十八届五中全会上首次提出了以人民为中心的发展思想，要求"把增进人民福祉、促进人的全面发展作为发展的出发点和落脚点，发展人民民主，维护社会公平正义，保障人民平等参与、平等发展权利，充分调动人民积极性、主动性、创造性"①。这是对我们党一贯以来执政理念和执政思想的坚持和深化，亦是中国共产党经受长期执政考验和治国理政经验淬炼的经典概括，集中体现了我们党尊重社会发展规律与尊重人民历史主体地位的高度统一。质言之，以人民为中心的发展思想的出场有着鲜明的政治立场和很强的针对性，是我们党为人民谋幸福的初心最鲜明的表达，其核心要义是把人置于发展的核心位置，促进人的全面发展，进而实现人民幸福。这是极具问题指向性和针对性的，突出表现在以下几方面：第一，"以人民为中心"是对"以资本为中心"的否定。坚持以人民为中心的发展思想，需要围绕人民需要、按照人民意愿，为了人民利益谋划发展，驳斥用"资本创造财富"取代"劳动创造财富"的种种谬论；汲取曾经的罔顾民生以 GDP 论成败、罔顾生态环境竭泽而渔的粗放式发展的深刻教训。第二，以人民为中心要把增强广大人民群众的获得感和幸福感作为衡量经济发展的重要标准，绝不能打着改革的旗号以少数人的利益侵害人民的利益，要让人民群众成为中国特色社会主义经济发展最直接的受益者，让人民享受改革的最大红利，唯有给人民带来更多获得感才能彰显出以人民为中心的真谛。第三，在改革发展过程中要坚持民生为重，注重把提高效率和促进社会公平有效结合起来，通过提高效率来促进经济发展，同时注重从解决人民群众最关心最直接最现实的利益问题出发，致力于兼顾好各方面的利益，在经济发展的基础上实现社会公平。

---

① 中共中央文献研究室. 十八大以来重要文献选编（上）[M]. 北京：中央文献出版社，2017：789.

诚然，弄清楚"中心"的含义，是厘清以人民为中心内涵的逻辑前提。以人民为中心，着力点是"中心"，此处"中心"的含义实则是根本的意思，是反映中国共产党宗旨性质、政治信仰、政治立场的根本，亦是彰显政治大局和政治水平的根本。以人民为中心换言之就是把人民作为中国共产党长期执政中生存立命之根本，作为党的一切工作所围绕和服务的同心圆，中国共产党坚持为人民谋幸福的出发点和落脚点必须以人民为中心，立足人民立场思考、观察和分析问题，要防止把以人民为中心的思想单纯看作一种政治思想，并不与党的治国理政的具体实践相结合，使之成为一种空洞的口号或者是政治标签。因此，以人民为中心的发展思想"不能只停留在口头上、止步于思想环节，而要体现在经济社会发展各个环节"①。通过以人民为中心的发展思想指导治国理政的实践活动，发展成果更多更公平惠及全体人民，让广大人民群众不管是在数量上还是质量上切切实实感受到获得感和幸福感，所有取得的成绩让人民说了算。唯有如此，中国共产党"为人民谋幸福"的初心才算落到了实处。"回溯我们党从'以经济建设为中心'到'以人为本'再到'以人民为中心'发展思想的演进脉络，人民主体地位和主体价值的历史主线愈加凸显和具象化。"② 因此，践行为人民谋幸福的初心必须遵循以人民为中心的基本原则。

二、自由全面发展原则

马克思在其巨著《资本论》中对未来社会的本质特征做了最简洁的描绘：未来社会将是一个"把每一个人都有完全的自由发展作为根本原则的高级社会形态"。毋庸置疑，实现人的自由全面发展是马克思穷极一生所追求的理想和目标，亦是衡量共产主义社会的最高价值标准，更是马克思主义政

---

① 中共中央党史和文献研究院，中央"不忘初心、牢记使命"主题教育领导小组办公室．习近平关于"不忘初心、牢记使命"论述摘编［M］．北京：党建读物出版社，中央文献出版社，2019：136．

② 张文龙、李建军．新时代"人民至上"的理论出场、内涵布展与逻辑指向［J］．思想理论教育，2020（10）：28-34．

党初心与使命的终极指向。

回溯党的百年奋斗历程，中国共产党一经成立就把实现每一个中国人民自由而全面发展视为奋斗目标并浴血奋战、奋力拼搏。然而在"革命"的特殊语境中，中国共产党深刻认识到，只有首先彻底改变人民群众的生存境遇，让老百姓脱离苦难、实现政治和身体上的独立与自由，人的自由而全面发展才有可能真正实现。我们党虽然不断强调要"组织人民、领导人民、帮助人民发展生产，增加他们的物质福利，并在这个基础上一步一步地提高他们的政治觉悟与文化程度"[1]。很明显，在革命战争时期，我们党也非常注重广大人民群众物质生活和精神生活的改善和提高。但是，"革命"的时代情境直接决定了实现人的自由而全面发展需紧紧围绕"人民站起来"的具体语境而展开。故此，中国共产党人以革命的拼命精神和自我牺牲精神团结带领人民群众推翻了压在人民头上的"三座大山"，最终实现了人民群众梦寐以求的独立、自由与统一。可以说，这为实现全体中国人民自由而全面发展的远大目标奠定了逻辑前提。新中国成立以后，中国共产党在深刻洞察社会发展规律和总结历史经验的基础上对发展的重要性和紧迫性保持着清醒的认知。1956年毛泽东做了《论十大关系》的报告，从"什么是发展、怎么样发展"的角度出发，自此开启了对全面发展理论的自觉探索。党的十一届三中全会以后，我们党在汲取历史经验教训并通过自我反思的基础上就如何建设社会主义国家有了更为清醒的认知。从"建设的社会主义国家，不但要有高度的物质文明，而且要有高度的精神文明"[2] 再到强调把政治文明、精神文明、社会文明与生态文明有机纳入社会主义建设的总体布局，从而"使经济、社会、生态环境全面发展"[3]。进入21世纪，中国共产党在科学把握和深刻总结经济社会发展规律的基础上，紧紧围绕"什么是发展、怎么样发展"等一系列问题适时提出来科学发展观的全新理念，其核心立场是以人为本，基本要求是全面协调可持续，深刻揭示了全面发展的本质和内涵，开拓

---

[1] 中共中央文献研究室. 毛泽东文集（第2卷）[M]. 北京：人民出版社，1993：467.

[2] 邓小平. 邓小平文选（第2卷）[M]. 北京：人民出版社，1994：367.

[3] 江泽民. 江泽民文选（第3卷）[M]. 北京：人民出版社，2006：118.

了马克思关于全面发展的理论的意义空间。

党的十八大以来，以习近平同志为核心的中国共产党人精准把握世界经济处于深度调整、中国正在经历社会主要矛盾发生根本性变化和改革进入攻坚期深水区的时代大势，以时不我待的态度主动适应和引领经济新常态，协同推进"四个全面"战略布局，在深刻洞察和总结"三大规律"的基础上鲜明地提出了"创新、协调、绿色、开放、共享"的新发展理念，这是对全面发展战略性、纲领性和整体性的理性认识。比如说共享发展，共享发展是对我国改革开放40多年来发展经验的概括和总结，是实践探索与理论创新彼此印证和相互推动的必然结果，其实质是把实现人民共同富裕作为发展的目的和归宿，把实现好、维护好和发展好人民各方面的根本利益作为价值指向。因此，从这个意义上来说，共享发展的实质就是致力于促进人的全面发展和全体人民的共同富裕。总而言之，要从发展理念层面引领共享发展，就必须按照"全民共享""全面共享""共建共享""共治共享"等共享发展理念的本质意涵和价值诉求，把人民置于共享发展的核心位置，从人民主体地位出发解决新时代改革困难、艰难、矛盾等问题，最终使共享发展理念转化为"增进人民福祉、促进人的全面发展"① 的强大动力。可以说，新发展理念和"五位一体"总体布局强有力地支撑起人民幸福的现实基础，"四个全面"战略布局为实现人民幸福提供了重要保障。

诚然，全面发展原则不只是重视社会经济的发展，其最终的目标归宿是实现全体人民的全面发展，使之达成人真正意义上的自由而全面发展的目标。而中国共产党的初心就是为中国人民谋幸福，这个幸福的概念可以说是自古以来的一种全新的幸福观，"是人的全面发展与社会全面进步、生态全面改善相一致、相协调，是以好生活为中心的好身体、好品德、好人格、好作为、好社会、好世界、好生态的完美统一"②。对在新的伟大征程中长期执政的中国共产党来说，唯有在为民造福的具体实践中坚持全面发展的根本原则，我们党才能逐渐消除实现平衡而充分发展的制约因素，消除人民对美好

---

① 习近平. 论坚持全面深化改革［M］. 北京：中央文献出版社，2018：187.
② 江畅. 读懂人民美好生活的意蕴：大家手笔［N］. 人民日报，2018-08-20（16）.

生活需要的体制机制障碍，不断创设有利于实现中国共产党为人民谋幸福所需要的经济、政治、文化和社会条件，进而有利于实现中华民族伟大复兴中国梦的宏伟目标。

三、艰苦奋斗原则

马克思向来强调："人们奋斗所争取的一切，都同他们的利益相关。"① 质言之，艰苦奋斗的最初动因就是让个体自身获得利益并过上幸福美好的生活。而且中华民族自古以来就是一个具有艰苦奋斗光荣传统的民族，中华民族通过生生不息的艰苦奋斗精神铸造了光辉灿烂的中华文明。可以说，马克思主义的奋斗理论和中华民族艰苦奋斗的优良传统为中国共产党艰苦奋斗的精神品格设定了逻辑起点和实践依据。因此，中国共产党既作为马克思主义政党，又是中华优秀文化的坚定传承者，我们党从成立之日起就自觉地把艰苦奋斗的价值目标与人民群众对美好生活的追求紧密联系在一起，毫无疑问，艰苦奋斗是中国共产党与生俱来的政治本色和独特的精神基因。回望党的百年奋斗征程，在革命战争时期，在国家面临内忧外患和人民生活处于水深火热之际，中国共产党清醒地认识到"中国人民正在受难，我们有责任解救他们，我们要努力奋斗"②。可以说，正是基于这样一种人民情怀和使命担当，中国共产党在面对数倍于我们党的强大敌人时，我们党始终坚信："没有什么困难、事情能够阻住我们去路的……艰苦奋斗，就能达到目的。"③ 因此，毛泽东同志以"愚公移山"的励志故事来动员和鼓励全体共产党人和中国人民，旨在告诫共产党人要在艰苦卓绝的革命斗争中充分发挥"艰苦奋斗、不屈不挠、再接再厉的革命精神"④。总而言之，我们党正是在浴血奋战中充分发扬艰苦奋斗的精神，从而使得其虽经历无数次艰难险阻和生死考验

---

① 中共中央马克思恩格斯列宁斯大林著作编译局．马克思恩格斯选集（第1卷）[M]．北京：人民出版社，2012：840.
② 毛泽东．毛泽东选集（第3卷）[M]．北京：人民出版社，1991：1005.
③ 毛泽东．给董柏成的题词 [J]．党的文献，1990（3）.
④ 中共中央文献研究室．毛泽东文集（第2卷）[M]．北京：人民出版社，1993：112.

却又毅然奋起并团结带领人民前赴后继地推翻了"三座大山",中华民族最终实现了站起来的伟大飞跃,正如毛泽东所说,"没有中国共产党在过去十五年间的艰苦奋斗,挽救新的亡国危险是不可能的"①。这更是一语道出了中国共产党通过艰苦奋斗践行初心与使命的重要性。新中国成立之初,一穷二白是当时新中国最真实的现实写照,在这样的环境下完成建设社会主义新中国的任务势必是异常艰巨的。中国共产党清醒认识到"要使我国富强起来,需要几十年艰苦奋斗的时间"②。故此,中国共产党迎难而上,团结带领人民群众依靠艰苦奋斗完成了中华民族有史以来最深刻最伟大的变革,从而为中国共产党践行为人民谋幸福的初心奠定了基础。进入改革开放新时期,发扬艰苦奋斗精神是我们摆脱贫困、提高和改善人民生活水平的强大精神力量。由于我们在探索社会主义建设的道路上出现了曲折和失误,导致国家富强和人民富裕的历史重任并未能在新中国成立后的二十年里得到实现,导致我们与世界上其他国家拉开了很大差距。邓小平语重心长地强调:"为了缩短和消除两三个世纪至少一个多世纪所造成的差距,必须下长期奋斗的决心。"③故此,中国共产党基于对国家前途命运的深刻把握,基于顺应人民群众改变生活状况的殷切期盼,我们党团结带领人民群众依靠艰苦奋斗的精神开启了改革开放的伟大征程,而且我们党在改革开放的进程中保持十分清醒的认知并不断强调社会主义"需要几代人、十几代人,甚至几十代人坚持不懈地努力奋斗,决不能掉以轻心"④。历史和实践皆以不可辩驳的事实证明,我们党在改革开放四十多年的宏伟征程中团结带领人民群众依靠艰苦奋斗的精神披荆斩棘、砥砺奋进,取得了举世瞩目的成就,"忍饥挨饿、缺吃少穿、生活困顿这些几千年来困扰我国人民的问题总体上一去不复返了"⑤。换言之,经

---

① 毛泽东. 毛泽东选集(第1卷)[M]. 北京:人民出版社,1991:185.
② 中共中央文献研究室. 毛泽东文集(第7卷)[M]. 北京:人民出版社,1993:240.
③ 邓小平. 邓小平文选(第2卷)[M]. 北京:人民出版社,1994:260.
④ 邓小平. 邓小平文选(第3卷)[M]. 北京:人民出版社,1994:380.
⑤ 中共中央党史和文献研究院,中央"不忘初心、牢记使命"主题教育领导小组办公室. 习近平关于"不忘初心、牢记使命"论述摘编[M]. 北京:党建读物出版社,中央文献出版社,2019:368.

过四十多年的不懈艰苦奋斗，我们党基本实现了国家富强和人民富裕的历史任务。归根到底，这些举世瞩目的历史性成就都是通过党和人民艰苦奋斗取得的。

进入新时代以来，随着历史方位、时代主题、社会矛盾等发生根本性变化，中国共产党艰苦奋斗的优良传统亦随着时空场域的不断变迁而有了新的时代内涵和意义所指。基于人民对美好生活向往的迫切诉求，习近平总书记将奋斗与幸福的逻辑关系置于新时代党的初心与使命的全新政治高度加以认知和考察，将中国共产党一贯以来艰苦奋斗的精神品格转化为中国共产党的初心与使命。纵览习近平总书记的叙事主线和话语风格，艰苦奋斗的话语诚然为其新思想新理论的生成奠定了理论基调，人民幸福也围绕着艰苦奋斗的理论和实践而展开。习近平总书记在多个场合论述了奋斗和幸福之间的辩证关系，作出了"幸福是奋斗出来的""奋斗本身就是一种幸福""奋斗者是精神最为富足的人，也是最懂得幸福、最享受幸福的人"的价值话语判断。可以说，这些重要论断深刻揭示了"幸福是奋斗的结果、奋斗是幸福的动力"的深刻意蕴。党的十九大中开宗明义指出："中国共产党人的初心和使命，就是为中国人民谋幸福……永远把人民对美好生活的向往作为奋斗目标，以永不懈怠的精神状态和一往无前的奋斗姿态，继续朝着实现中华民族伟大复兴的宏伟目标奋勇前进。"① 这高度彰显了艰苦奋斗"为了谁"的价值目标导向，集中体现了中国共产党奋斗观强烈的为民情怀。此外，习近平总书记在庆祝中国共产党成立 95 周年大会上鲜明强调："我们党已经走过了95 年的历程，但我们要永远保持建党时中国共产党人的奋斗精神，永远保持对人民的赤子之心。"② 这深刻阐述了中国共产党百年来奋斗为民的价值坚守和坚定的人民立场。立足当下，在实现中华民族伟大复兴的关键时期，我们党要团结带领人民群众战胜前进路上的一切困难险阻，就必须坚持艰苦奋斗

---

① 习近平. 决胜全面建成小康社会 夺取新时代中国特色社会主义伟大胜利：在中国共产党第十九次全国代表大会上的报告［N］. 人民日报，2017-10-28（1）.
② 徐隽，刘卫兵，鞠鹏. 庆祝中国共产党成立 95 周年大会在京隆重举行［N］. 人民日报，2016-07-02（1）.

的根本原则，因为"中国梦不是抽象的、空洞的，必须顽强奋斗、艰苦奋斗、不懈奋斗"①。所以，我们要一以贯之秉持"奋斗为了人民"的价值追求、"奋斗依靠人民"的动力自觉、"奋斗成果由人民共享"的价值旨归。唯有如此，中国共产党才能在长期执政的历史场景中更好地践行为中国人民谋幸福的初心。

四、人民历史主体与人民价值主体同时在场原则

在马克思主义唯物史观论域中，人民主体话语体系主要涵盖人民历史主体性和人民价值主体性两个方面。人民历史主体特指人民是历史的创造者，人民价值主体特指人民是历史发展价值的享用者和评价者。马克思认为，人民群众是推动历史发展进步的实践主体和价值主体。可以说，马克思把"人民主体思想的价值意蕴融入人民与历史的双向互动中，科学揭示了人民群众在社会发展和历史变迁中的主体力量"②。不仅如此，马克思在论述人民历史主体性的同时鲜明强调人民群众不仅是历史的"剧作者"，亦是历史的"剧作者"，这深刻揭示了"人民群众不仅是历史进步和社会发展的主体，亦是社会和历史发展的目的和归宿，是合目的性与合价值性的辩证统一"③。回望中国共产党践行初心的百年奋斗史，中国共产党从建党之初就把人民主体思想内设为其践行为人民谋幸福初心的价值遵循和逻辑引线，"并且在不同历史语境中对人民历史主体和人民价值主体的变迁逻辑在理论与实践上进行不断的守正与出新"④，并赋予人民历史主体和人民价值主体概念及其话语表达以鲜明的深刻度和鲜活的生命感。

---

① 中共中央文献研究室.十八大以来重要文献选编（上）[M].北京：中央文献出版社，2017：460.
② 张文龙，李建军.新时代"人民至上"的理论出场、内涵布展与逻辑指向 [J].思想理论教育，2020（10）：28-34.
③ 张文龙，李建军.新时代"人民至上"的理论出场、内涵布展与逻辑指向 [J].思想理论教育，2020（10）：28-34.
④ 张文龙，李建军.中国共产党百年人民观的历史演进及其经验启示 [J].重庆大学学报（社会科学版），2021（4）：50-59.

　　基于大历史观的宽宏视野来对党的百年光辉历史进行整体性回溯与认知，我们党对人民群众是创造历史的根本性力量的认知是坚定不移的，但是基于不同的时代情境，人民主体性话语体系的叙事方式、话语符号、语言特色、价值定位等也随着时代场域的变化各有差异。在革命战争时期，革命的特定情境直接决定了人民主体性作用需要紧紧围绕如何实现革命战争的根本性胜利这一根本性问题而展开。鉴于此，以毛泽东为核心的中国共产党人自觉地将马克思主义科学理论与中国具体革命情况相结合，并在深刻反思和总结以往各种政党团体救亡图存失败的原因基础上悟出了只有紧紧依靠并发动人民群众的磅礴伟力我们才能取得革命的完全胜利、才能最终实现民族独立和人民解放的革命目标，因为"战争的伟力之最深厚的根源，存在于民众之中"①。诚然，这一时期中国共产党有意识地将人民主体性地位和作用的话语表达主要表现为人民群众是决定战争胜败与否的深层动因。正如毛泽东所言："依靠民众则一切困难能够克服，任何强敌能够战胜，离开民众则将一事无成。"② 这高度彰显了我们党对人民历史主体作用的绝对尊重。尽管这一时期我们党在理论表达上强调人民价值主体的存在意义，但是由于革命战争的特殊需要，因此决定了人民价值主体性并不是这一时期人民主体性话语体系中最显著的部分，人民历史主体性和人民价值主体性在理论层面达到了统一，在实践层面人民历史主体性成为这一时期人民主体性最鲜明的理论基调和话语表征。新中国成立之后，由于时代主题和历史任务的转变进而使得我们党对人民主体地位的具体认知亦发生了变化，中国共产党在建设社会主义新中国的征程中不仅一以贯之地肯定人民的历史主体性，而且还兼顾关注人民的价值主体性，我们党以实际行动践行宗旨来积极回应人民群众的利益关切。然而，基于当时巩固新生政权和发展经济的需要，此时我们党重点还是突出强调人民的历史主体性，正如毛泽东强调："所谓仁政有两种：一种是为人民的当前利益，另一种是为人民的长远利益，例如抗美援朝，建设重工

---

① 毛泽东.毛泽东选集（第2卷）[M].北京：人民出版社，1991：511.
② 毛泽东.毛泽东军事文集（第2卷）[M].北京：军事科学出版社，中央文献出版社，1993：381.

业。前一种是小仁政，后一种是大仁政。"① 总体而言，毛泽东认为大小仁政二者都需要兼顾，但重点要放到大仁政上，在特定的时代背景下我们必须以集体利益和国家利益为重。就是说，"人民生活不可不改善，不可多改善，不可不照顾，不可多照顾，照顾小仁政，妨碍大仁政，这是施仁政的偏向"②。一言以蔽之，新中国成立之后，我们党在兼顾人民历史主体性和人民价值主体性的基础上更加凸显了人民历史主体性，这是我们党尊重历史发展规律和顺应时代发展需要的必然选择。"但是由于特殊的实践主题和历史任务，中国共产党首先以夺取政权和巩固政权为主要目的，这就使得在经济极其落后的情况下难以及时又准确地满足人民群众的利益诉求，从而在一定程度上忽视和淡化了人民价值主体的存在感和真实性，同时由于对历史发展规律的错误认知，导致在某些历史阶段人民群众的根本利益没有得到应有的尊重和满足。"③ 进入改革开放新时期，中国共产党在深刻总结历史经验的基础上人民价值主体性开始得到应有的尊重和重视。在改革开放的历史征程中，我们党不仅充分尊重人民群众的首创精神，把广大人民群众视为改革开放伟大事业的实践主体，而且把"人民利益"作为改革开放的出发点和价值归宿，因为我们党深刻认识到"不发展经济，不改善人民生活，只能是死路一条"④。故此，必须坚持以经济建设为中心来满足人民群众日益增长的物质文化需要，倘若只讲牺牲精神而忽视人民群众的利益诉求是不符合马克思主义理论和违背党的宗旨性质的。在此基础上，邓小平还提出要把"三个有利于"视为评价改革成效与工作成绩的标准和依据，直至后来我们党提出"立党为公、执政为民""权为民所用、情为民所系、利为民所谋"等表征着人民价值主体性的话语。可以说，不管是在理论层面抑或是实践层面我们党都

---

① 中共中央文献研究室. 毛泽东著作专题摘编［M］. 北京：中央文献出版社，2003：988.

② 中共中央文献研究室. 毛泽东著作专题摘编［M］. 北京：中央文献出版社，2003：989.

③ 张文龙，李建军. 中国共产党百年人民观的历史演进及其经验启示［J］. 重庆大学学报（社会科学版），2021（4）：50-59.

④ 邓小平. 邓小平文选（第3卷）［M］. 北京：人民出版社，1994：370.

凸显了人民价值主体性在人民主体性中的地位和作用，从而有效矫正了新中国成立后二十年因为特殊背景而忽视"人民价值主体性"的倾向，人民历史主体性和人民价值主体性在改革开放的伟大征程中逐渐实现由理论到实践的合一。

　　进入新时代以来，我们党在深刻总结社会发展规律和党的建设规律的基础上积极顺应人民群众对美好生活的期盼和需求，主动把人民利益摆在至高无上的位置并贯穿于治国理政实践的全过程。因此，在理论层面，中国共产党始终强调"人民是历史的创造者、人民是真正的英雄，必须相信人民、依靠人民"①。这充分彰显了我们党对人民历史主体地位和作用的尊重和重视，并且赋予了其全新的时代内涵。此外，我们党还强调："为了人民而改革，改革才有意义，依靠人民而改革，改革才有动力。"② 这一话语更是明确回答了"为了谁、依靠谁"的根本性问题，集中彰显了人民历史主体性和人民价值主体性的辩证统一；在实践层面，中国共产党通过激发脱贫内生动力、紧紧依靠人民群众完成了消除绝对贫困的艰巨任务，"无数人的命运因此而改变，无数人的梦想因此而实现，无数人的幸福因此而成就"③。从理论和实践两个方面可以清楚看出，人民历史主体性和人民价值主体性在中国特色社会主义新时代的历史境遇中实现了同时在场。因此，只有坚定不移地秉持人民历史主体性和人民价值主体性同时在场的原则，我们党方能在实现中华民族伟大复兴的征程中更好地践行为中国人民谋幸福的初心。

---

① 习近平. 在"不忘初心、牢记使命"主题教育工作会议上的讲话［M］. 北京：人民出版社，2019：4.

② 中共中央党史和文献研究院，中央"不忘初心、牢记使命"主题教育领导小组办公室. 习近平关于"不忘初心、牢记使命"论述摘编［M］. 北京：中央文献出版社，党建读物出版社，2019：129.

③ 习近平. 在全国脱贫攻坚总结表彰大会上的讲话［N］. 人民日报，2021－02－26（2）.

第四节　新时代中国共产党初心的人民性指向

执政党的初心是一个根本性问题，决定着执政党的性质以及政党活动的价值指向。"党的初心和使命是党的性质宗旨、理想信念、奋斗目标的集中体现。"它从根本上深刻回答了"为了谁、依靠谁、我是谁"的执政问题。因此，对其主要内容进行科学分析与系统梳理，有利于我们更好地理解其独特的理论意涵和价值意蕴。

一、不忘"一切为了人民"的价值初心

"为什么人、靠什么人的问题，是检验一个政党、一个政权性质的试金石。"① 回顾党的百年光辉奋斗历程，可以说，不管在顺境还是逆境，我们党始终在"为了谁"的根本问题上保持着坚定而又清醒的认知，其根本出发点和最终目标归宿都以人民利益为根本考量。中国共产党自创设之日起就有其特定的价值追求和价值观念，其本身没有自己特殊的利益，更不代表任何利益集团和特权阶层的利益，而是自觉把"一切为了人民"作为自己全部工作的出发点和目标归宿。从"全心全意为人民服务"到"把人民高不高兴、赞不赞同、答不答应作为一切工作的出发点和归宿""始终代表全体人民的根本利益""以人为本的科学发展观"再到"把人民对美好生活的向往作为矢志不渝的奋斗目标"。我们党把"一切为了人民"作为自己的永恒事业和根本职责，正是因为中国共产党自始至终秉持其特有的价值观念和价值追求，才能使其摆脱一切政党团体维护和追求自身特殊利益的局限性，这也是我们党历经百年风雨征程而永立不败之地的深层奥妙所在。进入新时代以来，中国共产党不仅一以贯之、相互承继做到坚持"一切为了人民"的价值追求，

---

① 中共中央党史和文献研究院．十八大以来重要文献选编（上）［M］．北京：中央文献出版社，2016：400.

而且根据时代的变化赋予了其更加丰富的意义空间。质言之，中国共产党为人民谋幸福的初心这一全新话语不仅是对我们党根本立场的生动阐释，也是对我们党全心全意为人民服务根本宗旨的深刻诠释，更是对新时代中国特色社会主义根本追求的生动阐释，从而赋予其满足人民全新期待的时代价值。

首先，以增进人民福祉为根本。判断中国共产党是否先进，最根本的是要看民生福祉是否得到改善以及改善的程度，这也内在地决定着广大人民群众对中国共产党的支持度和认可度。认同不是被迫而是自觉，而且要结合人民群众的根本利益考量，最终达到价值认同的效果。回望中国共产党的百年奋斗图景，我们党在过去的历史场域中始终以人民利益为价值导向并取得了让广大人民群众满意的丰硕成果，从而赢得了人民群众对党的工作和理论话语的广泛支持和情感认同。进入新时代以来，中国共产党提出为中国人民谋幸福的初心这一全新话语绝不是一个抽象的、玄奥的概念，更不是对人民群众礼节式的尊重，而是要体现在增进人民福祉的各个环节。因此，以习近平同志为核心的党中央在深刻洞察和主动回应人民群众利益诉求的基础上把"是不是有助于解决群众的难题，是不是有利于增进人民福祉"① 作为践行为人民谋幸福初心的出发点，始终强调"要从最困难的群体入手，从最突出的问题着眼，从最具体的工作抓起，通堵点、疏痛点、消盲点，全面解决好同老百姓生活息息相关的教育、就业、社保、医疗、住房、环保、社会治安等问题，集中全力做好普惠性、基础性、兜底性民生建设。"② 反过来说，人民幸福是很宏观的理论表达，只有首先解决好人民群众最关心最直接最现实的利益福祉，中国共产党为人民谋幸福的初心才能在中国特色社会主义全新实践场域中真正落地生根、开花结果，人民群众才能真正体会到美好生活的变迁。

---

① 中共中央党史和文献研究院，中央"不忘初心、牢记使命"主题教育领导小组办公室．习近平关于"不忘初心、牢记使命"论述摘编［M］．北京：中央文献出版社，党建读物出版社，2019：143.

② 鞠鹏，刘彬，谢环驰．习近平在重庆考察并主持召开解决"两不愁三保障"突出问题座谈会强调 统一思想一鼓作气顽强作战越战越勇 着力解决"两不愁三保障"突出问题［N］．人民日报，2019-04-18（1）.

其次，让广大人民群众有更多获得感。作为一个全新的政治话语，获得感赋予了中国共产党为人民谋幸福的初心可感知、可衡量、可评价的现实特征。人民的获得感作为一种真实的感知觉，获得了什么、获得了多少，人民通常能够在现实生活中通过得到多少"实惠"来进行衡量和判断，是人民群众在现实生活中实实在在的直接感受和体验。"获得感"和"幸福感"就其本质而言有着很大的区别，"幸福感"作为一种主观层面的感觉和体验，是"基于自身的满足感与安全感而主观产生的一系列欣喜与愉悦的情绪"，这往往是个体单纯的心理感受，是一个较为模糊的词语，在现实生活中很难做到精准衡量和科学评价，因此在实践中可能会流于空泛。而"获得感"是人民群众在现实生活中基于改革发展成果的切身感受得出的真实判断。正如习近平总书记强调："做到老百姓关心什么、期盼什么，改革就要抓住什么、推进什么，通过改革给人民群众带来更多的获得感。"① 质言之，我们党在治国理政过程中需要站在人民的立场上身同感受地考虑问题，"改什么、怎么改"，需要充分了解人民群众的心声，而不是仅仅停留在表面，不是只满足经济数字的增长，必须让人民群众获得"看得见、摸得着的实惠"。如通过简政放权让老百姓少跑腿、少烦心、多顺心，通过实行教育"双减"政策增加老百姓对教育公平的信任感，提高医疗费用的报销比例，提高老百姓的养老金额等等。只有让人民群众发自肺腑地说出"中国共产党确实让我们获得了看得见、摸得着的实惠，确实解决了我们热切期盼和最关心的问题"的感受，我们党才能提升人民群众的归属感，从而赢得民心来巩固其长期执政的群众基础，总而言之，人民获得感是我们党践行为人民谋幸福初心的"风向标"，也是检验其成效的"试金石"。

最后，把促进全体人民共同富裕作为为人民谋幸福初心的着力点。回首党的百年不懈奋斗历程，促进人民共同富裕犹如一条政治红线贯穿于党的百年奋斗历程中。在革命战争年代，毛泽东就曾强调："以后要同大家一起共

---

① 习近平主持召开中央全面深化改革领导小组第二十三次会议强调 改革既要往增添发展新动力方向前进 也要往维护社会公平正义方向前进［N］. 人民日报，2016-04-19（1）.

同富裕起来……如果大家生活不提高，革命就没有必要。"① 这充分彰显了中国共产党之所以要进行革命就是要让老百姓摆脱贫困状态而过上共同富裕和普遍繁荣的美好生活。在社会主义革命和建设时期，我们党集中力量把建设一个更富更强的新中国作为新的奋斗目标和历史使命，并且在社会主义改造实践中不断强调："这个富，是共同的富，这个强，是共同的强，大家都有份。"② 可以说，此时我们党对促进人民共同富裕有了更加深刻的认识，虽然后期我们党在探索建立更富更强新中国的道路上出现了失误和偏差，但我们党的初衷还是想让人民过上共同富裕的生活，这也为以后我们党推进人民共同富裕提供了宝贵经验。进入改革开放新时期，我们党在深刻总结历史经验并深刻洞察社会主义发展规律的基础上就"什么是社会主义、怎么样建设"这一根本性问题进行反复思考与不懈探索。我们党在持续揭示社会主义本质的基础上作出了"贫穷不是社会主义""社会主义的本质，是解放生产力，发展生产力，消灭剥削，消除两极分化，最终达到共同富裕"③ 的重要论断，这些重要论述对推进人民共同富裕有重要的理论意义和实践意义。此外，邓小平进一步指出："走社会主义道路，就是要逐步实现共同富裕。"④ 这更是深刻揭示了实现共同富裕是社会主义的本质和原则。改革开放四十多年的历史已经充分证明了我们党通过一系列发展战略和具体措施解放和发展生产力，并且创造了丰富的物质条件，从而使得共同富裕的奋斗目标有了实现的可能性。

进入新时代以来，中国共产党主动适应历史方位和社会主要矛盾的新变化，把共同富裕置于更加突出的位置，把"全体人民共同富裕取得更为明显的实质性进展"作为全面建成社会主义现代化国家的奋斗目标。实现全体人民的共同富裕在新时代全新场域中有了更加有利条件和突出优势。习近平总书记在论述共同富裕时经常与"美好生活"话语相联系，正如习近平总书记

① 中共中央文献研究室. 毛泽东文集（第6卷）[M]. 北京：人民出版社，1993：437.
② 中共中央文献研究室. 毛泽东文集（第6卷）[M]. 北京：人民出版社，1993：495.
③ 邓小平. 邓小平文选（第3卷）[M]. 北京：人民出版社，1994：373.
④ 邓小平. 邓小平文选（第2卷）[M]. 北京：人民出版社，1994：373.

指出:"人民对美好生活的向往,就是我们的奋斗目标。人世间的一切幸福都需要靠辛勤的劳动来创造。我们的责任,就是要团结带领全党全国各族人民,继续解放思想,坚持改革开放,不断解放和发展社会生产力,努力解决群众的生产生活困难,坚定不移走共同富裕的道路。"① 这高度彰显了实现人民共同富裕和人民对美好生活的追求有高度的逻辑耦合性。此外,习近平总书记在多个场合指出:"要不断促进人的全面发展、全体人民共同富裕。"② 这更是突出了人的自由发展与人的共同富裕的内在关联。换言之,要实现为中国人民谋幸福的初心首先要实现全体人民的共同富裕,人民没有实现真正的共同富裕也就没有美好幸福的生活。所以,实现共同富裕是中国共产党为人民谋幸福在新时代境遇中的具象化表达。因此,习近平总书记在新的历史节点上提出"不忘初心"的政治要求本质上是提醒所有共产党人即使走得再远也不要忘了"为了谁"的根本性问题,要永远保持对人民群众的拳拳赤子之心。

二、不忘"依靠谁"的动力初心

穿越中国共产党百年革命、建设、改革的历史场景,中国共产党始终在"依靠谁"的问题上保持着一以贯之的清醒认知。我们党在百年的奋斗历程中自觉地把"人民"作为我们党开展一切工作的坐标系和动力源,始终把马克思所强调的"历史活动是群众的活动,随着历史活动的深入,必将是群众队伍的扩大"③ 科学原理同中国的革命实际相结合并创造性地运用于我们党的一切奋斗实践活动中,并且随着历史场域的变迁使其内容不断地丰富和具体化。在硝烟弥漫的革命战争年代,我们党在充分了解国情和深刻总结历史经验的基础上认识到"只有当千百万人万众一心、一致奋起的时候,革命才

---

① 习近平. 习近平谈治国理政(第一卷)[M]. 北京:外文出版社,2018:4.
② 习近平. 在庆祝改革开放 40 周年大会上的讲话 [M]. 北京:人民出版社,2018:515.
③ 中共中央马克思恩格斯列宁斯大林著作编译局. 马克思恩格斯文集(第 1 卷)[M]. 北京:人民出版社,2009:287.

成其为革命"①。故此，中国共产党在长期的革命斗争中充分挖掘和激发蕴藏在人民群众中的磅礴伟力，因为"坚决依靠人民，进行人民战争，任何强大的敌人都是可以打败的"②。历史也充分证明了倘若没有亿万人民群众的广泛拥护和衷心支持，我们党就不可能取得革命战争的最终胜利，中华民族更不可能最终实现站起来的历史性飞跃。新中国成立之后，我们党始终保持依靠人民群众创造历史的优良传统丝毫没有动摇过，而且我们党深刻认识到，在当时一穷二白的新中国进行社会主义建设如果"群众不帮助就没有力量。为了发展一个国家，力量不是来自别的地方，而是在于群众自己"③。质言之，社会主义改造和社会主义建设伟大事业如果没有人民群众的积极参与和广泛支持，我们党就不可能在当时的情况下巩固新生的政权，同样也就不可能为实现国家富强和人民富裕的历史任务奠定厚实的物质基础和强有力的制度保障。进入改革开放新时期，我们党在深刻总结社会主义革命和建设实践经验的基础上始终"尊重人民群众在实践活动中所表达的意愿、所创造的经验、所拥有的权利、所发挥的作用，充分激发蕴藏在人民群众中的创造伟力"④。正如邓小平所说："我们党提出的各项重大任务，没有一项不是依靠广大人民的艰苦努力来完成的。"⑤ 这充分肯定了广大人民群众在改革开放伟大事业中的创造作用。世纪之交，我们党在面临危局困境时更是坚信："我们党所以有力量，就是因为我们始终紧紧依靠人民群众。"⑥ 可以说，正是紧紧依靠人民群众，我们党最终经受住了改旗易帜的严峻考验，成功确保了红色政权

---

① 中共中央马克思恩格斯列宁斯大林著作编译局 . 列宁全集（第34卷）[M]. 北京：人民出版社，1985：462.
② 中共中央党史和文献研究院 . 建国以来毛泽东文稿（第12册）[M]. 北京：中央文献出版社，1987：458.
③ 中共中央文献研究室 . 毛泽东年谱：1949—1976（第5卷）[M]. 北京：中央文献出版社，2013：523.
④ 中共中央党史和文献研究院，中央"不忘初心、牢记使命"主题教育领导小组办公室 . 习近平关于"不忘初心、牢记使命"论述摘编 [M]. 北京：中央文献出版社，党建读物出版社，2019：373.
⑤ 邓小平 . 邓小平文选（第3卷）[M]. 北京：人民出版社，1994：4.
⑥ 江泽民 . 论党的建设 [M]. 北京：中央文献出版社，2001：305.

不变质、不变色。进入 21 世纪，中国共产党在继承"人民是历史创造者"
原则的基础上突出强调："只有深刻认识人民创造历史的伟力……我们党才
能得到人民的充分信赖和拥护，才能无往而不胜。"① 改革开放四十多年的历
史充分印证了广大人民群众是我们绘就波澜壮阔、气势恢宏历史画卷的根本
动力支撑。

　　党的十八大以来，我们党在深刻总结"三大规律"的基础上对人民群众
的地位和作用有了更加深刻的认知，而且根据时代任务和奋斗目标的阶段性
变化赋予了"人民是历史创造者"这一根本性原则以崭新的时代内涵。

　　首先，我们党把人民置于决定党和国家前途命运的战略高度加以审视和
认知。中国共产党走过了百余年的辉煌征程，人们不禁要发问：世界上一些
大的老牌执政党，在登上历史舞台的时候生机勃勃，在夺取政权的时候曾显
赫一时，但在长期执政的历史长河中却失去了执政资格，最终难逃被历史和
时代无情淘汰的悲惨命运，而作为一个历经辉煌与苦难的使命型政党，她由
小到大、由弱变强，并能够长期保持风华正茂的根本原因究竟是什么？习近
平总书记在总结党的光辉历史的基础上给出了答案，他旗帜鲜明地指出：
"中国共产党之所以能够发展壮大，中国特色社会主义之所以能够不断前进，
正是因为依靠了人民。"② 正是从这个意义而言，人民显然是我们党永立不败
之地的强大根基。然而，目前一些党员干部在执政业绩的光环下逐渐淡忘了
"依靠谁"的根本性问题，如果任其发展下去，势必会影响党的执政地位和
执政基础。故此，习近平总书记告诫共产党人："脱离人民支持，任何事业
都会成为无源之水、无本之木，都是不能成功的。"③ 此外，习近平总书记在
建党一百周年大会上进一步强调：　"人民是历史的创造者，是真正的英

---

①　中共中央文献研究室. 十六大以来重要文献选编（下）［M］. 北京：中央文献出版
　　社，2008：522.
②　中共中央宣传部. 习近平新时代中国特色社会主义思想学习纲要［M］. 北京：学习
　　出版社，人民出版社，2019：42.
③　习近平. 在纪念孙中山先生诞辰 150 周年大会上的讲话［M］. 北京：人民出版社，
　　2016：6.

雄。"① 这更是在特殊的历史节点提醒全体共产党人,唯有把人民作为我们党执政的坚强后盾,我们党才能在长期执政的历史长河中赢得民心、赢得时代,中国共产党才能在中国执政并做到长期执政。

其次,人民是实现中华民族伟大复兴的主体力量。回首党的百年历史,"中国共产党团结带领中国人民进行的一切奋斗、一切牺牲、一切创造,归结起来就是一个主题:实现中华民族伟大复兴"②。质言之,人民群众是我们在寻梦、追梦、圆梦不懈奋斗征途中的主要参与者和见证者,正是在广大人民群众的广泛支持和积极参与下,中华民族伟大复兴这一项光荣而艰巨的事业才能从梦想逐渐变为现实。进入新时代以来,经过全党和全国人民的接续奋斗和不懈努力,中华民族成功实现了强起来的历史性飞跃,我们党团结带领人民群众如期实现了第一个百年奋斗目标,中华民族伟大复兴自此进入了不可逆转的进程。

众所周知,任何一项伟大的事业要取得最终的成功,不是仅仅依靠少数人就能办到的,而是要从绝大多数人中找到根基、凝聚力量,并由其最终完成。因此,在新时代的圆梦征程中,"实现中国梦必须凝聚中国力量"③。因为"中国梦归根到底是人民的梦,必须紧紧依靠人民来实现"④。这表征着人民群众主体性彰显及其力量释放。随着人民群众的获得感、幸福感、安全感不断提升,人民群众对中国共产党的情感认同度和对实现中华民族伟大复兴的自信心不断增强,人民群众的爱国之情与报国之志不断高涨,"只要人民在心目中有了明确的目标,他们就会显示出足够的勇气"⑤。而实现中华民

---

① 习近平.在庆祝中国共产党成立100周年大会上的讲话 [N].人民日报,2021-07-02 (2).

② 习近平.在庆祝中国共产党成立100周年大会上的讲话 [N].人民日报,2021-07-02 (2).

③ 中共中央文献研究室.十八大以来重要文献选编(中)[M].北京:中央文献出版社,2016:235.

④ 中共中央文献研究室.十八大以来重要文献选编(上)[M].北京:中央文献出版社,2014:235.

⑤ 中共中央马克思恩格斯列宁斯大林著作编译局.马克思恩格斯选集(第1卷)[M].北京:人民出版社,2012:118.

族伟大复兴的美好夙愿虽然已进入不可逆转的进程，但依然任重而道远，我们党只有把十四亿多中国人民凝聚成实现中华民族伟大复兴的磅礴伟力，只有在人民群众的辛勤劳动和不懈努力下，中华民族伟大复兴的美好夙愿才能最终实现。

最后，人民是我们党战胜一切艰难险阻的不竭力量源泉。回顾党的百年历史，一部党的历史就是一部多难兴邦的辉煌与苦难史，中华民族在近代以来面临的艰难险阻和遭受的苦难之重在历史上都是十分罕见的，但是中国共产党和中国人民在艰难险阻面前没有退缩而是越挫越勇，不断在危局困境中一次次浴火重生，从一个胜利不断走向新的胜利，归根到底靠的就是人民群众的磅礴之力。因为"只要依靠民众则一切困难都能够克服"①。在世纪之交，中国大地遭遇了百年难遇的洪涝灾害，中国人民齐心协力、众志成城同洪水展开了波澜壮阔的英勇斗争，在抗洪斗争中出现了"儿子牺牲了，父亲冲上来；丈夫殉职了，妻子顶上去"②的感人画面。正如江泽民所强调的那样："同以往所有的历史性胜利一样，这次抗洪抢险的胜利，归根到底是人民力量的胜利。"③质言之，抗洪胜利再一次印证了人民群众是我们战胜一切困难取之不尽的力量源泉。进入21世纪，"非典"无情地肆虐神州大地，胡锦涛同样强调："要夺取同疫病斗争的胜利，从根本上说，必须在党和政府领导下，充分依靠和发动群众。"④可以说，也正是因为人民群众众志成城、万众一心，凝聚起抗击"非典"的强大力量，我们才可以迅速取得抗击"非典"的完全胜利。进入新时代以来，百年难遇的新冠疫情突袭而至，中国人民在中国共产党的坚强带领之下敢于生死较量不畏惧，以"明知山有虎，偏向虎山行"的决心和壮志书写了共同抗疫的时代画卷，正如习近平总书记所言："抗疫斗争伟大实践再次证明，中国人民所具有的不屈不挠的意志力，

---

① 毛泽东. 毛泽东军事文集（第2卷）［M］. 北京：军事科学出版社，中央文献出版社，1993：381.
② 江泽民. 江泽民文选（第2卷）［M］. 北京：人民出版社，2006：225.
③ 江泽民. 江泽民文选（第2卷）［M］. 北京：人民出版社，2006：228-229.
④ 胡锦涛. 胡锦涛文选（第2卷）［M］. 北京：人民出版社，2016：23.

是战胜前进道路上一切艰难险阻的力量源泉。"① 历史和现实都告诉我们，正是有了广大人民群众的坚定支持和衷心拥护，我们党才能成功战洪水、抗非典、抗地震，才能最终打赢疫情防控的"战役"。展望未来，我们党在长期执政的道路上和实现中华民族伟大复兴的征途中依然会面临各种风险和挑战，在百年未有之大变局中摆在党和人民面前的艰难险阻更是无法预测。故此，"只要我们紧紧依靠人民，就没有战胜不了的艰难险阻，就没有成就不了的宏图大业"②。所以，习近平总书记在新的历史起点上提出"不忘初心"本质上是告诫共产党人不忘"依靠谁"的执政初心。

三、不忘"植根人民、来自人民"的本源初心

回首党的百年奋进历程，中国共产党始终对其执政的"根"和"源"保持着十分清醒的认知，始终把党和人民群众之间的关系置于关乎党的事业兴衰成败和决定党的前途命运的战略高度加以审视和认知。可以说，一部党的百年历史，同样是一部党群关系话语不断生成与演进的历史，党和人民群众的关系是中国共产党百年宏大历史场景中形成的群众工作理念和群众工作实践的话语呈现，是语言符号的能指与所指的辩证统一。回顾中国共产党的政治话语体系，党群关系在不同的叙事语境中其话语表达方式和表达格调也有所不同。

在革命战争时期及新中国成立以后，由于特殊的时代语境，中国共产党自建党之日起就充分意识到党与人民群众之间保持亲密联系的重要性，这是基于马克思主义唯物史观科学理论的本质规定和古今中外政党兴衰成败历史经验的深刻总结。我们党清醒地认识到如果没有人民群众的认同和支持，就不可能形成开展革命战争的铜墙铁壁，我们党就很难实现民族独立和人民解放、国家富强和人民富裕的历史任务。而要获得人民群众的认同和支持的首

要前提必然是不断厚植党与人民群众的亲密联系。因此，在长期革命实践活动中我们党运用人民群众喜闻乐见的方式对党群关系作出形象生动的表达。如："我们共产党人好比种子，人民好比土地"① 把党群关系巧妙地比喻为种子和土地的关系，形象地说明了人民群众是中国共产党赖以生存的根基，如果脱离了人民这一基础性根基，我们党就无法实现历史使命。又如"共产党员在民众运动中，应该是民众的朋友，而不是民众的上司"②，旨在告诫共产党人要把人民群众当成知心朋友，要正确理顺党与人民的位置，永远把自己当成人民的勤务员。可以说，正是因为我们党始终与人民保持血脉相依、水乳交融的亲密联系，因此在革命征途中出现了"最后一碗米送去做军粮，最后一尺布送去做军衣，最后一件老棉袄盖在担架上，最后一个亲骨肉送去上战场"的感人画面，半条棉被、"一双草鞋"等感人故事正是革命实践中党群关系最生动最真实的写照。新中国成立之后，我们党保持"爱人民、为人民"的政治本色不改，正如毛泽东强调："党群关系好比鱼水关系。如果党群关系搞不好，社会主义制度就不可能建成；社会主义制度建成了，也不可能巩固。"③ 这就一语道破了党群干群"鱼水关系"之真谛，旨在告诫共产党人要像鱼一样"知水性""感水恩"，如此才能赢得民心，才能筑牢党的执政基础。

进入改革开放新时期，我们党在深刻总结历史经验教训的基础上集中全力"恢复和发扬党的艰苦朴素、密切联系群众的优良传统"④。致力于重新弥补和培植党和人民的血肉联系，因为只有得到人民群众的认可与支持，改革开放伟大事业才能不断向前推进。故此，邓小平强鲜明地指出："党员和党的干部，必须同群众打成一片，绝对不能同群众相对立。如果哪个党组织严重脱离群众而不能坚决改正，那就丧失了力量的源泉，就一定要失败，就

---

① 毛泽东．毛泽东选集（第4卷）[M]．北京：人民出版社，1991：1162.
② 毛泽东．毛泽东选集（第2卷）[M]．北京：人民出版社，1991：522.
③ 中共中央党史和文献研究院．建党以来毛泽东文稿（第6册）[M]．北京：中央文献出版社，1992：547.
④ 邓小平．邓小平文选（第2卷）[M]．北京：人民出版社，1994：217.

会被人民抛弃。"① 这更是直接道出了能否始终保持同人民群众的血肉联系，直接关系到社会主义建设的成败、关系到党和国家的盛衰兴亡的深刻道理。世纪之交，面对风云变幻的复杂执政环境，中国共产党深知自身肩负的重大历史责任，因此反复提醒共产党员要保持清醒头脑，其中一个重要的问题就是"政治问题，从根本上说，就是对人民群众的态度问题和同人民群众的关系问题"②。把党群关系置于讲政治的历史高度加以审视和认知，体现了我们党一贯以来"爱民、为民"的民本情怀。诚如江泽民所言："我们党作为执政党，必须高度关注党同群众的关系问题、人心向背问题。人心向背，是决定一个政党、一个政权兴亡的根本性因素。"③ 可以说，这是对一些老牌政党亡党亡国的深刻镜鉴，更是对自我使命担当的清醒认知。进入 21 世纪，胡锦涛更是强调："党和人民事业能不能顺利发展，关键在我们党能不能始终保持同人民群众的血肉联系。"④ 这更是回答了党和人民之间的血肉联系是关乎中国特色社会主义事业兴衰成败的根本政治问题，深刻揭示了中国共产党人崇高的价值追求。质言之，血和肉是生命存在之根本，对个人来说，有血有肉才有生命，同样对一个政党来说，党与人民保持血肉联系，是我们党保持旺盛生命力的关键所在，也是我们党不断从胜利走向胜利的奥秘所在。

进入新时代以来，我们党在深刻总结党的执政规律与党的建设规律的基础上把党群关系置于治国理政的最高位置加以审视和认知，而且根据时空场域的不断变迁赋予了其崭新的时代内涵和全新的话语表达。首先，从历史经验教训的视角出发，用"舟水之喻"的历史故事来形容党群关系的重要性，习近平总书记指出："'水能载舟，亦能覆舟。'这个道理我们必须牢记，任何时候都不能忘却。"⑤ 以水和舟比喻老百姓与统治者之间的关系，水能托起

① 邓小平.邓小平文选（第 2 卷）[M].北京：人民出版社，1994：228.
② 江泽民.论党的建设 [M].北京：中央文献出版社，2001：281.
③ 江泽民.江泽民文选（第 3 卷）[M].北京：人民出版社，2006：185.
④ 中共中央文献研究室.十七大以来重要文献选编（中）[M].北京：中央文献出版社，2012：1010.
⑤ 中共中央党史和文献研究院.十八大以来重要文献选编（下）[M].北京：中央文献出版社，2018：400.

舟使其顺利航行，也可以将舟掀翻，使其沉入海底。其旨在告诫和提醒全体共产党人要始终保持党同人民群众的血肉联系，倘若"忘记了人民，脱离了人民，我们就会成为无源之水、无本之木，就会一事无成"①。此外，习近平总书记用"塔西佗陷阱"来警示共产党人从"密切联系群众"到"脱离群众"只有一念之差，从"最大优势"到"最大危险"只有一步之遥，如果真到了那一天，即使我们党付出再多努力挽回都将是于事无补的。另外，习近平总书记在多个历史场合用"霸王别姬"的历史故事警示全党："人心向背关系党的生死存亡！"② 这一警示，是基于对中国共产党前途命运的深刻思考，旨在告诫共产党人如果严重疏远、脱离人民群众，我们党很有可能会上演"霸王别姬"的历史悲剧。其次，从中国共产党优良传统推陈出新的视角出发，习近平总书记在继承和弘扬党群关系优良传统的基础上赋予了其鲜明的时代内涵和全新的话语表达。习近平总书记创新性地指出："群众路线是我们党的生命线和根本工作路线，是我们党永葆青春活力和战斗力的重要传家宝。"③ 将群众路线作为维系执政根基的生命线，体现了我们党对执政规律和社会发展规律的理性反思，创新了党的群众路线作用和价值的新表达。又如习近平总书记指出"为人民服务是共产党人的天职"④，更是赋予了党的宗旨以全新的意义空间。此外，习近平总书记还强调："江山就是人民，人民就是江山，人心向背关系党的生死存亡。"⑤ 这更是从人民和政权的内在关系出发深刻阐释了始终保持党与人民群众血肉关系的重要性，其目的是隐喻式地提醒共产党人："中国共产党、中华人民共和国之所以能够取得事业的成功，靠的是始终保持同人民群众的血肉联系……如果脱离群众、失去人民

---

① 中共中央党史和文献研究院. 十八大以来重要文献选编（下）[M]. 北京：中央文献出版社，2018：400.
② 习近平. 在党史学习教育动员大会上的讲话 [J]. 天津市工会管理干部学院学报，2021，38（2）：1-9.
③ 习近平. 习近平谈治国理政（第一卷）[M]. 北京：外文出版社，2018：27.
④ 中共中央党史和文献研究院，中央"不忘初心、牢记使命"主题教育领导小组办公室. 习近平关于"不忘初心、牢记使命"论述摘编 [M]. 北京：党建读物出版社，中国文献出版社，2019：127.
⑤ 习近平. 在党史学习教育动员大会上的讲话 [J]. 党建，2021（4）：4-11.

拥护和支持，最终也会走向失败。"① 故此，只有慎始敬终保持党与人民群众的血肉联系，才能增强人民群众对中国共产党为人民谋幸福初心的信任与信心，我们党在长期执政的新征程中才能有可靠的阶级基础和群众基础。

一言以蔽之，"我们党的百年历史，就是一部践行党的初心使命的历史，就是一部党与人民心连心、同呼吸、共命运的历史"②。习近平总书记提出的"不忘初心"究其本质而言就是不忘"为人民而生，因人民而兴"的本源初心。

第五节　新时代中国共产党践行"初心"的实现条件

中国共产党为中国人民谋幸福的初心绝不是一句抽象的、玄奥的政治口号，不能仅仅止步于意识形态层面的话语表达环节，而是要体现在经济、政治、文化、社会、生态等涉及人民幸福的各个环节。因为人民幸福不单纯是自我实现的需要，它不仅与每个人的自身状况密切相关，而且人民幸福的实现在一定程度上受政治、经济、文化、社会、生态等客观因素的影响与制约。因此，中国共产党要实现为中国人民谋幸福的初心需要一定的前提条件，需要进一步夯实践行初心的经济基础、完善践行初心的政治体制、坚定践行初心的文化支撑、营造践行初心的社会氛围、优化践行初心的生态环境。唯有如此，中国共产党才能将为人民谋幸福的初心这一崇高理想转化为实现美好生活的动能。

一、夯实践行初心的经济基础

马克思认为："为了生活，首先就需要吃喝住穿以及其他一切东西。"③

①　中共中央文献研究室. 十八大以来重要文献选编（中）［M］. 北京：中央文献出版社，2018：75.
②　习近平. 在党史学习教育动员大会上的讲话［J］. 党建，2021（4）：4-11.
③　中共中央马克思恩格斯列宁斯大林著作编译局. 马克思恩格斯选集（第1卷）［M］. 北京：人民出版社，2012：158.

质言之，物质生活需要的满足是人民进行一切历史活动的第一个前提。因此，人民群众的物质生活水平的改善和提高是其追求幸福美好生活的充分必要条件。基础不牢，地动山摇，试想一下，当人民群众的基本生活需要都没有根本保障的时候，就更谈不上人民幸福。因为只有当人民群众的物质生活得到满足后他们才会追求满足更高层面的幸福生活。从这个意义方面而言，经济的发展和富裕是人民幸福的题中之义和必然要求，如果只强调经济的发展和繁荣，而不注重改善民生，这样的发展只会是无源之水无本之木。反之，如果把人民幸福只是作为一种宣传口号而不能在经济生活中反映出来，这样的幸福势必是水中月、镜中花，会失去本真和意义。

　　回顾中国共产党百年来矢志不渝坚守和践行为人民谋幸福的奋斗史，我们可以清晰地看到，不管历史场域如何变迁，我们党始终把经济幸福作为实现其初心的前提和基础。在革命战争年代，在谈到为什么要革命时，毛泽东旗帜鲜明地强调："使中国大多数穷苦人民得享有经济幸福。"[①] 在社会主义革命和建设时期，为了改变"一穷二白"的落后面貌，我们党鲜明地强调党的一切工作的目的就是要"领导全国人民克服一切困难，进行大规模的经济建设和文化建设……逐步地改善人民的物质生活和提高人民的文化生活"[②]。质言之，这就明确了社会主义建设的首要目的就是通过经济建设来改善和提高人民群众的生活水平，20 世纪 50 年代，我们党团结带领人民群众在经济建设方面取得了一系列显著成就，但是后来，由于我们党对社会主义建设规律出现了认识上的偏差，对社会主义建设目的出现了主观与客观、动机与效果的严重偏离，从而导致大规模的经济建设并未能在社会主义建设后期继续进行下去。进入改革开放新时期，我们党在深刻总结历史经验教训和深入洞察社会主义发展规律的基础上对经济发展的重要性有了更为深刻的体悟和认知。正如邓小平强调："不发展经济，不改善人民生活，只能是死路一

---

① 中共中央文献研究室．毛泽东文集（第 1 卷）［M］．北京：人民出版社，1993：16.

② 中共中央文献研究室．毛泽东文集（第 5 卷）［M］．北京：人民出版社，1993：348.

条。"① 质言之,"必须把经济的发展使人民生活得到的改善反映出来。人民生活要有相当增长,人民才能满意"②。换句话说,只有通过经济的快速发展来积极主动地回应人民改善生活的美好期待和迫切愿望,人民才能有幸福可言。改革开放的历史已经充分证明:正是我们党始终遵循"以经济建设为中心"的经济发展主线,我们才能在短短四十年的时间里实现了富强起来的伟大飞跃,从而使得中国共产党为人民谋幸福的初心有了更为厚实的经济基础。

　　进入新时代以来,我们党在顺应时代发展要求和回应人民对美好生活向往的美好愿望的基础上坚定不移地把发展作为其执政兴国的第一要务,始终秉持"发展才是硬道理"的战略思想。正如习近平总书记强调:"发展是基础,唯有发展才能满足人民对美好生活的热切向往。"③ 因此,进入新时代以来,我们党在深刻洞察发展形势深度变迁的基础上就"怎么样发展、实现什么样的发展"这一根本问题进行了不断的思考与探索并得出:"我们的发展是以人民为中心的发展,如果发展不能回应人民的期待,不能让群众得到实际利益,这样的发展就失去意义,也不可能持续。"④ 可以说,这一重要论述拓宽了对发展的整体性认识,我们党正是在科学把握社会主要矛盾转化规律和遵循经济发展规律的基础上创新性地提出了"以人民为中心"的发展思想,这也是对我们过去一段时间"唯生产总值排名、论英雄"错误发展思想的一种及时纠正,同时也进一步明确了新时代经济发展的立足点和落脚点。但并不是说新时代我们不需要发展,而是要通过深化改革、创新驱动,在新发展理念的指导下不断提高经济发展的质量和效益,用高质量的发展解决发展不平衡不充分的问题,不仅要把社会财富这个"蛋糕"做大,继续努力发

---

① 邓小平. 邓小平文选(第3卷)[M]. 北京:人民出版社,1994:370.
② 中共中央文献研究室. 邓小平年谱:1975—1997(上)[M]. 北京:中央文献出版社,2004:657.
③ 中共中央宣传部. 习近平新时代中国特色社会主义思想学习纲要[M]. 北京:人民出版社,学习出版社,2019:45.
④ 中共中央宣传部. 习近平新时代中国特色社会主义思想学习纲要[M]. 北京:人民出版社,学习出版社,2019:157.

展经济、扩大经济总量，而且要把经济财富这个"蛋糕"切好，解决好收入差距的问题，把共同富裕作为新时代经济发展的目标取向和价值追求，让经济发展的成果更多更直接更公平地在广大人民的现实生活中充分展示出来。唯有如此，中国共产党才能在新的历史场景中更好地践行为人民谋幸福的初心。

二、完善践行初心的政治体制

英国著名哲学家罗素曾指出："人们的幸福与社会制度和个人心理相关，我们需要通过改造社会来增进人类的幸福。"① 因此，可以这样说，人们所追求的幸福生活与一个国家的社会制度尤其是政治制度的联系是十分密切的。人作为一种政治动物，不仅要求在衣食住行等基本物质条件方面得到满足，而且还要在自由、平等、参与等政治需求方面得到充分的满足。作为世界上极具特色和影响力的社会主义国家，要想彰显其社会主义政治制度的优越性，从一定意义上来讲，需要将政治制度的成效体现在人民幸福生活的全过程，也就是说，我们党要实现为人民谋幸福的初心就需要在政治制度的设计层面给予人民群众追求幸福生活的权力以最大的尊重和保障，国家的一切政治制度的设计和安排都需以人民幸福为出发点和落脚点，人民幸福应该是政治民主视域下的一种美好生活追求，需要有更加民主的政治作为其实现的根本保障。鉴于此，在政治制度的设计与构建中必须以人民幸福为宗旨、归宿和标准，如此才能真正体现出社会主义国家人民当家做主的真实性和优越性。故此，中国共产党要把为人民谋幸福的初心这一宗旨理念变成社会现实的一个关键步骤就是要重视民主、发扬民主、建设民主，从而最终有利于实现全体人民幸福这一终极目标。

民主和幸福从来就是不可分离的统一体，民主是实现人民幸福的基本保障。我国宪法明文规定了"中华人民共和国的一切权力属于人民"的人民主权原则，这是以我国根本大法的形式赋予了人民当家作主以至高无上性和不

---

① ［英］罗素．社会改造原理［M］．张师竹，译．上海：上海人民出版社，2001：256.

可挑战性。人民民主是我国民主政治的本质特征，早在革命战争时期，我们党就深刻认识到民主的重要性并把其置于决定革命胜负的高度加以认知。正如毛泽东强调："抗日要全国人民参加，没有民主则老百姓不能参加，无和平团结，无人民参加，抗战成为不可能，即战亦不能保证胜利。"① 这集中体现了民主是当时我们党充分调动人民群众抗战积极性的重要举措，因此，我们党在革命战争中始终强调："要挽救中国，战胜日本，避免沦为殖民地的危险，惟有实行民主政治，给予人民以参政的自由，才能实现……如果整个国家向这个方向走，则统一的民主共和国是能实现的。"② 可以说，正是因为我们党认识到了民主之于革命的重要性并通过"三三制"等具体民主制度的形式将其贯穿于革命的生动实践中，中国共产党才能够广泛组织发动人民群众并团结带领人民群众成功实现了民族独立和国家解放的历史任务。

新中国的成立和社会主义制度的建立使得深受数千年封建专制统治的中国人民彻底摆脱了被奴役被剥削的地位，中国人民一举翻身成功实现了当家做主这一千百年来梦寐以求的愿望，广大人民群众的民族自尊心和自豪感较之以前得到了前所未有的提振。但是，由于特定历史条件和客观因素的影响与制约，导致当时人民当家做主的政治制度不够完善，人民的各项政治权利和主人翁地位与我国宪法中所规定的仍然有很大的出入，社会主义民主的广泛性和真实性依然需要在现实生活中进一步完善和加强，民主的理想并未完全实现，社会主义民主建设永远在路上。正如邓小平所讲，没有民主就没有社会主义。诚然，人民民主是社会主义的生命和最本质的特征。我们需要民主，但我们需要的是更加广泛、更加真实、更加管用、更能真正体现出人民意志的新型的中国式民主。因为"民主不是装饰品，不是用来做摆设的，而是要用来解决人民需要解决的问题的"③。反观西方的民主，古代雅典被称为"民主政治的发源地"，但当时社会上实际只有百分之十的公民才可以参政；

① 中共中央文献研究室. 毛泽东文集（第1卷）[M]. 北京：人民出版社，1993：500.
② 中共中央文献研究室. 毛泽东文集（第1卷）[M]. 北京：人民出版社，1993：500.
③ 习近平. 在庆祝中国人民政治协商会议成立65周年大会上的讲话 [N]. 人民日报，2014-09-22（2）.

美国的民主模式特受西方民主理论青睐，但这种民主只是金钱和富豪操纵下的形式的、虚伪的民主，这种民主只是代表少数人的意识且服从于少数人的利益的，广大人民在国家发展和社会治理过程中并没有体现和发挥主人翁的地位和作用。因此，习近平总书记指出："人民只有投票的权利而没有广泛参与的权利，人民只有在投票时被唤醒、投票后就进入休眠期，这样的民主是形式主义的。"① 这既是一种深刻的反思，更是提醒共产党人要防止出现"一次性民主"和"即用即弃型民主"。诚然，我们党要在新的执政征程中更好地践行为人民谋幸福的初心，就需要提高和改善党的执政方式和领导方式，通过创新选举以外的制度和方式让广大人民群众广泛参与国家和社会治理的各项事务，通过扩大人民群众参与的渠道来实现其知情权、参与权、表达权和监督权的全方位立体式覆盖，"践行以人民为中心的发展思想，发展全过程人民民主"②，进而让人民民主具体地、现实地体现在人民群众对美好生活的向往的实现和发展之中，让人民群众在现实生活中切切实实感受到人民当家做主的滋味和力量。可以说，这既是坚持党的本质属性、践行党的宗旨性质的必然要求，更是中国共产党践行为人民谋幸福初心的实然选择。

三、坚定践行初心的文化支撑

文化是人民的精神家园，广大人民群众所向往的幸福美好生活不仅是指物质财富方面的极大丰富与满足，而且要在充实的精神生活中得到更高层次的幸福。经过全党和全国各族人民的艰苦奋斗和持续努力，我们如期实现了第一个百年奋斗目标，全面脱贫攻坚战役取得了全面性胜利。人民群众在物质生活方面的需求已经得到了基本满足，转而在精神财富方面提出了更高的要求。因此，对生活在中国特色社会主义新时代的中国人民来说，追求精神文化方面的幸福比单纯的物质丰沛、生活富足层次更高，更能有效提升人们

---

① 中共中央宣传部. 习近平新时代中国特色社会主义思想学习纲要［M］. 北京：学习出版社，人民出版社，2019：131.
② 习近平. 在庆祝中国共产党成立100周年大会上的讲话［N］. 人民日报，2021-07-02（2）.

的幸福感。根据人的需求特性，当人们的基本物质生活都难以得到保障时，些许的物质生活上的改善就能迅速地提升人民群众的幸福感，例如在革命战争时期，人民群众连最低限度的生活也难以维持，他们一心念的盼的都是生存和吃饭问题。因此，当人民群众生活在贫困饥饿的社会状态下，他们一定会想到，谁能帮助他们解决生存和吃饭问题，人民群众就会认同和支持他。我们党正是深刻认识到了造成人民群众贫困饥饿的重要原因是几千年遗留下来的封建土地所有制，鉴于此，"中国共产党在广大农村地区紧紧围绕农民关心的'土地问题'展开了声势浩大的土地改革"①。可以说，中国共产党通过开展"耕者有其田"的土地改革运动，不仅使广大农民获得了渴望已久的土地，而且彻底改变了农村的面貌和农民的精神世界，亿万中国农民的获得感和幸福感得到了前所未有的提升，可以说，这一时期人民对幸福生活的认知主要集中体现在解决生存和生活的根本问题上。新中国成立以后，中国共产党始终把让人民群众过上幸福美好生活作为自己的历史使命。因此，中国共产党在执政以后并没有急于向社会主义过渡，而是依据当时实际国情提出了"一化三改"的过渡时期总路线，将社会主义建设和社会主义改造同时推进，从而为国家富强和人民幸福奠定了坚强的制度保障和厚实的物质基础，进入改革开放新时期，我们党在顺应人民群众对改善和提高物质生活水平的愿望和诉求的基础上坚持"以经济建设为中心"来大力发展生产力，旨在"使人民的物质生活好一些，使人民的文化生活、精神面貌好一些"②。这一历史时期，我们党在集中力量增加人民物质财富的同时也开始注重精神文明方面的发展。正如邓小平强调："我们要在建设高度物质文明的同时……发展高尚的丰富多彩的文化生活，建设高度的社会主义精神文明。"③随着改革开放伟大事业的持续深入推进，人民的物质生活水平得到了极大的提高与改善。故此，我们党确定了"两手都要抓，两手都要硬"的发展策

---

① 张文龙，李建军. 中国共产党百年人民观的历史演进及其经验启示 [J]. 重庆大学学报（社会科学版），2021（4）：50-59.

② 邓小平. 邓小平文选（第2卷）[M]. 北京：人民出版社，1994：128.

③ 邓小平. 邓小平文选（第2卷）[M]. 北京：人民出版社，1994：208.

略，改革开放四十多年来，我们党团结带领人民群众用勤劳和智慧不仅创造了物质文明发展的世界奇迹，同时也收获了精神文明发展的丰硕成果。

进入新时代以来，随着我国的经济实力不断增强，广大人民群众的物质生活水平得到巨大提高以后转而对精神文化的需求愈加强烈。因为当人们的物质生活条件得到充分改善以后，物质生活方面的进一步改善所带来的幸福感就不会像物资匮乏年代那样的明显了，如果在这样的情况和状态下还一味地过度重视经济增长与物质财富的享受，反而会妨碍人民整体幸福感的获得。正如习近平总书记所强调："经济发展、物质生活改善并不是全部，人心向背也不仅仅决定于这一点。"① 随着人民群众可支配收入和闲暇时间的进一步增多，必然会对精神文化方面提出更高要求。因此，对精神文化方面的追求不仅有助于全体人民群众精神家园的建设和理想人格的塑造，而且还能够使人的潜能得到最大程度的发挥，可以说，这是实现马克思主义所强调的人的自由全面发展终极理想的必由之路。

所以，习近平总书记鲜明地强调："满足人民过上美好生活的新期待，必须提供丰富的精神食粮。"② 这更是一语道出了我们党要实现为人民谋幸福的初心就必须尽力满足人民群众日益旺盛、多样化、差异化的精神文化需求。不可否认，现如今我们国家的很多地方尤其是欠发达地区人民群众的精神文化生活仍然比较匮乏，低端和同质化文化产品过剩、中高端和差异化文化产品缺乏，这些在精神文化方面存在的问题直接影响着人民幸福感的提升。对此，我们必须顺应时代发展潮流，坚定文化自信，优化高质量精神文化产品供给，满足人民群众多层次、多样化、个性化的精神文化需求，在高质量的发展中实现全体人民的"文化小康"和"精神文化的富裕"，这也是新时代中国共产党实现为中国人民谋幸福初心的题中之义。

---

① 习近平. 做焦裕禄式的县委书记［M］. 北京：中央文献出版社，2015：35.
② 习近平. 决胜全面建成小康社会 夺取新时代中国特色社会主义伟大胜利：在中国共产党第十九次全国代表大会上的报告［N］. 人民日报，2017-10-28（1）.

四、营造践行初心的社会环境

"现实的人"是贯穿于马克思主义唯物史观的主旨灵魂，马克思认为："人不是抽象的蛰居于世界之外的存在物。"① 以往的旧式唯物主义与唯心主义思想家往往用自然性和精神性来考察和定义人的本质，而马克思创新性地提出了与以往一切旧式唯物主义不同的新命题。自此，人的社会性的科学内涵被马克思所深刻激活，即人是基于某种需要而存在于社会生活实践中，个人的生存与发展离不开社会，人如果脱离了社会，将会寸步难行，从而失去其存在的意义。人和社会是紧密相连的命运共同体。换言之，社会的发展在很大程度上与人民的现实生活息息相关，社会建设的成效是决定人民幸福生活最终能否顺利实现的重要因素。

回顾中国共产党社会主义社会建设的历史沿革，我们党对社会建设的理解与把握始终以保障和改善民生、着力维护人民群众的根本利益为着眼点和落脚点。但是历史的不断变化和发展，也就决定了社会建设在不同的发展阶段有着不同的建设主题，因为社会问题总是以各种形式而存在，从而使得社会建设会随着时空境遇的不断变化而进行主题转化。在革命战争年代，近代中国人民的悲惨遭遇内在地决定了社会建设的主题是以暴力革命的方式改变其任人宰割的悲惨命运，致力于实现民族独立和人民解放的时代任务。新中国成立之后，社会建设的主题主要是通过进行社会主义改造和社会主义工业化来改变"一穷二白"的社会面貌，致力于实现国家富强和人民富裕的历史任务。进入改革开放新时期，我们党在深刻洞察社会主义发展规律的基础上对社会主义社会建设有了更加深刻准确的认识。我们党在这一时期设定的社会主义社会建设的主题主要是"到本世纪末在中国建立一个小康社会。这个小康社会，叫作中国式的现代化"②。可以说，这既高度彰显了我们党对社会主义社会建设的规律的认识达到了全新高度，同时也为我们党后来进行社会

① 中共中央马克思恩格斯列宁斯大林著作编译局．马克思恩格斯选集（第1卷）[M]．北京：人民出版社，2012：1.

② 邓小平．邓小平文选（第3卷）[M]．北京：人民出版社，1994：54.

主义社会建设奠定了理论基调和价值遵循。从党的十六大首次提出建设社会主义和谐社会的全新政治命题，胡锦涛指出："和谐社会建设，要从解决人民群众最关心、最直接、最现实的利益问题入手，为群众多办好事、实事。"① 到党的十七大我们党首次将社会建设历史性地纳入"四位一体"中国特色社会主义事业总体布局，到党的十八大强调"加强社会建设，必须以保障和改善民生为重点……努力让人民过上更好生活"②。可以清楚地看到，随着时代不断向前发展，中国共产党对社会主义社会建设的认识不断深化、目标越来越明确、出发点和落脚点的指向愈加趋向于不断促进社会公平正义和增进人民福祉。

　　进入新时代以来，我们党始终坚持以人民为中心，社会主义社会建设紧紧围绕团结带领人民创造更加幸福美好生活这一主线而接续展开。"人民群众什么方面感觉不幸福、不快乐、不满意，我们就在哪方面下功夫，千方百计为群众排忧解难。"③ 可以说，目前社会建设突出存在的问题主要在民生领域，发展不平衡不充分的问题在很大程度上更多体现在民生保障方面。鉴于此，中国共产党应以群众期盼为念，真情关心群众疾苦，从人民群众最期盼、最关心的教育、就业、收入分配、社会保障、医疗卫生等方面精心部署社会建设工作。在社会发展过程中更加注重民生、保障民生、改善民生，织就密实的民生保障网，用情用心用力满足人民群众多样化多层次的民生需求，让人民群众在日常的生产生活中真正看到社会建设所带来的变化、所得到的实惠，致力于营造公平正义的社会环境，让广大人民群众在公平正义的社会环境中有更多的获得感和幸福感，民生问题是人民幸福与否的"指南针"，唯有在推进社会建设过程中更好更全面地解决好民生问题，我们党才能在新时代更好地践行为人民谋幸福的初心。

---

① 胡锦涛. 论构建社会主义和谐社会［M］. 北京：中央文献出版社，2013：79.
② 中共中央文献研究室. 十八大以来重要文献选编（上）［M］. 北京：中央文献出版社，2014：27.
③ 中共中央宣传部. 习近平新时代中国特色社会主义思想三十讲［M］. 北京：学习出版社，2018：225.

五、优化践行初心的生态环境

马克思认为,"自然界是不依赖任何哲学而存在的;它是我们人类(本身就是自然界的产物)赖以生长的基础"①。质言之,自然界是人类之所以存在和发展的基本前提,人与自然相互依存,须臾不可分离。一方面,人类只有依靠自然界提供的生产生活资料才能生存、生产和生活,人类作为有生命力的社会理性动物,可以通过与自然界有机地进行物质、能量和信息的交换来确证自身的存在和表现自身的生命本质,从而创造有利于实现美好生活的自然条件。另一方面,如果人类肆意地破坏赖以生存的自然环境,人类势必会遭到自然界的无情报复,从而最终失去生存发展的基础。因此,恩格斯指出:"我们不要过分陶醉于我们对自然界的胜利,对于每一次这样的胜利,自然界都报复了我们。"② 这深刻揭示了人类的生存与发展与自然环境的好坏有着内在的逻辑关联。可以说,人与自然这种"根源性"的关系决定了人类自古以来追求美好生活的愿景只有在人与自然和谐共生的良好状态中才有实现的可能性。

中国共产党对生态环境建设的认识是随着社会的发展和改革开放的进程而不断深化与发展的。新中国成立以后,我们党对生态文明建设的认识是以巩固新生政权和集中力量进行社会建设为导向的。由于特殊的历史主题和时代任务内在地决定了我们党并没有把生态环境建设放在社会主义建设的核心位置加以审视和认知,这一时期,能否迅速地改变"一穷二白"的落后面貌是摆在中国共产党面前最紧要的执政课题。因此,"征服自然""战天斗地"等口号成为这一时期最生动真实的历史写照,由于我们党在社会主义建设探索过程中出现了挫折,也正是因为我们党经历挫折困难后才对自然环境问题引起了重视。毛泽东指出:"如果对自然界没有认识,或者认识不清楚,就

---

① 中共中央马克思恩格斯列宁斯大林著作编译局.马克思恩格斯选集(第4卷)[M].北京:人民出版社,2012:228.
② 中共中央马克思恩格斯列宁斯大林著作编译局.马克思恩格斯选集(第3卷)[M].北京:人民出版社,2012:9.

会碰钉子，自然界就会处罚我们，会抵抗。"① 可以说，这时候我们党开始逐渐认识到尊重自然、保护环境的重要性，但是由于各种历史原因，导致我们党在生态环境建设方面只是停留在提出和分析问题的层面，是一种"被迫式"而并没有在现实生活中得到足够的重视。但这也为我们党后来的生态环境建设提供了有益经验和深刻启示。

党的十一届三中全会以后，基于对历史经验教训的深刻反思以及新时期迫切的民生诉求和生态形势，我们党在集中力量发展经济的同时注重自然环境保护的立法工作，1981 年党中央制定了《关于在国民经济调整时期加强环境保护工作的决定》，决议中明确提出"保护环境是全国人民根本利益所在"，由此肯定了保护环境对于人民群众生产生活的重要价值。江泽民在深刻分析经济、人口、资源、环境关系的基础上指出："要改善生态环境和美化生活环境。"② 要让人民群众在优美的生态环境中愉快地工作和幸福地生活。进入 21 世纪，我们党在总结社会发展规律的基础上愈加突出强调生态环境建设的科学发展，提出新世纪要坚持全面协调可持续的发展理念和统筹兼顾的发展方法，党的十七大首次将"生态文明"写入党代会报告，要求把生态文明与社会主义和谐社会建设有机结合起来，这标志着我们党对人与自然的这一对基本关系的认识更加科学和深化。党的十八大以来，以习近平同志为核心的党中央在深刻洞察生态环境与人民幸福生活之间的逻辑关系的基础上把生态文明建设置于决定能否实现中华民族伟大复兴的战略高度加以思考和认知，并创新性地提出了一系列关于生态文明建设的新思想、新观点和新论断。

进入新时代以来，中国共产党紧扣社会主要矛盾的变化和人民对美好生活环境的迫切诉求，主动把生态文明建设置于能否实现党的初心与使命的战略高度加以审视和认知。习近平总书记指出："建设生态文明，关系人民福祉，关乎民族未来。"③ 质言之，中国共产党要实现为中国人民谋幸福、为中

① 中共中央文献研究室. 毛泽东文集（第8卷）[M]. 北京：人民出版社，1993：72.
② 江泽民. 江泽民文选（第3卷）[M]. 北京：人民出版社，2006：295.
③ 中共中央文献研究室. 习近平关于社会主义生态文明建设论述摘编 [M]. 北京：中央文献出版社，2017：5.

华民族谋复兴的初心使命，生态文明建设是其重要的影响因素。生态文明建设的最终价值导向是促进人与自然的和谐，进而为人民幸福生活营造良好的生活工作环境。从实践层面来讲，实现党的初心需要一个稳定且平衡的生态环境，人民群众如果没有一个良好的生活工作环境，那么人的其他方面的需求就不能得到保障，人民群众对美好生活的向往也势必成为无本之木、无源之水。正如习近平总书记所言："你挣到了钱，但空气、饮用水都不合格，哪有什么幸福可言。"① 这更是一语道出了生态环境对于增进人民福祉的重要性。只有拥有了优美的生态环境，人民的幸福生活才有依托，人民的生活水平才能有更高质量的改善提高。从这个意义上而言，"良好的生态环境是最普惠的民生福祉"②。物质财富的丰富固然重要，但美好的生态环境是人民幸福生活的热切期盼。故此，我们要自觉树立"环境就是民生，青山就是美丽，蓝天也是幸福"③ 的生态理念，切实把生态文明建设的理念、原则、目标贯穿于治国理政的全过程，致力于为人民幸福提供优质的生态产品，而且更要清醒地认识到生态文明建设的重要性和必要性，莫要让环境问题成为民生之患、民生之痛。因为现在广大人民群众的温饱问题已经得到彻底解决，那么保护生态环境就理所当然成为其追求美好生活的题中应有之义。中国共产党只有竭尽全力使人民群众的"精神风貌、人居环境、生态环境、社会风气都焕然一新，让乡亲们过上令人羡慕的田园生活"④。如此才能最终实现为人民谋新幸福的政党初心。

---

① 中共中央文献研究室. 习近平关于社会主义生态文明建设论述摘编［M］. 北京：中央文献出版社，2017：4.

② 中共中央文献研究室. 习近平关于社会主义生态文明建设论述摘编［M］. 北京：中央文献出版社，2017：4.

③ 习近平张德江俞正声王岐山分别参加全国两会一些团组审议讨论［N］. 人民日报，2015-03-07（1）.

④ 中共中央党史和文献研究院，中央"不忘初心、牢记使命"主题教育领导小组办公室. 习近平关于"不忘初心、牢记使命"论述摘编［M］. 北京：党建读物出版社，中央文献出版社，2019：144.

第四章

新时代中国共产党"初心"话语建构的基本特征与主要原则

纵观我们党百年来理论话语的生成逻辑与演进规律，中国共产党初心的理论生成与话语建构随着新的历史场景的不断变化而呈现出不同的话语特征和建构原则。党的十八大以来，基于理论发展的内在需要和实践发展的迫切呼唤，习近平总书记在深刻总结中国共产党理论话语变迁逻辑和演进规律的基础上，牢牢植根于中国大地、立足于中国实践、坚持问题导向的前提下不断建构新时代中国共产党执政话语，并在中国共产党历史上首次提出了党的"初心"这一原创性、标志性、科学性的全新政治话语。可以说，这既是我们党政治话语人民性的时代表达，也是马克思主义思想理论体系在新的历史场景的全新呈现形式。任何一种理论话语绝不是漫画式的随意勾画，而是有着鲜明的建构原则和生成特征。因此，要真正理解和把握新时代中国共产党初心的理论意涵和价值意蕴，就需要探究党的初心话语建构的原则和特征。

第一节　新时代中国共产党"初心"话语建构的基本特征

中国共产党的政党话语作为其思想和理论的有机融合体，其生成逻辑和嬗变规律高度彰显了政治话语和生活话语、理性话语和感性话语、对内宣传话语与对外传播话语的深度融合。政党话语的生命力和影响力不仅取决于其本身蕴含的内容，而且还依靠恰当的话语表达形式与传播方式，良好的话语表达形式既能够生动形象地展现其科学内容，又能够促进话语的传播度和认可度。纵览习近平总书记的叙事主线和话语风格，他以"为中国人民谋幸福"为愿景，以平易近人、浅显易懂的话语表达形式紧紧围绕党的"初心"问题发表了一系列新观点、新论断和新概念，不断丰富了中国共产党的思想理论体系，并在话语建构的过程中体现出全新的中国特色和时代特色。

一、政治话语与群众话语互联互通

政治话语在生成主流舆论传播和指导社会生活实践中往往起着前瞻性与引导性的重要作用。然而，以往的政治话语在话语体系构建过程中偏向于从内容层面把握其核心与本质，而在一定程度上忽视了政治话语表达形式的恰当性建构问题。诚然，政治话语在建构过程中要凸显出其科学性与严肃性，其话语在传播和表达时往往呈现出理论化、抽象化的风格，从而不利于人民群众洞透党的政治话语的深刻内涵。由此可见，政治话语与民间话语之间在一定程度上相互脱离并存在着明显的话语间隙，从而导致党的理论话语陷入了"说了传不开"和"传了难接受"的传播困境。作为马克思主义执政党而言，人民群众是政治话语的出发点和归宿点，因此，如何打造以"人民"为中心的政治话语传播体系，运用通俗易懂、贴近大众生活的思维习惯、语言风格和接受程度来展开宏观的理论叙事，是中国共产党的使命和职责所在。民间话语是政治话语体系的重要承载者，它最显著的优点就是侧重于感性层面的话语表达，更加易于快速传播和易于人民群众接受。鉴于此，中国共产党应积极正视并关注民间话语的广泛言说方式和特殊的理论内涵，更应侧重民间话语如何更好地服务于政治话语传播和表达这一议题。中国共产党需以广大人民群众的体验和感受展开话语叙事，致力于形塑具有感召力、亲和力和吸引力的话语表达风格，站在话语主体的立场把理论化和抽象化的政治话语运用人民群众愿意听、听得懂的话生动形象地表达出来。可以说，能不能使用人民群众想用、正在用、喜欢用的话语符号把政治话语形象化通俗化地传播和表达出来，是衡量一个政党对人民群众是否有感情、是否接地气的重要标准。

进入新时代以来，习近平总书记以接受主体的视角反复提炼和高度概括民间话语中的人民大众意识，将人民群众日常生活中使用的话语有机运用到党的政治话语当中，从而抓住了政治话语与民间话语之间的"总开关"。"不忘初心"本来是广大人民群众日常生活中普遍使用的大众化语言，"习近平总书记用党的政治立场和宗旨性质对其进行了话语重塑，从而使一般意义上的大众话语上升到具有特定象征意义的政治话语，成为厚植党与人民群众血肉联系的情感话语纽带"①。巧妙运用源于人民、源于生活的朴素语言进行叙事和说理，运用接地气的话语表达形式将党的创新理论以"润物细无声"的形式融入治国理政的全过程，这样的话语广大人民群众既愿意看也看得懂，从而有利于增进广大人民群众对党的政策方针的支持和认同，理论一旦能够武装作为推动历史向前发展主体的人民群众，就能使话语转化为强大的物质力量，这对肩负初心与使命的中国共产党来说无疑是至关重要的。而纵览习近平总书记治国理政过程中形成的话语叙事风格，习近平总书记用"给力""点赞""老百姓生活芝麻开花节节高""小康不小康，关键看老乡"等一系列民间话语极为形象地阐释和传播了党的理论，使党的创新理论在广大人民群众中落地开花，最终实现党的政治话语家喻户晓的理想效果。

二、理性话语与情感话语融合使用

任何一种话语并不是冰冷的、玄奥的和没有感情的单纯话语符号，"而是一种'言情'与'说理'的话语综合体"②。话语并不是对象化的物化语言，话语尤其是政治话语在传播抑或是在表达过程中总是承载着一定的话语意义和传递着特定的话语情感，倘若一种全新出场的话语只"陈情"而不"言理"，这样的话语在传播过程中极易造成情感失控和走极端，最终必然流于庸俗；反之，如果一种话语只"言理"而不"陈情"，单纯的"言理"只会导致理性话语"说了传不开、传开难接受"，从而影响受众主体对话语的

---

① 张文龙，李建军. 新时代"人民至上"的理论出场、内涵布展与逻辑指向 [J]. 思想理论教育，2020（10）：28-34.
② 张文龙，李建军. 新时代"人民至上"的理论出场、内涵布展与逻辑指向 [J]. 思想理论教育，2020（10）：28-34.

亲和力和认可度。因此，话语的传播既要切实做到晓之以理，又要做到动之以情，进而实现话语在传播过程中受众主体认知和情感的辩证统一。显而易见，理想话语和感性话语并不是互相排斥的对立物，话语特别是政治话语在传播过程中不仅需要逻辑严谨的"理性传播"，而且需要诉诸情感的"理性传播"来引起人们的情感共鸣。质言之，只有将理性话语和感性话语有机结合起来融合使用，话语才能发挥其最大的功效。

古语常言道："感人心者，莫先乎情，莫始乎言。"意思是说，能够打动人心的事物，没有能超过情感的，没有不是从语言开始的。通常而言，理性话语由于在传播时内在地形成先天性的话语框架，在传播过程中首先要保证其话语的严谨性、权威性与规范性，其传播方式往往凸显出语言的精准性、内容的客观性、行为的理智性和目的的工具性的表达意指。随着互联网时代的加速发展，视觉文化（图片、声音、动画、视频）所承载的感性话语较之以往传统的传播方式更能引起广大人民群众的价值和情感认同。因此，理性话语在传播时必须注重渗透情感并注重情感的激发，因为"只有真正发自内心的东西才会被打动和使人欣然接受"①。要致力于在理性话语的内蕴上融入更具贴近性、吸引力和感召力的情感，使理性话语在传播中既具有理论的政治高度，更要有情感的温度。

党的十八大以来，习近平总书记在新时代语境中有意识地以真挚的人民性传递情感温度，纵览中国共产党初心的内涵与外延，可谓是一词一句间都洋溢着对广大人民群众的真挚情感。在中国共产党的初心话语中，其中最主要的一个内涵就是为人民谋幸福。实际上，为人民美好幸福生活而不懈奋斗不仅是我们党一贯以来所秉持的初心，更是每一个中国人在日常生活中所追逐的初心。因此，习近平总书记以循循善诱的话语风格紧紧围绕中国共产党的"初心"这一时代主题来循环建构话语叙事框架，例如：我们在习近平总书记的叙述框架中看到了"我是人民的勤务员，让人民过上好日子是我们共

---

① 李建军，刘会强，刘娟. 理性与情感传播：对外传播的新尺度 [J]. 江西社会科学，2015，35（5）：240-245.

产党人的初心、宗旨"① 这样极富亲和力的感性话语,也有"我将无我,不负人民"的真情告白,亦有"乡亲们一天不脱贫,我就一天放不下心来……党的一切工作就是要为老百姓排忧解难谋幸福"② 的铿锵誓言。这些感性朴实的话语背后折射出的是我们党对人民群众的赤忱情感,习近平总书记对党的初心话语进行不断的政治升华和意义赋予,从而在无形中增强了人民群众对中国共产党的理论认同、思想认同、情感认同、价值认同,使中国共产党的初心话语既有对人民群众的情感温度,同时也赋予党的政治理论以政治高度和理论深度。质言之,党的理论话语传播必须遵循以"理"为核心、以"情"为追求的价值导向,致力于将理性话语和感性话语融合使用,如此才能使党的理论话语焕发出"直指人心"的力量。

三、对内宣传话语与对外传播话语相互映衬

面对国内国际两个大局,党的理论话语的创新与发展必须遵循既立足中国大地又着眼于世界发展潮流的规律,党的理论话语对内传播需要以回应人民群众的需求和时代的呼唤来增强话语的感召力、亲和力和认同力,进而彰显出党的理论话语的动员和感召效应。对外传播需要秉持"中国立场、国际表达"的原则,用中国的生动实践打造具有中国风格、中国气派的话语体系,打通融通中外的新概念、新表述和新范畴,把握好话语传播的主基调,从而提高中国话语传播的力度和广度,进一步增进中国话语国际传播的亲和力和实效性。

从国内宣传话语的维度而言,中国共产党对内宣传话语是扎根中国文化、回应人民期盼的产物,我们党对内宣传话语的建构总是能够精准把握话语对象,其话语所凝结的某种特定价值理念也直接关涉着中国共产党所秉持的观念主张。国内宣传话语究其本质而言是对党性与人民性的规范性表达和

---

① 鞠鹏. 习近平春节前夕赴四川看望慰问各族干部群众 祝福全国各族人民新春吉祥 祝愿伟大祖国更加繁荣昌盛 [N]. 人民日报,2018-02-14(1).

② 习近平在广东考察时强调 高举新时代改革开放旗帜 把改革开放不断推向深入 [N]. 人民日报,2018-10-26(1).

群众话语的理论提升，集中反映了中国共产党以理论为思想武器来动员人民群众、组织教育人民群众和服务团结人民群众的独特政治优势。因为"理论只要说服人，就能掌握群众，而理论只要彻底，就能说服人"①。故此，进入新时代以来，习近平总书记在赓续和弘扬党的优良传统的基础上更加注重国内宣传话语鼓舞人、激励人的政治功能。就新时代中国共产党"初心"这一政治话语而言，其话语生成的逻辑主要源于主动回应人民群众的美好期盼。一种话语尤其是政治话语若想要达到人民群众的广泛接受、情感认可的价值旨归，其首要前提是能否做到及时回应人民群众的愿望和期盼，因为党的对内宣传话语是否有实效的最终评价标准是人民群众满不满意、高不高兴、认不认同。鉴于此，习近平总书记有意识地循环打造"以人民为中心""老百姓是天和地""人民是真正的英雄""美好生活向往""获得感和幸福感"等话语体系来争取人民群众对中国共产党的思想认同、情感认同和价值认同，进而汇聚起人民群众的磅礴伟力为实现中华民族伟大复兴助力。

从对外传播话语的维度而言，随着中国日益走进世界舞台的中央，我们党必须重视争取和形成同我国综合实力和国际地位相匹配的国际话语权。可以说，这是我们党对过去一段时间"落后就要挨打、失语就要挨骂"的惨痛历史教训的深刻反思。进入新时代以来，习近平总书记以天下大同的世界情怀有意识地注重中国话语国际传播的策略和艺术，克服和改变过去我们对外传播所秉持的"以我为主"单声道的错误传播理念，通过创新对外传播的方式和途径，致力于把中国话语的表达与国外受众的思维方式和表达习惯接轨来增强对外传播的舆论效果。针对国外受众的特点和需求，通过抓住国内外受众的话语共同点和利益交汇点来打造国际社会易于接受的新概念新范畴新表述，避免国内宣传话语简单化、程式化的对外转化。故此，习近平总书记牢牢掌握对外传播的规律，不断运用国际社会容易理解、乐于接受的方式来建构对外传播话语体系。例如，在举世瞩目的中国共产党第十九次全国代表大会上，习近平总书记旗帜鲜明地指出："中国共产党是为中国人民谋幸福

---

① 中共中央马克思恩格斯列宁斯大林著作编译局．马克思恩格斯选集（第1卷）[M].
北京：人民出版社，2012：9-10.

的政党，也是为人类进步事业而奋斗的政党。"① 此外，习近平总书记从建设"一带一路"的初衷视角指出："让民众过上好日子是我提出'一带一路'倡议的初心。"② 而且他在世界政党高层对话开幕式上鲜明强调："中国共产党历来有着深厚的人民情怀，不仅愿意为中国人民造福，也愿意为世界各国人民造福。"③ 习近平总书记以饱含深情的话语生动形象地向世界表达了中国共产党和中国人民的愿景，因为"美好幸福生活"是全人类自古以来孜孜不倦的向往与追求，因此，这些话语无形间引发了国际社会的情感共鸣，受到了国外学者和民众的高度赞同与认可。总而言之，我们党要营造实现初心与使命的外部舆论环境，就必须下大力气提高中国话语的说服力、中国形象的亲和力和中国文化的感召力，就必须使对内宣传话语和对外传播话语相互映衬。

第二节　新时代中国共产党"初心"话语建构的主要原则

任何话语尤其是政治话语的建构并不是没有方向的漫画式勾勒，而是在遵循一定话语建构原则的基础上不断进行党的理论话语的推陈出新，党的十八大以来，习近平总书记在深刻把握新时代党的理论话语与人民美好生活需要之间的逻辑关系中来不断开辟和生成具有引领性和前瞻性的理论话语，按照"为谁说话、说什么样的话、怎样说话"的话语生成范式④，逐渐形成了在明确价值主体中坚定话语方向、在坚持问题导向中进行话语创新、在创新传统文化中形塑话语风格、在拓宽话语传播中扩大话语影响的话语建构原

① 习近平. 决胜全面建成小康社会 夺取新时代中国特色社会主义伟大胜利：在中国共产党第十九次全国代表大会上的报告［M］. 北京：人民出版社，2017：58.
② 习近平给老挝中老友好农冰村小学全体师生回信［N］. 光明日报，2019−05−01（1）.
③ 习近平出席中国共产党与世界政党高层对话会开幕式并发表主旨讲话［N］. 人民日报，2017−12−02（1）.
④ 肖玉元. 中国共产党民生话语演进研究［D］. 贵阳：贵州师范大学，2021.

则。因此，系统化理论化总结新时代中国共产党初心话语建构的主要原则，不仅有利于我们党在新时代以高度的理论自觉构建出能够回应时代发展和人民利益诉求的全新话语，而且更有利于推动中国共产党理论话语的"顶层设计"。

一、在明确价值主体中坚定话语方向

任何话语的建构都是承载抑或是表达一定意义的基本语言单位，并不是任意的语句、言词、语码的简单堆积，而是有着鲜明的生产主体和使用主体。从话语生产主体的维度而言，按照马克思主义唯物史观的理论观点，人民群众是历史的主体，是物质财富和精神财富的创造者，这就内在地规约了中国共产党理论话语的生成与发展归根到底是由广大人民群众的历史实践活动所决定的，如果没有广大人民群众的历史实践，同样也就没有中国共产党的理论创新。从话语使用的主体维度而言，中国共产党作为马克思主义政党，人民性是其政党的根本政治属性，这也是我们党区别于其他政党最显著的特征。因此，广大人民群众无疑是中国共产党理论话语的现实承接者，也是我们党理论话语最直接的言说者。回溯中国共产党理论话语的百年演进历程，我们党主要围绕人民历史主体和人民受益主体两条主线来进行理论话语的建构与创新。在革命战争时期，党的理论话语始终围绕"人民—战争"的双重逻辑关系来展开宏大的话语叙事。我们党将马克思主义唯物史观与中国革命的具体实践相结合，并深刻认识到人民群众在革命战争中的地位、作用和价值。就革命语境中党的群众话语为例，毛泽东关于"思想、意见、计划、办法，只能是客观世界的反映，其原料或者半成品只能来自人民群众的实践中……究竟合用不合用，正确不正确，还得交由人民群众去考验"① 的理论话语就是在深入了解人民群众需求的基础上建构起来的。可以说，这一重要论述为我们党在革命时期进行话语叙事提供了方法和理念，同时也说明了党的理论话语必须站在人民立场上来进行科学建构，否则即便是再华丽的

---

① 中共中央文献研究室. 毛泽东文集（第7卷）[M]. 北京：人民出版社，1993：359.

辞藻也无法满足人民群众话语言说的基本需求，同时也就无法获得人民群众的信任与支持。进入改革开放新时期，我们党在深刻总结历史经验的基础上，进一步把"人民"置于话语体系的中心位置来展开改革开放的宏大话语叙事，我们党认识到："只有认真地总结群众的经验，集中群众的智慧，才能指出正确的方向。"① 改革开放伟大历史进程中我们党形成的"家庭联产承包责任制""白猫黑猫论""共同富裕"等理论话语就是对人民群众生活实践及其话语的提炼总结，这样在人民群众基础上形成的"共同话语"更容易获得人民群众的思想认同和价值认同，从而有利于为持续推进党的伟大事业提供更为坚实的理论支撑和思想基础。

进入新时代以来，我们党始终坚持以"人民"为话语导向不断打造循环话语叙事体系。不难发现，"人民幸福"是习近平新时代中国特色社会主义思想中最耀眼的显性话语，这是因为在党的百年理论创新的历史语境中，为人民谋幸福的初心始终是贯穿中国共产党百年理论创新实践中的一条鲜明叙事主线，虽然中国共产党理论话语的叙事语境时刻发生切换，但我们党理论创新的价值中轴却始终没有偏离"人民"二字。故此，在新的历史语境中，我们党有意识地构建"以人民为中心""美好生活向往""中国梦""人民至上"等为代表的党的初心话语谱系。可以说，这既是对人民群众对美好生活向往的理论回应，更是高度彰显了新时代中国共产党理论话语构建的"人民主体性"。质言之，我们党要在全新的叙事语境下构建具有革命性、标志性、原创性的中国特色社会主义理论话语和理论体系，就必须把党的"初心"这一显性话语作为中国共产党理论创新的价值定向，如此才能为我们党理论创新提供源源不断的精神动力，才能真正确保我们党理论创新的科学性与人民性在治国理政的生动实践中保持同时在场。

二、在坚持问题导向中进行话语创新

任何一种重要理论的创新抑或是标志性理论的出场从来都不是单纯的从

---

① 邓小平．邓小平文选（第1卷）［M］．北京：人民出版社，1994：218-219.

理论到理论单向度的概念推演，也不是从文本到文本的逻辑演绎，而是首先植根于活生生的社会实践活动场景之中，是在对现实问题的充分思考与求解的基础上才形成的。习近平总书记强调："理论创新的过程就是发现问题、筛选问题、研究问题、解决问题的过程。"① 因此，理论话语的创新需要紧紧聚焦于以新时代我们党所面临的重大问题为导向、以正在做的事情为中心，并通过叙事语境的不断变化将现实生活中的重大问题纳入特定的理论谱系和话语论域中进行分析和加工，并在此基础上探寻恰当的话语表达形式将其形成相应的理论话语。

　　问题是时代的声音，坚持问题导向是中国共产党百年来理论创新的优良传统和政治优势。在中国共产党百年理论创新的历史场域中，其理论话语的生成与发展总是围绕特定的矛盾和问题进行话语的阐释与表达，并且在不同的历史语境中呈现出不同的理论内涵和话语表达。在革命战争时期，随着西方列强的无情侵入，不仅打破了中国传统社会发展的历史进程，而且亦深刻改变了古老中国的社会性质和由此派生出的社会矛盾和时代主题。因此，中国共产党从中国的基本国情出发并以问题意识为导向，深刻洞察和分析了中国革命的性质、对象、任务等一系列事关中华民族和中国人民生死存亡的根本性问题，我们党秉持强烈的问题意识并深刻认识到实现国家独立和人民解放是实现其初心的逻辑前提。故此，在特定的革命叙事语境中我们党的理论探索始终紧紧围绕改变人民群众的基本生存生命为核心内容而接续展开，"革命型"话语成为我们党在革命语境中理论创新成果最生动的脚注。新中国成立以后，随着时代主题和历史任务的变化，中国共产党理论话语的探索开始由革命到建设的逻辑转换。我们党在社会主义改造与社会主义建设实践中的理论探索和话语表达都集中指向国家富强与人民富裕的历史任务，但是由于我们党对社会主义建设问题和规律出现了错误认知，导致革命话语的逻辑再次返场，中国共产党理论探索也因此出现了动机与效果的偏离，由此造成了我们理论话语探索与建构在曲折中艰难进行。进入改革开放新时期，我

---

① 习近平. 在哲学社会科学工作座谈会上的讲话 [M]. 北京：人民出版社，2016：20.

们党在深刻总结历史经验的基础上并以强烈的政治勇气恢复了党一贯以来解放思想、实事求是的思想路线,自觉地把理论创新的主题聚焦于人民对改善生活条件的殷切期待与迫切诉求上来,此时中国共产党的理论创新已映衬出顺应改革与发展的调整与拓展并呈现出关照人民切身利益和回应人民需要的理论表征,从而使党的理论话语在改革开放的生动实践中更好地体现时代性、问题导向性、把握规律性和富于创造性。

党的十八大以来,中国共产党以强烈的问题意识和鲜明的问题导向在新的历史场域中不断发展与创新党的理论话语,并在此过程中建构了全新的具有中国特色、中国风格和中国气派的理论话语体系。可以说,"坚持问题导向,聚焦突出问题和明显短板,回应人民群众诉求和期盼"① 是新时代中国共产党理论话语的出发点和目标归宿。在新时代,我们党对社会主要矛盾的变迁规律上升到自觉认识主动把握的历史新阶段。可以说,社会主要矛盾的变化迫切需要与之相适应的理论做出话语回应。就中国共产党为人民谋幸福初心话语的出场向度而言,就是针对人民日益增长的美好生活需要同发展不平衡不充分之间的矛盾这一关涉当前中国实践的首要问题而出场的。习近平总书记以"人民对美好生活的向往"为话语主导接续构建了"以人民为中心""人民至上""江山与人民"等一系列贯穿于中国特色社会主义伟大实践的全新政治话语与理论体系。毋庸置疑,新时代中国共产党正是在坚持问题导向和问题意识的基础上不断进行理论话语的推陈出新,中国特色社会主义许多具有原创性、标志性、革命性的理论话语都是基于洞察时代问题而形成的相应理论话语,而不仅仅是词汇和概念的翻新。如:"全面从严治党"的全新理论话语就是基于新时代党自身建设存在的一些问题而出场的;"新发展理念"的全新理论话语就是基于旧发展理念和发展过程中存在的问题而出场的,"不忘初心"的全新理论话语就是基于一些党员干部在新的历史境遇中忘记了为民造福的初心而出场的。诚然,这些全新话语并不只是一些新名词新概念而已,更为重要的是它们从现实实践这一丰富"语库"中汲取理

---

① 中共中央文献研究室. 十八大以来重要文献选编(中)[M]. 北京:中央文献出版社,2016:773.

论养分,更是在与实践创新的良性互动中更新内容与形式。诚然,以发现问题与解决问题为导向进行理论话语的创新是新时代中国共产党话语建构的重要原则。

三、在创新传统文化中形塑话语风格

"中华优秀传统文化是中华民族的根和魂,是中国特色社会主义植根的文化沃土。"① 上下五千多年的优秀传统文化为中华民族的延续与发展提供了强大的文化支撑,而且在其漫长的演进长河中自然地培育了中国人民极其独特的精神品格和鲜明的价值追求。博大精深的优秀传统文化是中华民族千百年来家国情怀、思想观念、人文习惯和情感样式的集中表达,为我们当今认识世界和改变世界提供智慧启迪,更为我们党的长期执政提供经验启示。因此,中国共产党要实现为人民谋幸福的初心,就必须顺应时代发展要求赋予优秀传统文化以崭新的时代内涵和独特的文化魅力。

回望党的百年光辉历史,一部党的百年历史就是马克思主义与中华优秀传统文化相融相通的过程,我们党在不同的历史时期总是以"大同""小康"等优秀传统文化中的核心话语来宣传和普及其创新理论,从而能够赢得人民群众的信任与支持,党和人民的事业才能在广大人民群众的支持和参与下取得成功。进入新时代以来,习近平总书记非常重视中华优秀传统文化,并将其作为我们党理论创新和文化自信的重要思想文化资源。回溯习近平总书记在治国理政过程中形成的一系列重要讲话、文章、访谈等,这些全新的理论话语之所以能够引起广大人民群众的情感认同和情感共鸣,其中一个至关重要的原因就是习近平总书记注重对古代典籍的旁征博引,善于对经典名句的画龙点睛,不断激活传统文化积淀已久的文化基因,尤其是对其中一些仍有镜鉴意义的价值内涵和陈旧的话语表达形式以马克思主义唯物史观为理论武器加以全方位的改造,进而赋予其崭新的时代内涵和全新的话语表达形式。

---

① 中共中央宣传部. 习近平新时代中国特色社会主义思想学习纲要 [M]. 北京:学习出版社,人民出版社,2019:146.

就中国共产党初心这一全新政治话语而言，无论是从性质抑或是功能方面而言，其核心理念就是为人民谋福祉的文化。故此，习近平总书记以"为民"为话语坐标，并在多个历史场合对优秀传统文化中的经典名句信手拈来、运用自如，将传统文化中蕴含的民生话语运用人民群众喜闻乐见的方式加以广泛宣传，从而唤醒人民群众的共同历史记忆。习近平总书记在上任之初就恰当引用"夙夜在公"的经典话语作为其治国理政的全新要求，彰显了其执政为民的坚定决心；引用"圣人无常心，以百姓之心为心"的经典话语告诫全体党员要与广大人民群众同呼吸、共命运、心连心；引用"治国有常，而利民为本"的经典话语道出要"以人民为中心"的深刻道理；借"些小吾曹州县吏，一枝一叶总关情"的经典话语论述群众利益无小事的重要性，要及时解决人民群众的心头之困、生活之急、发展之忧；以"水能载舟亦能覆舟"的经典话语提醒共产党人要始终保持与人民群众的血肉联系。凡此种种，不胜枚举。可以说，这些用典的话语表达与理论内涵蕴含着丰富的治国理政经验，为新时代中国共产党理论话语的创新提供了思维方式、方法建构和规律认识。从习近平总书记的精心用典中，我们可以深刻地体悟出中国共产党为民、爱民的宗旨意识和无私情怀，更是中国共产党理论创新话语从价值形态到实践形态的重要源泉，用典背后是新时代中国共产党塑造具有中国特色、时代特色话语的价值折射。毋庸置疑，中华优秀传统文化在话题设置、观点表达和为新时代中国共产党初心话语的形成、发展与践行提供了多元立体的话语导向与逻辑支撑。显而易见，在创新中华优秀传统文化中塑造话语风格俨然成为新时代我们党理论创新最鲜明的原则。

四、在拓宽话语传播中扩大话语影响

要让党的理论及时有效地"飞入寻常百姓家"，理论话语传播的方法与手段尤为重要。理论话语不是静止的教条，而是要在一定的话语场中进行广泛传播与相互交流进而彰显出其影响力和感召力。而理论话语是一个政党意识形态传播的重要载体，话语总是要表达思想的"永恒在场"。因此，执政党要不断向社会传递执政理念和政治信息并使其产生最大的话语功效，就需要尽可能地拓宽理论话语的传播方式来扩大理论话语的传播力、竞争力、吸引力、感染力和影响力。唯有如此，我们才能在多元话语碰撞的社会思潮中牢牢把握住主流意识形态的话语主动权，从而有效发挥主流意识形态的凝聚力和引领力来强化人民群众对党的执政话语的政治认知和政治认同。

其一，要在理论话语传播中不断丰富话语载体。在进入中国特色社会主义新时代之前，中国共产党理论话语的传播载体在很长一段时间主要是采取报纸、电视、书刊等传统的媒体媒介方式进行理论话语的普及与宣传。不可否认，传统媒体媒介在我们党马克思主义理论话语大众化的过程中发挥着不可或缺的作用。但是从传播效用方面而言，由于传统媒体媒介传播速度较慢、传播范围有限，从而导致党的理论不能及时有效地"飞入寻常百姓家"。党的十八大以来，随着新兴媒体的迅速发展与普及，我们党在深刻洞察理论话语传播规律的基础上充分利用微博和微信公众号等新媒体来传播党的理论话语，而且运用广大人民群众喜闻乐见的形式和语言将党的理论创新成果贴近群众、走进群众生活。可以说，新兴媒体已然成为我们党理论创新成果传播的放大器，在新媒体的语境语场中，党的理论话语可以不受时间和空间的限制而实现不间断的传播，话语的时效性、真实性与完整性融为一体，话语的辐射范围更广，穿透力也更强；而且新媒体具有互动性的先天性优势，这就使得人民群众对党的理论话语能够及时给予自我的认同或者反思，从而使得人民群众对党的政策理论的接受变成更加主动的状态。鉴于此，无论是在近些年的春节团拜会，抑或是党的重要纪念节日讲话中，习近平总书记依照人民群众的接受心理和语言习惯，有意识地从网络话语中寻找词源和词根，提炼人民群众"最大公约数"的新概念新表述，通过网络传播的方式将党的理论创新成果形象地展现在"寻常百姓"面前，从而能够广泛地激发人民群众对党的理论自觉认同，这也是话语转化为物质力量的魅力所在。

其二，新时代中国共产党在理论话语创新过程中始终重视话语表达的风格与形式。如何使艰涩滞重、深奥抽象的政治话语转化为平易近人、生动形象、可感可知的话语表达，是新时代中国共产党理论创新和传播的核心任务。故此，中国共产党在话语构建过程中积极发挥语言艺术的作用，以高超的话语艺术手段打造了一整套能够解读中国实践、回应人民诉求的新概念新范畴，从而能够真正实现党的理论话语入脑入心。话语风格的塑造使党的理论话语既接地气又富有生机，进而为其大众化的传播提供有力推动。就党的初心这一话语而言，习近平总书记准确分析广大人民群众认知思维的新特点，通过发挥语言魅力来引起人民群众的话语联想与情感共鸣。一是习近平总书记喜欢运用短语形式使得党的理论话语表达变得简洁却寓意深刻。如"不忘初心、牢记使命""以人民为中心""中国梦""人民至上""江山与人民"等话语形象表达出新时代中国特色社会主义理论体系的最新成果，这些理论话语通俗易懂，像一条情感纽带一般有效地拉近了党与人民群众的距离。因为"言简意赅的句子，一经理解就能牢牢记住，变成口号，这是冗长的论述绝对做不到的"①。尤为值得注意的是，自从习近平总书记提出"不忘初心"这一全新话语以来，"初心"这一词语愈发成为广大人民群众日常生活中津津乐道的口头禅和流行语，不管是在学校的宣传栏，还是在商场的广告牌，抑或是街道的横幅上，都随处可以看到"不忘初心"这一显著标识。在 2018 年由国家语言资源监测与研究中心、商务印书馆、人民网等单位主办的"汉语盘点"统计中，"初心"一词一度被评为国内热词，可以说，"初心"这一热词新语体现了人民群众的关注点和价值默契。二是有意识地运用排比、对偶等语法结构来提高和增强党的理论话语的感染力和表现力。如"唯有不忘初心，方可告慰历史、告慰先辈，方可赢得民心、赢得时代，方可善作善成、一往无前。"② 这一排比结构从过去、现在和未来的时空维度深刻揭示了一个政党坚守初心的重要性，从而具有直抵人心的话语效果。比如"获得感、幸福感、安全感"话语的使用，很容易在广大人民群众头脑中形成具体可感知的真实空间。再比如"中国共产党团结带领中国人民进行的一切奋斗、一切牺牲、一切创造，归结起来就是一个主题：实现中华民族伟

---

① 中共中央马克思恩格斯列宁斯大林著作编译局 . 马克思恩格斯文集（第 4 卷）［M］. 北京：人民出版社，2009：407.

② 中共中央党史和文献研究院，中央"不忘初心、牢记使命"主题教育领导小组办公室 . 习近平关于"不忘初心、牢记使命"论述摘编［M］. 北京：中央文献出版社，党建读物出版社，2017：14.

大复兴"① 抒情式的话语表达方式，让人民群众从内心深处对党的百年辉煌与苦难历程进行回溯性体认，从而增进广大人民群众对中国共产党的情感认同、思想认同和政治认同，让人民群众真正体悟"中国共产党是历史和人民选择"的历史必然性。诚然，在拓宽话语传播中扩大话语影响是新时代我们党话语建构所遵循的主要原则。

①　习近平. 在庆祝中国共产党成立 100 周年大会上的讲话［N］. 人民日报，2021-07-02（2）.

第五章

新时代中国共产党践行
"初心"的路径选择

"初心易得，始终难守。"不管是一个人也好，一个政党也好，最难的就是历经百年岁月的洗礼而保持初心不变，中国共产党由成立之初57人组成的政党到现在已成为拥有9918.5万多党员的世界第一马克思主义大党，作为风华正茂的百年大党，如何在新的历史场景中继续做到"不忘初心"是我们党必须面对的时代课题。

第一节　坚定理想信念，补足精神之"钙"

中国共产党的初心就其本质而言是其宗旨、性质、理想信念等层面的集中体现，而理想信念在中国共产党人的精神世界中始终居于最核心的位置。"中国共产党的理想信念，就是马克思主义真理信仰，共产主义远大理想，中国特色社会主义共同理想。"① 可以说，理想信念是我们党慎始敬终坚守初心的精神滋养与前进坐标，决定着我们党为人民谋幸福初心的原则和立场。因此，习近平总书记在多个场合强调要"以坚定的理想信念坚守初心"②。毋庸置疑，这些重要论述深刻阐明了理想信念与中国共产党初心之间的逻辑

---

① 中共中央党史和文献研究院，中央"不忘初心、牢记使命"主题教育领导小组办公室．习近平关于"不忘初心、牢记使命"论述摘编［M］．北京：党建读物出版社，中央文献出版社，2019：88.

② 习近平．习近平谈治国理政（第三卷）［M］．北京：外文出版社，2020：523.

关系，明确了坚定理想信念之于党的初心的重要性，鲜明地表达了中国共产党的政治理念、价值追求和行动纲领。故此，中国共产党要在新时代更好坚守和践行为人民谋幸福的初心，就必须坚定理想信念，补足恪守初心的精神之"钙"。

一、理想信念是共产党人的立身之本

小到一个人，大到一个政党，抑或是一个民族和国家，理想信念在任何时候都显得至关重要。理想信念为中国共产党的实践活动创设了能够凝聚人心和激发斗志的不竭精神动力，并能够为中国共产党在"为了谁、依靠谁、我是谁"的根本性问题上提供规范、原则与价值尺度。回溯党的百年奋斗历史，我们党之所以能够一次次历经挫折而又不断奋起、一次次历经苦难而又浴火重生而又不断走向新的辉煌，这是因为我们党自成立伊始就不是因利益而结成的政党，而是以崇高的理想信念而自觉组织起来的伟大政党。在革命年代，我们党之所以能够通过浴血奋战最终取得革命战争的胜利，应该说固然有外在因素的支撑和推动，但就其根本内在动因来说是因为我们党不管遭遇任何艰难困境总是对"革命理想高于天"的理想信念有着执着的追求和坚守，毛泽东就曾强调："共产党人决不抛弃其社会主义和共产主义的理想。"[1] 因此，无数中国共产党人为了彻底改变劳苦大众悲惨的生存境遇，不惜赴汤蹈火、舍生忘死，靠的就是对马克思主义的坚定信仰，为的就是实现社会主义和共产主义理想，"尽管他们也知道，自己追求的理想并不会在自己手中实现，但他们坚信，只要一代又一代人为之持续努力，一代又一代人为此作出牺牲，崇高的理想就一定能实现"[2]。可以说，这种理想信念超越了自我、超越了生死，也正是有了这样坚定的信仰，也便有了中国共产党人的艰苦卓绝和视死如归，进而有了中国革命的最终胜利。事实证明，理想信念是我们党在革命战争时期经受住血与火、生与死考验的精神之基和力量之

---

① 毛泽东. 毛泽东选集（第 1 卷）[M]. 北京：人民出版社，1991，259.

② 习近平. 关于坚持和发展中国特色社会主义的几个问题 [J]. 求是，2019（7）：4-12.

源，只要理想信念坚定，我们党就能够战胜任何困难与强敌。

"远离了革命与炮火的战争时代，和平与发展已然成为当今社会发展的主题。"① 随着历史实践的不断向前发展，绝大多数党员干部的理想信念是坚定无疑的，政治上也是非常可靠的。然而，也有一些党员干部对理想信念的认知出现模糊甚至是动摇。其主要突出的表现是：有些人认为在和平年代没有革命战争时期的那种生死考验了，因此也就没有必要那么坚守理想信念，有的人鼓吹马克思主义"过时论""虚无论""无用论"，还有些人认为谈理想太远、谈信念太虚，认为共产主义社会是一种难以企及的幻想，更有甚者"心为物役"，在权力、金钱、美色等面前经不住诱惑考验，从而在糖衣炮弹面前迷失了自我，更有甚者对"人民至上"的宗旨理念缺乏敬畏之心，转而把"金钱至上、名利至上"作为其所谓的价值追求，凡此种种说明了理想信念的缺失是一个需要高度重视的问题。而且从一些落马贪官的忏悔录中我们可以清楚地看到，这些人之所以步入歧途，走向党和人民的对立面，原因固然有很多，但最根本的是首先从理想信念的丧失或缺失开始的。事实更是一再警示我们："理想信念就是共产党人精神上的'钙'，没有理想信念，理想信念不坚定，精神上就会'缺钙'，就会得'软骨病'。"② 鉴于此，中国共产党要在新时代治国理政的生动实践中践行为人民谋幸福的初心，就需要持之以恒加强党员干部的理想信念教育来筑牢其信仰之基、补足其精神之钙，使党员干部在内心深处真正做到对理想信念的虔诚而执着、至信而深厚，从而永葆其一贯以来全心全意为人民谋幸福的政治本色。

二、坚定对马克思主义的信仰

马克思主义奠定了中国共产党人坚定理想信念和坚守精神家园的全部理论基础，是所有共产党人所遵循的价值和灵魂。回溯我们党百年来的苦难与辉煌历程，近代以来，面对帝国主义和封建主义的强大势力，中国的革命任

---

① 张文龙，李建军. 中国共产党自我革命的理论渊源及现实诉求 [J]. 大连理工大学学报（社会科学版），2021，42（5）：1-8.

② 习近平. 习近平谈治国理政（第一卷）[M]. 北京：外文出版社，2018：15.

务艰巨而又复杂，中国的仁人志士都纷纷登上历史的舞台以期求救民于水火解民于倒悬，但却均以失败而草草收场，究其失败的根本原因在于他们没有一个先进和科学的理论作为思想武器来指导实践活动。鉴于此，历史和人民迫切需要一个以科学理论为指导的新型政党组织来肩负起救亡图存的历史重任。故此，以救国救民为己任的中国共产党人在反复的分析、实验、推求和论证后，最终选择了马克思主义这一科学真理作为改变中国人民和中华民族悲惨境遇的强大思想武器，也正是在这样一种特殊情境中，"一个以马克思主义为指导、一个勇担民族复兴历史大任、一个必将带领中国人民创造人间奇迹的马克思主义政党——中国共产党应运而生"[1]。正如毛泽东强调："中国人找到了马克思列宁主义这个放之四海而皆准的普遍真理，中国的面目就起了变化了。"[2] 历史也充分证明，马克思主义给深受苦难的中华民族和中国人民指明了正确的前进方向，更是给肩负初心使命的中国共产党指明了斗争的方式（暴力革命）和斗争的目标（为劳苦大众谋幸福）。而且我们党深知，只有将马克思主义与中国革命的具体实践相结合才能真正发挥出信仰的威力。故此，在长期的革命征程中，我们党始终把马克思主义信仰作为为人民求独立和谋利益的强大精神动力。可以说，正是在马克思主义信仰的支撑与激励下，中国共产党人在数次遭遇革命失败与危局困境时，在面对因信仰而带来的生死抉择的时刻，方志敏慷慨陈词："敌人只能砍下我们的头颅，决不能动摇我们的信仰！"像这样为马克思主义信仰而英勇献身的中国共产党人数不胜数。历史充分印证了唯有历经苦难磨砺而初心不改的马克思主义信仰才是最坚定、最科学的信仰，历史更是充分证明了"没有对马克思主义的充分信仰，或者不是把马克思主义同中国自己的实际相结合，走自己的道路，中国革命就搞不成功……对马克思主义的信仰，是中国革命胜利的一种精神动力"[3]。中国共产党成立以后，我们党保持对马克思主义的信仰不改，

---

①　中共中央党史和文献研究院，中央"不忘初心、牢记使命"主题教育领导小组办公室.习近平关于"不忘初心、牢记使命"论述摘编［M］.北京：党建读物出版社，中央文献出版社，2019：342.

②　毛泽东.毛泽东选集（第4卷）［M］.北京：人民出版社，1991：1470.

③　邓小平.邓小平文选（第3卷）［M］.北京：人民出版社，1994：63.

坚持马克思所强调的"无产阶级在夺取政权之后，要利用自己的政治统治……并尽可能地增加生产力的总量"的科学真理，通过艰苦奋斗来践行为人民谋幸福的初心。

进入改革开放新时期，我们党在深刻总结历史经验教训的基础上以巨大的政治勇气进行拨乱反正并明确指出"两个凡是"不符合马克思主义。因此，基于人民群众的迫切诉求和时代发展的全新要求下，中国共产党在改革开放的历史进程中针对一些党员干部信仰迷惘的问题通过开展集中教育活动来坚定对马克思主义的信仰，始终坚持以马克思主义科学真理的立场、观点、方法和原则来指导改革开放伟大实践。正如江泽民强调："我们共产党人，应该继承和发扬中华民族的优秀文化传统，应该在马克思主义的思想基础上……不改变革命的初衷，不丧失必胜的信心。"① 这一重要论述深刻揭示了坚定马克思主义信仰与中国共产党初心的内在关系，这里所指的革命的初衷就其理论传承的向度而言就是不改全心全意为人民群众谋幸福的初衷（初心）。质言之，我们党正是在改革开放伟大历史征程中慎始敬终地把马克思主义作为实现为人民谋幸福初心的精神信仰与行动指南并在实践中不断丰富和发展马克思主义。可以说，中国共产党人用马克思主义指导自己坚守和践行为人民谋幸福的初心，再用践行初心的成果坚定自己的马克思主义信仰。

党的十八大以来，中国共产党人在继承和弘扬百年来坚守马克思主义信仰的优良传统的基础上不断开辟马克思主义中国化的新境界，把马克思主义置于前所未有的历史高度加以审视和认知。习近平总书记在总结党的光辉历史经验时更是鲜明地强调："中国共产党为什么能，中国特色社会主义为什么好，归根到底是因为马克思主义行！"② 可以说，这深刻揭示了马克思主义是我们党取得辉煌成就的最深层次的动因。因此，坚定马克思主义信仰是中国共产党的本质特色和题中应有之义，也是马克思主义使命型政党的内在本质要求。基于人民群众对美好幸福生活的向往和实现中华民族伟大复兴中国

---

① 江泽民. 江泽民文选（第2卷）[M]. 北京：人民出版社，2006：367-368.
② 习近平. 在庆祝中国共产党成立100周年大会上的讲话 [N]. 人民日报，2021-07-02（2）.

梦的伟大事业，习近平总书记语重心长地指出："我们干事业不能忘本忘祖、忘记初心。我们共产党人的本，就是对马克思主义的信仰。"① 这更是一语道出了马克思主义信仰对于中国共产党人不忘初心的重要性。审视现实，大部分党员干部对马克思主义有着坚定的信仰，然而，有部分党员干部对马克思主义信仰的认知出现了偏差，对马克思主义的认识出现了信仰危机。更有甚者，一些党员干部鼓吹马克思主义"过时论""无用论""真理多元论"，把马克思主义信仰当成嘲讽与批评的对象。此外，这些人"奉西方理论、西方话语为金科玉律，不知不觉成了西方资本主义意识形态的吹鼓手"②。因此，我们党要实现为人民谋幸福的初心，就必须解决好坚定马克思主义信仰的根本性问题。其一，要坚定不移地坚持马克思主义指导思想，着力构建并始终坚持马克思主义在意识形态领域指导地位的基本制度，不管在任何时候和任何情况下都不能搞指导思想多元化。而且要在坚持"老祖宗"不能丢的基础上紧密结合变化的实践活动来进行经典理论的推陈出新。其二，马克思主义理论博大精深，蕴含着关于人类社会发展规律的思想，蕴含着坚守人民立场的重要思想，蕴含着人民民主的思想，蕴含着马克思主义政党建设的重要思想等等。这些重要思想为中国共产党人坚守和践行为人民谋幸福的初心提供了理论支撑与行动指南。因此，必须立足新的历史实践认真学习马克思主义科学理论，在真学、真懂、真信的基础上重温经典并深刻体悟马克思主义的科学智慧和真理力量，反对简单背诵马克思主义的几个观点或词语的懒汉主义式的学习形式。其三，要注重实践检验，马克思主义并不是一种单纯解释实践活动的理论，更重要的是一种指导和改变实践活动的科学真理。因此，不能为了研究而研究，而是要系统掌握马克思主义的立场观点方法来研究和解决新时代我们党坚守和践行初心所面临的实际问题。质言之，我们党要在新的历史场景中实现为人民群众谋幸福的初心，就必须坚定马克思主义信仰，用真理和信仰的力量滋润和砥砺初心。

---

① 习近平．在全国党校工作会议上的讲话［M］．北京：人民出版社，2015：7．
② 习近平．在全国党校工作会议上的讲话［M］．北京：人民出版社，2015：8．

三、坚定共产主义远大理想

实现共产主义理想是马克思主义的终极奋斗目标，马克思主义阐释的共产主义社会是人类社会发展中最美好、最进步、最合理的社会形态。在这样一个美好社会图景中，生产力高度发达，消费资料按需分配，人类将会成功跨越必然王国与自然王国之间的鸿沟，进而彻底实现自由而全面的发展。质言之，共产主义远大理想是理论、实践和社会制度的有机统一。回首党的百年奋斗历程，一部党的百年史就是一部中国共产党人不断实现共产主义远大理想的奋斗史。中国共产党自成立之日起就主动把实现共产主义作为最高理想和最高奋斗目标并镌刻在自己的旗帜上。换言之，我们党在革命的残酷斗争中之所以能够经受一次次挫折而又一次次奋起，其根本原因就在于我们党始终把共产主义远大理想作为其最深沉的初心。正如毛泽东所强调："所谓将来的远大理想，就是共产主义。"[①] 这集中彰显了中国共产党人对革命情境中的实际任务与未来远大目标逻辑关系的正确认知，也为我们党指明了奋斗的目标和努力的方向，纵使我们党在革命斗争中遭到了各种困难与挫折。可以说，正是在共产主义远大理想的感召和牵引之下，"无数革命先烈为了人民的利益牺牲了他们的生命"[②]。也正是在共产主义远大理想的感召和激励之下，中国共产党以不可抗御的大无畏的精神一举推翻了"三座大山"，我们党致力于实现"自由"这一革命语境中的初心最终得以实现，历史有力地证明了"中国的民主革命，没有共产主义去指导是决不能成功的，更不必说革命的后一阶段了"[③]。新中国成立以后，我们党在深刻认识基本国情的基础上，并没有急于向社会主义过渡，而是运用社会主义建设和社会主义改造同时并举的方针开展工作，经过党和人民的不懈奋斗和艰辛探索，我们最终成功地确立了社会主义基本制度并由此进入了社会主义社会。从根本意义上而

---

① 中央档案馆. 中共中央文件选集（第11册）［M］. 北京：中共中央党校出版社，1991：628.

② 毛泽东. 毛泽东选集（第3卷）［M］. 北京：人民出版社，1991：1097.

③ 毛泽东. 毛泽东选集（第2卷）［M］. 北京：人民出版社，1991：686.

言，如果没有共产主义远大理想的感召与指引，我们就不可能实现从衰落到根本扭转命运，再到持续走向强大的历史性飞跃。

进入改革开放新时期，我们党在深刻洞察社会主义发展规律的基础上就"什么是社会主义、怎么样建设社会主义"这一根本性问题进行了不断的思考与探索。可以说，纵使时代方位和历史坐标发生了变化，但我们党对共产主义远大理想的坚守却始终如一。正如邓小平所强调："我们马克思主义者过去闹革命，就是为社会主义、共产主义崇高理想而奋斗。现在我们搞经济改革，仍然要坚持社会主义道路，坚持共产主义的远大理想。"① 这一重要论述深刻体现了坚守共产主义理想对于我们党在新的历史情境中进行改革开放和经济体制改革的重要性。而我们党"多年奋斗就是为了共产主义，我们的信念理想就是要搞共产主义"②。因此，从这一方面来说，共产主义远大理想为我们坚守为人民谋幸福的初心提供了前瞻性的价值遵循。在世纪之交，东欧剧变和苏联解体、两极格局终结以后，"国际敌对势力扬言要在世界上埋葬共产主义，预言中国将会步苏联和东欧国家的后尘，很快就会垮台"③。在这种危险和挑战共存的历史阵痛时期，一些党员干部对共产主义的前景产生了疑惑和动摇。鉴于此，我们党以高度的历史自觉和强烈的历史担当不断告诫和警示共产党人："对共产主义理想当然要坚定不移，而且要在全党坚持进行理想教育。"④ 质言之，我们党即使在遭遇危局困境时也从未放弃对共产主义远大理想的坚守，这也是我们党之所以能够在短短四十几年的时间里快速地使人民群众摆脱贫困、尽快富裕起来的重要原因所在。中国共产党为人民谋幸福的初心在坚定共产主义远大理想的基础上得到了高度彰显。

党的十八大以来，中国共产党敬终如始坚守共产主义远大理想并根据历史实践的不断变化而赋予了其鲜明的中国特色和时代特色。一方面，我们党在洞察社会主义建设规律和人类社会发展规律的基础上深刻认识到"实现共

---

① 邓小平. 邓小平文选（第3卷）[M]. 北京：人民出版社，1994：116.
② 邓小平. 邓小平文选（第3卷）[M]. 北京：人民出版社，1994：137.
③ 江泽民. 江泽民文选（第2卷）[M]. 北京：人民出版社，2006：452.
④ 江泽民. 江泽民文选（第3卷）[M]. 北京：人民出版社，2006：344.

产主义是一个非常漫长的历史过程,我们必须立足党在现阶段的奋斗目标,脚踏实地推进我们的事业"①。故此,我们党将共产主义远大理想具象化为中国梦、全面建成小康社会、全面建设社会主义现代化国家及其"两步走"战略安排等等。可以说,这既是从我国的基本国情出发的,同时也没有脱离党的最高奋斗理想,由此高度彰显出了共产主义远大理想的超越性与现实性。另一方面,随着时代的不断变化与发展,部分党员干部不同程度地对共产主义产生了怀疑,开始动摇,甚至是蜕变,其主要表现有:有些人认为共产主义是无法实现的"乌托邦",认为共产主义是虚无缥缈、难以企及的幻想;有些人秉持"共产主义遥远论",认为共产主义是十分遥远的事,跟现在没有多大的关系,因此没有必要为之奋斗和牺牲;甚至还有人持有"共产主义失败论"的悲观想法,对共产主义的前途命运丧失信心等,凡此种种,归根到底是其信仰迷茫、精神迷失所致。如果任其发展下去,我们党极有可能会步苏联亡党亡国的后尘,从而难逃被历史和人民淘汰的悲惨命运。鉴于此,我们党要实现为人民谋幸福的初心,就必须加强共产主义理想信念教育,其一要进行社会主义发展史的教育,使共产党人从内心深处认识到共产主义是人类社会发展的必然规律和趋势,是最美好、最进步、最有前途的社会形态。其二要从党的光辉历史中回溯和体悟共产主义远大理想的强大精神力量,使共产党人深刻认识到"没有一大批具有坚定共产主义理想的中华儿女,就没有中国共产党,也就没有新中国,更没有今天我国的发展进步"②。而且更要让共产党人深刻认识到,倘若要在新的历史情境中实现为人民谋幸福和为民族谋复兴的初心与使命,就必须矢志不渝地保持为共产主义而不懈奋斗的执着精神。其三,要教育全体共产党人把共产主义远大理想和社会主义现代化建设的伟大事业有机地联系起来,使其认识到共产主义"这个最高理想是需要一代又一代人接力奋斗的……我们现在坚持和发展中国特色社会

---

① 中共中央文献研究室.十八大以来重要文献选编(上)[M].北京:中央文献出版社,2014:115-116.

② 中共中央文献研究室.十八大以来重要文献选编(中)[M].北京:中央文献出版社,2016:40.

主义，就是向着最高理想所进行的实实在在努力"①。一言以蔽之，虽然历史的坐标和时代的方位发生了位移，但"衡量一名共产党员、一名领导干部是否具有共产主义远大理想，是有客观标准的，那就要看他能否坚持全心全意为人民服务的根本宗旨"②。因此，从这一意义上而言，只有做到对共产主义的虔诚而执着、至信而深厚，我们党才能在长期的执政过程中更好地坚守和践行为人民谋幸福的初心。

四、坚定中国特色社会主义共同理想

理想信念对一个国家、一个民族、一个政党而言具有极其重要的意义。回顾党的百年光辉奋斗史，系统梳理和考辨我们党百年的历史演进轨迹，理清我们党如何在苦难与辉煌并存的时代潮流中选择了社会主义道路、如何在事关党和人民生死存亡的历史紧要关头毅然选择了中国特色社会主义的历史脉络，从而有利于党和人民在立足新的时代场域中深刻理解坚守和发展中国特色社会主义共同理想的正确性和历史必然性，进而有利于从大历史观的视角促进人们对中国特色社会主义的历史源流、民族基因和实践基础的系统认识。

不妨拉长时间的尺度，把社会主义理想置于党的百年演进历程中来把握。自鸦片战争以后，在西方列强坚船利炮的攻击之下，曾盛极一时的泱泱大国逐渐陷入国弱民穷的黑暗深渊。中国向何处去，中华民族和中国人民的命运将会怎样，俨然成为近代以来中国人民必须面对和回答的时代性课题。因此，为了回答这一时代之问，中国的仁人志士和革命阶层纷纷登上历史舞台以期求拯救百姓于水深火热之中，但最终以失败而告终。直至俄国十月革命的胜利，尤其是俄国以马克思主义为指导建立了世界上第一个人民当家做主的社会主义国家，这为以救亡图存为己任的中国人民带来光明和希望。故

---

① 中共中央文献研究室. 十八大以来重要文献选编（中）［M］. 北京：中央文献出版社，2016：321.

② 中共中央文献研究室. 十八大以来重要文献选编（上）［M］. 北京：中央文献出版社，2014：116.

此，中国共产党从成立伊始就把建立和实现人民当家做主的社会主义作为革命情境中的奋斗目标，我们党始终坚信通过暴力革命的方式"无产阶级必然能够战胜资产阶级，社会主义必然能够战胜资本主义"①。而且毛泽东进一步强调："我们必胜，社会主义必胜，这是整个的趋势和可能性，但要等到最后取胜了才算胜利，中国革命也是一样。"② 可以说，致力于"谋幸福、送温暖"的社会主义给中国共产党人指明了奋斗的前途和方向。鉴于此，我们党在社会主义的感召和指引之下团结带领人民群众在持续的浴血奋战和艰辛探索中建立了人民盼已久的新中国和社会主义制度，从而实现了人民群众当家做主的美好愿景，中华民族亦开启了从近代以来不断衰落到走向繁荣富强的历史性转变。历史以无可争议的事实印证了只有社会主义才能救中国的真理性，这更是我们党长期以来探寻救国救民之路得出的必然结论。

进入改革开放新时期，我们党在深刻总结历史经验教训的基础上就"什么是社会主义、怎么样建设社会主义"这一时代性问题进行了不断的思考与长期的探索，并在实践的基础上得出了"我们要发达的、生产力发展的、使国家富强的社会主义"③ 的科学真理。换言之，新时期社会主义的价值意指就是致力于实现国家富强和人民富裕。直至中共十二届六中全会，我们党在历史上首次提出了"共同理想"这一全新概念。党的十二届六中全会明确指出："建设有中国特色的社会主义，把我国建设成为高度文明、高度民主的社会主义现代化国家，这就是现阶段我国各族人民的共同理想。"可以说，这一重要论述科学地界定了中国特色社会主义理想的基本内涵和目标指向，为我们党在改革开放新时期如何继续前进提供了行动指南。而且我们党在深刻总结社会发展规律的基础上认识到"必须搞社会主义。如果不搞社会主义，而走资本主义道路，中国的混乱状态就不能结束，贫困落后的状态就不能改变……社会主义必须是切合中国实际的有中国特色的社会主义"④。换言

---

① 中共中央文献研究室. 毛泽东文集（第7卷）[M]. 北京：人民出版社，1993：314.
② 中共中央文献研究室. 毛泽东文集（第7卷）[M]. 北京：人民出版社，1993：261.
③ 邓小平. 邓小平文选（第2卷）[M]. 北京：人民出版社，1994：231.
④ 邓小平. 邓小平文选（第3卷）[M]. 北京：人民出版社，1994：63.

之，中国共产党人以社会主义为前进方向来主动回应人民群众对幸福美好生活的向往和诉求，并有意识地把共产主义最高奋斗理想具象化为与时代特征相适应的、人民群众能够喜闻乐见和易于接受的坚定信念，使之成为党和人民为之奋斗的共同理想。如"以经济建设为中心""共同富裕""全面建设小康社会""三步走战略""构建社会主义和谐社会"等等，这些理念和举措成为人民群众广泛认可和接受、能够有效凝聚人民群众智慧和力量的共同理想。改革开放 40 多年的光辉历史更是雄辩地证明因为中国共产党人慎始敬终对中国特色社会主义共同理想保持着清醒的认知和持之以恒的坚守，我们党才能团结带领人民群众在持续艰苦探索中"实现了人民生活从温饱不足到总体小康、奔向全面小康的历史性跨越，推进了中华民族从站起来到富起来的伟大飞跃"①。

　　党的十八大以来，中国共产党在深刻总结并充分运用党成立以来的历史经验的基础上就"新时代坚持和发展什么样的中国特色社会主义、怎样坚持和发展中国特色社会主义"② 这一全新时代课题进行了深邃思考和科学判断。而且在长期的接续探索中我们党得出了"中国特色社会主义的基本纲领，概言之，就是建立富强民主文明和谐的社会主义现代化国家"③ 的新论断。此外，习近平总书记进一步指出："中国梦是全国各族人民的共同理想。"④ 而实现人民幸福是中国梦的三大基本内涵之一。因此，从这一意义上来讲，共同理想与党的初心之间有着内在的逻辑关联。我们党要在新的历史场域中实现为人民谋幸福的初心，首先要自觉地做到坚定中国特色社会主义共同理想。毋庸置疑，这个共同理想把我国现阶段的奋斗目标、国家的发展和人民的幸福紧紧联系在一起，更把共产主义最高理想和最终奋斗目标与人民群众对美好生活的向往具体地融为一体。经过长期的历史实践的检验，这个共同

---

① 中共十九届六中全会在京举行 [N].人民日报，2021-11-12（1）.
② 中共十九届六中全会在京举行 [N].人民日报，2021-11-12（1）.
③ 中共中央文献研究室.十八大以来重要文献选编（上）[M].北京：中央文献出版
　　社，2014：116.
④ 中共中央文献研究室.十八大以来重要文献选编（上）[M].北京：中央文献出版
　　社，2014：278.

理想生动地描绘出了各个阶层、各个群体利益和愿望的最大同心圆，具有强大的感召力、亲和力和凝聚力。故此，在新的时代背景下，我们党就必须遵循时代的发展和人民群众的诉求不断拓展其理论空间和时代内涵，"要不忘初心、牢记使命，以永不懈怠的精神状态和一往无前的奋斗姿态，一以贯之坚持和发展中国特色社会主义"①。总体而言，中国共产党百年来的历史和实践均以不可辩驳的事实证明了"中国特色社会主义，是中国共产党和中国人民团结的旗帜、奋进的旗帜、胜利的旗帜"②。也就是说，唯有矢志不渝地坚定中国特色社会主义共同理想，中国共产党为人民谋幸福的初心才能在中国特色社会主义旗帜的牵引下得以最终实现。

第二节　在历史经验上，继承和发扬党的优良作风

回首党的百年奋斗历程，我们党在践行为人民谋幸福初心的实践历程中形成了一系列光荣传统和优良作风，这些光荣传统和优良作风始终激励着中国共产党人不忘初心砥砺前行。反观当下，我们已踏上实现第二个百年奋斗目标的全新"赶考之路"，中国共产党要致力于实现为人民谋幸福的初心，就必须持之以恒地用党长期形成的光荣传统和优良作风来温润初心、培塑初心、筑牢初心。

一、始终秉持艰苦奋斗的作风

艰苦奋斗既是中华民族五千多年来长期形成的传统美德，亦是中国共产党独特的政党品格和政治本色。中国共产党艰苦奋斗的作风既是由其政党性质、宗旨和奋斗目标所决定的，亦是在中国共产党百年来苦难与辉煌的奋斗

---

① 中共中央宣传部. 习近平新时代中国特色社会主义思想三十讲［M］. 北京：学习出版社，2018：163.
② 中共中央文献研究室. 十八大以来重要文献选编（上）［M］. 北京：中央文献出版社，2018：74.

历程中不断磨砺、锻炼和培育而成的。可以说，艰苦奋斗的优良作风与中国共产党践行为人民谋幸福初心的心路历程是相伴而行的。中国共产党诞生于民族危难之际，作为一个新生的马克思主义革命政党，我们党从一开始就深刻认识到唯有保持艰苦奋斗的精神状态才能保证民族独立和人民解放的历史任务得以实现。因此，在生存环境极其艰难困苦的条件下，在敌人一次次的"围剿"与进攻中，正是中国共产党人先锋地发挥了吃苦耐劳、不怕牺牲的艰苦奋斗精神，我们党的根据地才能在敌人的层层"围剿"和经济封锁下突破难关，为党的革命事业赓续火种；在二万五千里长征路上，面对恶劣的自然环境和各种艰难险阻，无数中国共产党人充分发扬不怕吃苦、勇往直前、艰苦奋斗的革命精神，我们党方能一次次绝境重生而愈加焕发出强大的生命力，尤其是在延安时期，中国共产党遭遇到了前所未有的困难，而唯有自力更生、艰苦奋斗才是改变这种困局的最佳途径。鉴于此，上至党的高级领导、下至普通士兵，都踊跃参加"自己动手丰衣足食"的"大生产"运动，从而实现了党的革命事业的历史性转折。正如毛泽东在总结革命胜利经验时指出："没有中国共产党在过去十五年间的艰苦奋斗，挽救新的亡国危险是不可能的。"① 质言之，中国共产党人通过持久的艰苦奋斗获得了革命的胜利，实现了民族独立和人民解放的历史使命。此外，在革命胜利前夕，毛泽东更是告诫共产党人："务必使同志们继续地保持艰苦奋斗的作风。"② 这既包含了对中国共产党艰苦奋斗历程的深刻总结，更是对以后如何实现国家富强和人民富裕历史任务的隐喻式警示。

新中国成立以后，面对"一穷二白"的现实状况，中国共产党人深刻认识到："要使我国富强起来，需要几十年艰苦奋斗的时间，其中包括执行厉行节约、反对浪费这样一个勤俭建国的方针。"故此，我们在继续秉持艰苦奋斗优良作风的基础上调动一切积极因素，将有限的人力和物力集中起来用于大规模的工业化建设，经过党和人民的不懈探索和艰苦奋斗，我们成功地建立起相对独立的民族工业体系和国民经济体系，并建立和巩固了社会主义

---

① 毛泽东. 毛泽东选集（第1卷）[M]. 北京：人民出版社，1991：185.
② 毛泽东. 毛泽东选集（第4卷）[M]. 北京：人民出版社，1991：1439.

制度，进而为中国共产党人践行为人民谋幸福的初心奠定了坚强的制度保障和厚实的物质基础。此外，在党的八届二中全会上，毛泽东从党的宗旨和性质的历史高度出发鲜明地强调："我们要提倡艰苦奋斗，艰苦奋斗是我们的政治本色。"历史和实践也有力地证明了正是我们党始终秉持革命战争时期艰苦奋斗的工作内容指向，中国共产党才能进一步巩固党群关系，并以此打击和纠正了部分党员干部脱离群众的不良倾向，同时也确保了国民经济的快速恢复和新生政权的有效巩固。

进入改革开放新时期，基于国情的深刻变化和广大人民群众的利益诉求，我们党深刻认识到："我们穷，底子薄，教育、科学、文化都落后，这就决定了我们还要有一个艰苦奋斗的过程。"① 因此，在改革开放历史时期，我们党继承和发扬艰苦奋斗的历史经验，团结带领广大人民群众迎难而上、锐意改革，在中国大地上掀起了改革开放的时代浪潮，创造了生产力和国民经济迅速发展的伟大成就，实现了中华民族富起来的历史性伟大飞跃。正如江泽民强调："我们党正是靠艰苦奋斗不断发展壮大起来的。过去干革命需要艰苦奋斗，今天搞社会主义现代化建设，同样要靠艰苦奋斗。"② 改革开放四十年的历史和实践均充分说明了保持艰苦奋斗的优良传统是我们党不断赢得人民群众信任和支持的关键原因所在，更是我们党矢志不渝为民造福的强大精神驱动力。

党的十八大以来，中国共产党在继承和弘扬艰苦奋斗优良传统的基础上赋予其崭新的时代内涵和丰富的意义空间。党和人民经过长期的艰苦奋斗取得了一些历史性、开创性的伟大成就。如在新冠疫情"战役"中，我们党英勇地团结带领人民群众充分发扬艰苦奋斗精神，甚至一些党员干部在这场没有硝烟的战役中以牺牲自己的生命来捍卫人民群众的生命健康安全和根本利益；与此同时，中国共产党人以艰苦奋斗的精神状态带领人民群众取得了脱贫攻坚全面性胜利，我们如期实现了第一个百年奋斗目标（如期全面建成了

---

① 邓小平. 邓小平文选（第2卷）［M］. 北京：人民出版社，1994：257.
② 中共中央文献研究室. 十四大以来重要文献选编（中）［M］. 北京：人民出版社，1997：215.

小康社会）。然而，随着经济社会的快速发展，部分党员干部在金钱、权力、美色面前丢失了自我、迷失了方向，过着灯红酒绿、铺张浪费的生活，丢掉了中国共产党向来艰苦奋斗的政治本色，因此，习近平总书记鲜明地强调："能不能坚守艰苦奋斗精神，是关系党和人民事业兴衰成败的大事。"① 这更是从决定党和人民前途命运的战略高度凸显了艰苦奋斗的重要性。承前所言，我们已顺利完成了第一个百年奋斗目标，人民群众对美好生活的向往愈加渴望和期盼，然而幸福美好生活不可能一蹴而就、轻轻松松就实现，而是需要长期艰苦奋斗才能最终创造，正如习近平总书记强调："不论人民生活改善到什么地步，艰苦奋斗、勤俭节约的思想永远不能丢。艰苦奋斗、勤俭节约，不仅是我们一路走来、发展壮大的重要保证，也是我们继往开来、再创辉煌的重要保证。"② 质言之，我们党要实现为人民谋幸福的初心，就必须把艰苦奋斗的工作作风贯穿于践行初心的全过程。

二、始终保持调查研究的作风

纵观中国共产党百年来调查研究的历史演进过程，我们党自成立伊始就把调查研究作为认识中国国情、洞察时代潮流的工具。可以说，善于进行调查研究既是我们党的思想方法和工作方法，亦是我们党的优良传统。在深入调查研究的基础上制定和执行正确的路线方针政策，是我们党团结带领人民群众取得一系列历史性成就的关键原因所在。在革命战争时期，我们党就自觉秉承马克思主义强调的不仅要"解释世界"而且要"改变世界"的实践观，并且在革命特殊情境中结合中国具体实际赋予马克思主义实践观以全新的话语表达和实践形式，我们党创造性地以调查研究为工具来探索中国革命道路。特别是在革命事业受到严重挫折，党的重心由城市转入农村以后，我

---

① 中共中央文献研究室. 论群众路线：重要论述摘编［M］. 北京：中央文献出版社，党建读物出版社，2013：145.
② 谢环驰. 习近平在参加内蒙古代表团审议时强调 保持加强生态文明建设的战略定力 守护好祖国北疆这道亮丽风景线［N］. 人民日报，2019-03-06（1）.

们党深刻认识到"没有调查就没有发言权"①的重要性。因此，以毛泽东为代表的中国共产党人在广大农村地区进行了周密系统的调查。《湖南农民运动考察报告》《中国佃农生活举例》《中国的红色政权为什么能够存在》等经典著作，就是在决定党和人民前途命运的紧要历史关头的理论成果，中国共产党人在调查研究的过程中真正掌握了中国革命的动力、方向、原则等一系列问题。此后，《寻乌调查》《兴国调查》《长冈乡调查》等关于人民生活和生存状况的社会调查，正如毛泽东强调："到井冈山之后，我作了寻乌调查，才弄清了富农与地主的问题，提出解决富农问题的办法，不仅要抽多补少，而且要抽肥补瘦，这样才能使富农、中农、贫农、雇农都过活下去。"②这更是集中彰显了我们党通过调查研究真正了解到人民群众"需要什么、关心什么"，并在此基础上深刻领悟到"为了谁、依靠谁"的深刻执政奥秘。历史也充分证明了正是这一时期我们党积极倡导并践行调查研究的优良作风，这不仅密切了党和人民群众的血肉联系，使党的执政理念得到了广大人民群众的认可与支持，进而为我们党实现民族独立和人民解放打下了厚实的基础。

党的十一届三中全会以后，我们党以巨大的政治勇气和强烈的责任担当开启了拨乱反正和改革开放的新征程。可以说，我们党在面临决定前途命运的生死关头能够实现历史性转折，正是得益于始终秉承实事求是和调查研究的优良作风。在这一历史时期，以邓小平为代表的中国共产党人在改革开放的生动实践中大力弘扬实事求是、调查研究的工作作风，通过深入群众当中真正了解其所需所求。邓小平告诫共产党人："我们办事情，做工作，必须深入调查研究。"③此外，为了更好地践行为人民谋幸福的初心，邓小平以人民幸福为己任，到深圳、珠海、厦门等地方进行实地调研考察，并在调查研究的基础上发表了重要的"南方谈话"，这为我们党在改革开放时期践行为人民谋幸福的初心提供了理论基础和实践指南。世纪之交，基于我们党执政

---

① 毛泽东.毛泽东选集（第1卷）[M].北京：人民出版社，1991：109.
② 中共中央文献研究室.毛泽东文集（第2卷）[M].北京：人民出版社，1993：379.
③ 邓小平.邓小平文选（第2卷）[M].北京：人民出版社，1994：123.

面临的危险和考验，江泽民告诫共产党人："加强调查研究不仅是一个工作方法问题，而且是一个关系党和人民事业得失成败的大问题。"① 这更是从决定党和人民事业成败的历史高度彰显了调查研究的重要性。胡锦涛从"实现什么样的发展、怎么样发展"的视角出发警示共产党人要"多做一些深入实际的调查研究，多解决一些影响改革发展稳定的突出问题，多办一些为广大人民群众排忧解难的实事"②。可以说，正是我们党一以贯之秉持调查研究的优良作风，人民群众的生活水平才会得到前所未有的提高，党的初心更是在调查研究的实践过程中得到了彰显。

党的十八大以来，我们党在系统总结百年奋斗历史经验的基础上对调查研究优良作风的重视程度达到了历史全新高度。在理论层面，习近平总书记鲜明强调："调查研究是我们党的传家宝，是做好各项工作的基本功。要在全党大兴调查研究之风""围绕人民群众生产生活问题，围绕改革稳定发展问题，开展深入细致的调查研究，抓住老百姓最急最忧最怨的问题，解决好群众最关心最直接最现实的利益问题，真正把功夫下到察实情、出实招、办实事、求实效上""使调查研究在全党蔚然成风"③。可以说，这为新时代中国共产党人开展调查研究提供了科学理论遵循。在调查研究的方式方法上，习近平总书记告诫共产党人："要扑下身子、沉到一线，迈开步子、走出院子，到车间码头，到田间地头，到市场社区，亲自察看、亲身体验。"④ 习近平总书记不仅是这样要求全部党员干部的，他更是身体力行，经常性深入基层田间地头、贫困偏远地区进行调查研究，足迹纵横跨越大江南北、城市乡村。他用脚步丈量祖国大地，用真心聆听人民心声。他在 2018 年广东调研考察时语重心长地指出："我一直惦记着贫困地区的乡亲们，乡亲们一天不脱

① 中共中央文献研究室. 江泽民论有中国特色社会主义（专题摘编）[M]. 北京：中央文献出版社，2002：646.

② 中央经济工作会议在北京召开 [N]. 人民日报，2006-12-08（1）.

③ 谢环驰. 中共中央政治局召开民主生活会 以认真学习贯彻习近平新时代中国特色社会主义思想 坚定维护以习近平同志为核心的党中央权威和集中统一领导 全面贯彻落实党的十九大各项决策部署情况为主题进行对照检查 中共中央总书记习近平主持会议并发表重要讲话 [N]. 人民日报，2017-12-27（1）.

④ 习近平在党的十九届一中全会上的讲话 [J]. 求是，2018（1）.

贫，我就一天放不下心来。"① 在 2018 年 11 月上海调研考察时指出："我们把老百姓放在心中，老百姓才会把我们放在心中。"② 在 2019 年江西革命老区调研考察时指出："我这次来江西，是来看望苏区的父老乡亲，看看乡亲们的生活有没有改善""着力解决好'两不愁三保障'突出问题，让老区人民过上幸福生活"③。像这样的考察调研可谓是数不胜数，而把目光聚焦到习近平总书记的考察调研，每一次考察调研背后折射出的都是赤诚的人民情怀，通过考察调研方能了解人民群众是否得到了实惠、人民生活是否得到了真正改善。随着社会主要矛盾的根本性变化，人民群众对美好生活的向往和诉求越来越多样化，唯有以"接地气、通下情"的形式深入群众当中开展深入细致的调查研究来了解民情、掌握实情，搞清楚人民群众真正需要什么、需要我们党做什么，切实把影响人民群众对美好生活向往存在的矛盾和问题搞清弄透，解决好人民群众最关心最现实最直接的根本利益问题，唯有如此，我们党才能更好地践行为人民谋幸福的初心。

三、始终永葆人民公仆的本色

要慎始敬终践行为人民谋幸福的初心，中国共产党就必须正确处理好民与我的关系，必须清醒地认识自己，找准自身角色与定位，摆正党与人民群众的关系。千百年来，人们始终把"公"视为理想社会的最高境界。同时，这也是马克思主义政党的本质规定。回顾党的百年奋斗历程，无论时代如何变迁，中国共产党人不仅坚持了人民公仆的原则和精神，这种一心为民的公仆作风能够穿越时空永不褪色，并且随着时代的发展而历久弥新。

在革命战争时期，我们党就十分重视党和人民群众的关系，主动把自己

---

① 谢环驰，鞠鹏. 习近平在广东考察时强调 高举新时代改革开放旗帜 把改革开放不断推向深入 [N]. 人民日报，2018-10-26（1）.

② 谢环驰，李刚. 习近平在上海考察时强调 坚持改革开放再出发信心和决心 加快提升城市能级和核心竞争力 [N]. 人民日报，2018-11-08（1）.

③ 谢环驰，鞠鹏. 习近平在江西考察并主持召开推动中部地区崛起工作座谈会时强调 贯彻新发展理念推动高质量发展 奋力开创中部地区崛起新局面 [N]. 人民日报，2019-05-23（1）.

视为维护和实现人民群众利益的有力工具。正如毛泽东强调:"我们党要使
人民胜利,就要当工具,自觉地当工具。"① 这集中体现了我们党尊重人民、
服务人民的根本态度。此外,毛泽东进一步指出:"我们一切工作干部,不
论职位高低,都是人民的勤务员,我们所做的一切,都是为人民服务。"② 这
更是告诫全体共产党员要把人民群众当成主人来尊重和服务,要时刻摆正党
同人民群众的关系,直至党的七大,我们党以国家法律的形式把全心全意为
人民服务的价值理念确立为党的根本宗旨写入党章。这更是集中彰显了我们
党对自我身份和自身定位的清醒认知。历史也充分证明了正是我们党始终秉
持朴素的公仆情怀,中国共产党才能在众多的政党团体中赢得民心民意,获
得了人民群众的衷心拥护与广泛支持。可以说,尊重人民、服务人民是中国
共产党人公仆情怀在革命语境中的具体表达和时代彰显。即使在一穷二白的
新中国,我们党更是永葆公仆本色,以实现国家富强和人民富裕为己任,通
过艰苦奋斗来取信于民、亲之于民。正如毛泽东强调:"我们国家要有很多
诚心为人民服务、诚心为社会主义事业服务、立志改革的人。我们共产党员
都应该是这样的人。"③ 可以说,我们党在社会主义建设时期的公仆精神随着
历史任务的变化而呈现出从革命语境到建设语境的时空轮换。这一时期涌现
出了许多具有公仆精神的党员模范人物。如"铁人"王进喜、"党的好干部"
焦裕禄、"党的好战士"雷锋等。这些共产党员无疑是人民公仆的典范和缩
影,他们以人民公仆的信仰追求来践行为人民谋幸福的初心。

　　进入改革开放新时期,我们党在继承人民公仆作风的基础上将其贯穿于
改革开放伟大事业的全过程。面对时代发展的要求和人民对提高和改善物质
生活水平的价值诉求,我们党深刻认识到"不改善人民生活,只能是死路一
条"④。而要做到这一点,党员干部就必须发扬人民公仆精神,把人民群众对
幸福生活的追求作为执政的出发点和目标归宿,始终保持与人民群众鱼水相

　　① 中共中央文献研究室.毛泽东文集(第3卷)[M].北京:人民出版社,1993:373.
　　② 中共中央文献研究室.毛泽东文集(第3卷)[M].北京:人民出版社,1993:243.
　　③ 中共中央文献研究室.毛泽东文集(第7卷)[M].北京:人民出版社,1993:275.
　　④ 邓小平.邓小平文选(第3卷)[M].北京:人民出版社,1994:370.

依的感情，不断提高为人民服务的能力。因此，邓小平告诫共产党人："什么叫领导？领导就是服务。"其意为中国共产党人就是服务者，人民才是国家真正的主人。此后，邓小平在多个场合强调要把人民拥不拥护、高不高兴、赞不赞成、愿不愿意作为衡量我们党一切工作的根本标尺，这更是体现了人民群众地位和位置的至高无上性。江泽民同样警示共产党人："政治问题，从根本上说，就是对人民群众的态度问题和同人民群众的关系问题……要时刻摆正自己同人民群众的位置，时刻牢记为人民服务的宗旨，时刻警惕脱离群众的倾向。"① 质言之，"公仆"是一种政治态度，代表了共产党人的政治信仰和政治态度，即共产党人始终要把服务人民、造福人民作为自己的政治信仰和政治担当。进入新时期，胡锦涛更是强调要"牢固树立群众观点和公仆意识，不断增强同人民群众的感情，始终把群众呼声作为第一信号，把群众需要作为第一选择，把群众利益放在第一位置，把群众满意作为第一标准"②。可以说，这几个"第一"集中体现了我们党的公仆情怀。改革开放的历史和实践更是充分证明了正是中国共产党人自觉秉承公仆精神，我们才能实现伟大历史转折，才能最大限度地赢得广大人民群众的支持和拥护，人民群众的生活水平才实现了历史性的改善与提高。

党的十八大以来，我们党在赓续和弘扬人民公仆优良作风的基础上赋予了其全新的时代内涵和丰富的意义空间。在新的执政环境下，大部分党员干部都能够自觉践行公仆意识并能将人民群众的利益置于最高位置。然而，当前也有一些党员干部在金钱权力的诱惑下极大地消解了人民公仆的本质，部分党员干部从"人民公仆"异化为"人民老爷"，更有甚者骑在人民头上作威作福，究其本质而言是他们在"我是谁及为了谁"的问题上迷失了方向、失去了自我。鉴于此，习近平总书记强调："老百姓是天，老百姓是地。忘记了人民，脱离了人民，我们就会成为无源之水、无本之木，就会一事无

---

① 江泽民．论党的建设［M］．北京：中央文献出版社，2001：281.
② 中共中央文献研究室．论群众路线：重要论述摘编［M］．北京：中央文献出版社，2013：114.

成。"①旨在告诫共产党人要做好人民的公仆、忠诚于人民,要时刻摆正党和人民群众的位置。此外,站在新的"赶考"之路的起点上,牢记人民对美好生活的向往就是我们的奋斗目标;以真挚的人民情怀滋养初心,时刻不忘我们党来自人民、根植人民,人民群众的支持和拥护是我们胜利前进的不竭力量源泉②。一言以蔽之,过去的历史已经证明了永葆公仆意识,争取最广大人民群众的支持,是我们党一以贯之取得巨大成就的奥秘所在,展望未来,唯有慎始敬终保持公仆精神,把人民群众置于治国理政的最高位置,我们党才能更好地践行为人民谋幸福的初心,才能完成时代和人民赋予的历史使命。

第三节 在制度保障上,构建
"不忘初心、牢记使命"的基本制度

"经国序民,正其制度。"制度是以规则或运作模式来规范组织和个人行为的一种社会结构,对一个组织抑或是政党来说,制度具有根本性、全局性、长期性的作用。习近平总书记在多个场合明确强调要着力构建"不忘初心、牢记使命"的基本制度。可以说,我们党把"不忘初心、牢记使命"从一种政治理念上升为基本制度,其实质是"要围绕恪守党的性质宗旨和奋斗目标打造制度规范体系,形成工作中可操作、可评价的标准,使全体党员、干部坚定理想信念"③。故此,构建"不忘初心、牢记使命"基本制度是防止中国共产党人忘记、背离为人谋幸福初心的制度保证,因为中国共产党的初心本质上属于精神和信仰层面的东西,衡量和评价具有模糊化、不确定

---

① 中共中央党史和文献研究院.十八大以来重要文献选编(下)[M].北京:中央文献出版社,2018:400.

② 习近平.在"不忘初心、牢记使命"主题教育工作会议上的讲话[M].北京:人民出版社,1993:6-7.

③ 黄明理,程璐."不忘初心、牢记使命"制度建构的三重逻辑[J].华南师范大学学报(社会科学版),2020(3):28-38.

性、难以量化等特点。因此，确立这一项制度就可以有效地使中国共产党的初心能够被客观而又科学地评价与考量。

一、建立尊崇和维护党章的制度

党章是我们党的立党之本，其中深刻蕴含着中国共产党人为人民谋幸福初心的本质规定和根本来源。回顾党的百年奋斗历程，我们党自成立之日起就自觉坚持以党章为最高行动准则来检视自己的行为、以党章为参照标准不断叩问和体悟初心。自党的二大通过的《中国共产党章程》起，我们党就旗帜鲜明地把实现共产主义作为其奋斗的最高理想和最终目标，把为绝大多数中国人民谋利益、求幸福作为其奋斗的立足点和出发点。在中国共产党百年的奋斗历程中，我们党总是能够深刻总结各个历史时期的成功经验，及时把党的理论和实践创新的重要成果纳入并体现到党章中，从而使得党章在我们党践行为人民谋幸福的初心的历史过程中发挥了极其重要的指引作用。党章"集中体现了党的性质和宗旨、党的理论和路线方针政策、党的重要主张，规定了党的重要制度和体制机制，是全党必须共同遵守的根本行为规范"①。换言之，中国共产党所承载的为人民谋幸福的初心，并不是由它按照自己的主观愿望决定的，而是党章的内在逻辑要求。因为党章不仅明确了党的宗旨与初心，而且还对如何践行宗旨与坚守初心作了明确的规定。

党章是中国共产党人理性审视和科学判断自己的思想与行动是否符合为人民谋幸福初心的根本政治准绳，正如习近平总书记强调："党员、干部要经常重温党章，重温自己的入党誓言，重温革命烈士的家书。党章要放在床头，经常对照检查，看看自己做到了没有？看看自己有没有违背初心的行为？房间要经常打扫，镜子要经常擦拭。"② 因此，在新的历史条件下，要确

---

① 中共中央党史和文献研究院，中央"不忘初心、牢记使命"主题教育领导小组办公室.习近平关于"不忘初心、牢记使命"论述摘编［M］.北京：党建读物出版社，中央文献出版社，2019：59.

② 习近平.在"不忘初心、牢记使命"主题教育总结大会上的讲话［N］.人民日报，2020-01-09（2）.

保党员干部尊崇这一为人民谋幸福初心的制度化的前提条件就是要积极引导他们坚持用党章规范自己的行为，按照党章要求加强宗旨意识和为民意识，真正使党章内化于心、外化于行。具体可以从以下几个方面着手：一是通过党章这一检视之镜来严格对照理想信念是否发生了动摇，中国共产党的初心就其本质而言属于理想信念的范畴，理想信念是共产党员坚守为人民谋幸福初心的精神支柱，"反观那些蜕变分子、腐败分子，他们之所以走上歧途、走上不归路，最根本的是理想信念发生了动摇，在生死考验、利益诱惑、困难挫折面前松懈了斗志、忘却了身份、丢弃了忠诚"①。因此，每一个共产党员都应该主动拿党章"扫描"和"透视"自己的理想信念坚定与否，通过对照党章来主动检视自我，打扫身上的政治灰尘，从而达到加强党员干部明是非、辨真伪、养正气和祛邪气的政治功效。二是要严格对照党章检查党员干部义务是否真正履行。党章"对党员权利和义务作出了明确规定"②。基于马克思主义使命型政党的本质规定，党章中规定党员干部的权利与义务蕴含着"义务优先"的法理逻辑。如党章中规定党员干部要坚决履行八项义务，从践行党的根本宗旨的义务到勇于批评敢于斗争的义务再到贯彻党的群众路线的义务等，实则都是中国共产党为人民谋幸福初心的具象化表达。故此，党员干部要模范践行党章和忠诚捍卫党章，不能把履行党员义务作为政治口号停留在口头表态上，而是要落实在践行为人民谋幸福初心的各项具体行动上。三是要通过对照党章来查找党员干部在先进性与纯洁性方面存在哪些差距。保持先进性与纯洁性是坚守初心的第一要务。因此，党员干部要从保持党的先进性与纯洁性的高度充分认识遵守党章和维护党章的重要性。因为"党的先进性与纯洁性要靠千千万万党员的先进性和纯洁性来体现"③。所

---

① 中共中央文献研究室．十八大以来重要文献选编（中）［M］．北京：中央文献出版社，2018：676．

② 中共中央党史和文献研究院，中央"不忘初心、牢记使命"主题教育领导小组办公室．习近平关于"不忘初心、牢记使命"论述摘编［M］．北京：党建读物出版社，中央文献出版社，2019：61．

③ 中共中央文献研究室．十八大以来重要文献选编（上）［M］．北京：中央文献出版社，2018：351．

以，党员干部要始终对党章秉持唯一的、彻底的、无条件的忠诚，在自觉弘扬并积极践行"忠诚老实、公道正派、实事求是、清正廉洁等价值观"① 的过程中永葆党员干部的先进性。

二、建立理论学习的制度

回顾党的百年辉煌奋斗历程，重视学习并且善于学习是我们党百年来形成的优良政治传统和宝贵历史经验，我们党始终在理论学习过程中不断滋养和重温初心，这也是中国共产党之所以能够历经艰难曲折而又不断创造新的辉煌的重要历史经验。在新民主主义革命时期，中国共产党作为一个在半殖民地半封建社会时代境遇中成立的新型马克思主义政党，从成立之初就深刻洞察到中国革命情况的复杂性和自身理论储备的不足，因此十分重视理论学习。通过反复的比较、推求之后，中国共产党人自觉地选择了马克思主义为理论武器来指导中国革命实践，并且重视马克思主义理论学习，正如毛泽东强调："我们要建设大党，我们的干部非学习不可。"② 这更是一语道出了理论学习的重要性。故此，我们党在革命战争时期确立"以研究中国革命实际问题为中心，以马克思列宁主义基本原则为指导的方针"③ 来系统科学地学习马克思列宁主义，并且在理论学习过程中探索出了一套行之有效的途径和方式。如建立理论学习教育组织与管理保障制度、规范理论学习教育内容、创新理论学习的方法，而且强调理论学习要注重掌握马克思主义理论的立场观点方法，学习要持之以恒、学习要反对主观主义特别是"教条主义"的文风，等等。这些理论学习的方法与经验为我们党在血与火的战争年代滋养初心、引领使命提供了动力。

进入改革开放新时期，我们党在深刻总结历史经验教训的基础上保持理论学习的政治本色和优良传统不变，而且针对面临的新问题新情况赋予理论

---

① 习近平. 决胜全面建成小康社会 夺取新时代中国特色社会主义伟大胜利：在中国共产党第十九次全国代表大会上的报告［M］. 北京：人民出版社，2017：62.
② 中共中央文献研究室. 毛泽东文集（第2卷）［M］. 北京：人民出版社，1993：177.
③ 毛泽东. 毛泽东选集（第2卷）［M］. 北京：人民出版社，1991：802.

学习以全新的内容和形式。

正如邓小平强调："我们是在不断地解决新的矛盾中前进的。因此，全党同志一定要善于学习，善于重新学习。"① 换言之，我们党要完成改革开放的伟大事业就必须根据新的任务主动更新学习的内容与形式。因为只有"解放思想，开动脑筋，学会原来不懂的东西，我们就一定能够加快新长征的步伐"②。可以说，对时局的科学把握是理论学习的基础。世纪之交，基于波澜变幻的国内外形势，我们党鲜明地强调："全面加强和改进全党的学习。这是我们党永葆生机和活力的一个重要保证……如果我们不能通过新的学习和实践不断提高自己，就会落后于时代，就有失去执政资格、失去人民信任和拥护的危险。这并不是危言耸听。"③ 这更是集中体现了理论学习对党的自身建设的重要性。此外，进入21世纪，我们党创新性地提出了建设马克思主义"学习型政党"的重要论断并将其写入了党章，实现了理论学习制度化的根本性转变。

进入新时代以来，随着党内外和国内外环境的深刻变化，加之新知识、新技术、新概念和新事物层出不穷，这对中国共产党的执政能力和执政水平提出了许多新的要求。基于一系列新情况新问题的严峻挑战，一些党员干部能够通过主动加强学习来增强工作本领和提高解决实际问题的水平。但与此同时，一些党员干部对理论学习不重视，把自觉学习变成被动学习，有的拿学习来装点门面，浅尝辄止、不求甚解；还有的学习碎片化、随意化，感兴趣的就蜻蜓点水式地学一点，不感兴趣的避讳不学；更有甚者在理论学习方面存在简单背诵几个观点或者词语的庸俗主义做法；等等。这些问题倘若得不到及时的纠正、解决，我们党就会有迷失方向、落后于时代的危险。因此，习近平总书记不断告诫共产党人要"增强学习本领，在全党营造善于学习、勇于实践的浓厚氛围，建设马克思主义学习型政党，推动建设学习大

① 邓小平. 邓小平文选（第2卷）[M]. 北京：人民出版社，1994：153.
② 邓小平. 邓小平文选（第2卷）[M]. 北京：人民出版社，1994：153.
③ 江泽民. 江泽民文选（第2卷）[M]. 北京：人民出版社，2006：284.

国"①。一方面，就其学习内容而言，新时代全党学习的重中之重是自觉把学习习近平新时代中国特色社会主义思想作为一种政治责任、一种精神追求和一种生活方式，因为这一最新马克思主义理论成果是指引中国共产党人为人民谋幸福的科学行动指南，新时代坚守和践行党的初心一刻也离不开这一全新思想的滋养。此外，也要注意拓展学习领域，既要向书本学习，也要向实践学习，更要加强对历史的学习，通过对历史经验和历史规律的把握得到坚守初心的智慧启迪。另一方面，就学习制度的具体形式而言，要积极探索各级党委（党组）中心组学习制度、党员干部自主学习制度、理论学习检查和督导制度、党员干部学习班制度等一系列具体形式。通过制度威力来有效激发和规范党员干部的学习积极性，从而切实把为人民谋幸福的初心内化于心外化于行。

三、建立党员干部直接联系群众制度

回顾党的百年光辉奋斗历程，我们党是在同广大人民群众的密切联系中不断成长、发展、壮大起来的，密切联系人民群众是我们党最大的政治优势，也是我们党不断从胜利走向胜利的精神密码。在革命战争时期，我们党就十分重视与人民群众的关系，并以"鱼水关系""种子与土地关系""血肉关系"来形象地比喻中国共产党与广大人民群众的亲密联系。此外，毛泽东强调："如果我们的党员，一生一世坐在房子里不出去，不经风雨，不见世面，这种党员，对于中国人民究竟有什么好处没有呢？一点好处也没有的，我们不需要这样的人做党员。"② 这更是一语道出了党员直接联系群众的重要性。质言之，中国共产党百年来所秉持的为中国人民谋幸福的初心，不仅来自马克思主义政党的内在规定性，而且更多地体现在中国共产党人对广大人民群众的朴素感情和与人民群众的血肉联系之中。因此，我们党倘若要

---

① 习近平．决胜全面建成小康社会 夺取新时代中国特色社会主义伟大胜利：在中国共产党第十九次全国代表大会上的报告 [M]．北京：人民出版社，2017：68-69.
② 毛泽东．毛泽东选集（第3卷）[M]．北京：人民出版社，1991：933.

在新的执政环境中矢志不渝地恪守并践行初心，就必须一以贯之秉持并弘扬我们党密切联系群众的优良传统和政治优势，并根据时代的不断发展变化而创新其形式。

然而，我们要清楚地认识到，在远离战争与硝烟的和平年代，一些党员干部特别是党的高级领导干部宗旨意识淡薄，"人民公仆"异化为"人民老爷"，有的在联系群众的过程中存在走马观花式的形式主义、官僚主义，大搞"劳民伤财的'形象工程'和沽名钓誉的'政绩工程'"①，伤害群众感情和脱离群众的现象愈发突出等。过去的历史已经充分证明："能否保持党同人民群众的血肉联系，决定着党的事业的成败。"② 因此，党员干部要真正做到密切联系群众，既要靠内心的自觉，更要靠强有力的制度。制度设计完善成熟，党和人民群众的血肉联系才能更加长久。鉴于此，习近平总书记鲜明地强调要"完善党员、干部特别是领导干部的直接联系群众制度"③。不断推动党联系人民群众的优良传统常态化长效化，把密切联系群众贯穿于制度设计的全过程。一是要强化党员干部的群众路线教育制度，提高新时代条件下党员干部直接联系群众、全心全意服务群众的意识和本领，激发党员干部践行宗旨意识的内生性动力。二是要建立健全实地调查研究机制来增强联系群众的实效性和针对性。要鼓励党员干部深入基层一线特别是贫困偏远的农村地区零距离接触群众、倾听群众心声、及时了解广大人民群众最关心、最期盼、最现实的利益问题，从内心深处真正把人民群众当成亲人，尽可能把影响人民对美好生活向往的问题和矛盾消除在萌芽状态，真正做到"人民有呼声、党员有回应"的有机统一。同时，要创新联系群众的方式方法，如建立服务群众台账制度、为民办事限时办结制度、建立群众意见建议办理反馈机制等系列制度。以制度的权威确保联系群众"接地气、动真格、出成

---

① 中共中央文献研究室.十八大以来重要文献选编（上）[M].北京：中央文献出版社，2018：62.
② 中共中央宣传部.习近平新时代中国特色社会主义思想学习纲要[M].人民出版社，学习出版社，2019：47.
③ 中共中央文献研究室.十八大以来重要文献选编（上）[M].北京：中央文献出版社，2018：486.

效"。三是要建立监督落实和评价激励机制。监督约束是党员干部能否主动自觉地联系群众的重要保障，因此，要强化对党员干部联系群众具体行为的监督，建立党员干部联系群众情况报告检查制度，并将其结果纳入党员干部评定业绩、作为党员干部选拔任用的重要依据。四是党员干部要学会走好网上群众路线。据统计，中国已有十亿用户接入互联网，因此，党员干部要经常上网看看，"了解群众所思所愿，收集好想法好建议，积极回应网民关切、解疑释惑"①。真正做到对有价值的建议及时采纳，对不了解情况的要答疑解惑，对产生怨气心理的要及时纾解，对有错误想法的要主动加以引导和纠正，从而真正实现"群众网上有呼声"和"党员网下有回应"的辩证统一。此外，党员干部是否真正做到密切联系群众都不是由自己说了算，必须而且只能由人民群众来评判。因此，要架起党群多向化对话的平台，把党员是否做到直接联系群众的评议权和监督权交给人民群众，因为只有广大人民群众接受认可了，中国共产党执政的群众基础才能坚不可摧。

一言以蔽之，随着执政环境的不断变化，只有建立党员干部直接联系群众的制度，从制度设计的高度出发解决部分党员干部脱离群众、疏远群众、伤害群众感情的根本问题，以制度的刚性约束确保党和人民群众之间的血肉联系，确保为人民谋幸福的初心在密切联系群众的过程中落地生根，变为现实。

四、建立完善党员干部"不忘初心"的评价考核制度

随着时空境遇的不断变化，判断党员干部是否真正做到了"不忘初心"，不能仅凭主观判断和经验感受来做出简单评价，而是要根据实践的发展变化积极探索党员干部"不忘初心"的评价考核机制，从而不断激发党员干部坚守和践行为人民谋幸福初心的自觉性和积极性。

第一，要建立评价主体多元化的机制。在评价主体上，"应秉持与评估对象利益相关度越小越客观的原则，进一步完善第三方评估机制，确保评价

① 习近平．习近平谈治国理政（第二卷）［M］．北京：外文出版社，2017：336.

结果的公正性和客观性"①。如建立全民主评议制度，把党内成员互评、人民群众评价和实践检验三个部分有机结合起来。其一，党员内部的互评是检测和考量其坚守初心情况的重要依据，通过党员的个人自评、相互评价等具体形式来查找差距、弥补不足。其二，人民群众是对中国共产党人践行初心的党外评价主体，对党员干部践行初心的行为和效果最有发言权，因为中国共产党人践行初心的出发点和立足点是让人民群众过上更加幸福美好的生活。人民群众的获得感和满意度是判断党员干部践行初心成效的重要依据。因此，人民群众参与评判必要且必需。其三，在具体考评过程中，要创新评价指标和考核方式。在评价量化指标制定上坚持科学性、合理性、可衡量性，防止考评指标主观随意。如为了有效规避"迎考迎评"的困境，可以挑选是否真正解决了人民群众最关心最直接最现实的利益问题为指标依据，而且这些数据还要易于取得；在考核方式上，遵循定性分析和定量分析相统一，从党员干部的思想、政治、作风、能力等方面展开全方位、多层次、立体式的考评，进而提高考评制度的科学化和精准化。

第二，建立健全问责追责制度。制度的生命力在于执行，在制度建立以后，如果问责不及时、不严格，制度就会成为"稻草人"而失去权威性和硬性约束力，进而失去其存在的价值和意义。因此，要根据不忘初心、牢记使命的制度要求，严明规矩、划清界限，对一些党员干部在践行初心方面存在的不作为、少作为、乱作为等问题作出明确的制度界定和清晰的责任限度，使党员干部在坚守和践行为人民谋幸福初心时从内心深处自觉做到知敬畏、存戒惧、守底线，尤其是针对党员干部在为民造福过程中存在的形式主义和官僚主义，以及在践行初心方面存在的越轨行为，要及时启动责任追查机制，强化和传导问责压力，促使党员干部把坚守和践行为人民谋幸福的初心内化为信仰、外化为习惯、固化为制度，使其在为民造福的过程中自觉地形成尊崇制度、敬畏制度、维护制度的良好习惯和氛围。

---

① 邹庆国，陆腾龙. 不忘初心、牢记使命的内在逻辑和制度进路［J］. 中国延安干部学院学报，2020（2）：14-21.

第四节　在方式方法上，以自我革命的精神坚守"初心"

"纵观中国共产党波澜壮阔的光辉历程，作为一个成立百年的马克思主义执政党，虽历经时间洗礼却始终做到不忘初心使命，能够始终保持自身的先进性和纯洁性，其根本原因在于'我们党始终保持了自我革命精神，这是我们党长盛不衰的原因所在'。"① 质言之，勇于自我革命是我们党在百年奋斗历史进程中形成的鲜明品格和独特政治优势。其内在地规定了我们党坚守初心与实现历史使命双重目标的辩证统一。习近平总书记同样强调："越是长期执政，越不能丢掉马克思主义政党的本色，越不能忘记党的初心使命，越不能丧失自我革命精神。"② 虽寥寥数语，但却深刻揭示了中国共产党坚守初心与坚持自我革命之间的内在逻辑关系，这为新时代我们党更好坚守和践行为人民谋幸福的初心提供了理论遵循与实践依据。

一、坚持问题导向，勇于承认并修正错误

"天下不能常治，有弊所当革也。"回顾党的百年奋斗历程，一部党的百年史就是一部中国共产党人勇于追求真理、善于总结经验、敢于承认错误并及时修正错误的演进史。可以说，不论一个人也好，抑或是一个政党也好，不犯错的组织和个人是亘古未有的，中国共产党同样不例外。在革命战争时期，由于我们党的革命斗争经验不足，加上对中国革命的特点、规律、艰巨性、长期性和对敌我力量的认知程度不够，从而导致我们在革命实践过程中不可避免地犯了一些"左"倾和右倾的错误。但是在每一次错误之后，中国共产党人总是能够及时做到自我反省，能够主动承认错误并及时修正错误。正如毛泽东所言："共产党办事，不明白的时候是会犯错误的，明白了以后

---

① 张文龙，李建军. 中国共产党自我革命的理论渊源及现实诉求 [J]. 大连理工大学学报（社会科学版），2021，42（5）：1-8.

② 习近平. 习近平谈治国理政（第三卷）[M]. 北京：外文出版社，2020：529.

错误就要改正，这样做才是正确的。"① 因此，我们党在革命战争时期始终坚持以召开会议、开展批评与自我批评和开展整风运动等多种形式来不断校正为人民谋幸福初心的航向。可以说，这正是我们党能够在各种政治力量角逐中脱颖而出的重要原因所在。也"正是基于这样的忧患意识和执政担当，新中国成立之后，中国共产党一以贯之地推进'党的自我革命'，以自我革命推动社会革命，建立了社会主义制度，为生产力发展、人民的幸福生活奠定了制度前提"②。

进入改革开放新时期，中国共产党人以巨大的政治勇气和强烈的历史担当对新中国成立后期我们党所犯的重大历史性错误进行了深刻反思与系统总结。在面对错误问题上，我们党没有文过饰非、逃避错误，更没有被重大错误造成的严重后果吓倒，而是在毫不隐讳地公开承认错误并深刻揭露犯错误的原因和理性分析犯错误的环境的基础上果断采取"坚持真理、修正错误"的原则来进行自我省思和自我纠偏。如我们党"通过真理标准的讨论彻底纠正了'以阶级斗争'为纲和'两个凡是'的错误思想，从而基本上解决了思想路线的问题"③。此外，我们党充分运用马克思主义唯物辩证论及时出台了《关于建国以来党的若干历史问题的决议》，通过对新中国成立以来特别是"文化大革命"期间所犯的重大错误作了深刻的剖析与总结，客观公正地评价了毛泽东的历史功绩和历史地位，对"文化大革命"时期造成的冤假错案展开了全方位的拨乱反正。正如邓小平所强调："我们党经历过多次错误，但是我们每一次都依靠党而不是离开党纠正了自己的错误，今天的党中央坚持发扬党的民主和人民民主，并且坚决纠正过去所犯的错误。"④ 这高度彰显了我们党自我革命的历史自觉和实践自觉。不仅廓清了困扰和束缚改革开放伟大事业的思想迷雾，而且还有效地促进了全党全国人民的安定团结，我们

① 中共中央文献研究室.毛泽东文集（第3卷）[M].北京：人民出版社，1993：156.
② 张文龙，李建军.中国共产党自我革命的理论渊源及现实诉求[J].大连理工大学学报（社会科学版），2021，42（5）：1-8.
③ 张文龙，李建军.中国共产党自我革命的理论渊源及现实诉求[J].大连理工大学学报（社会科学版），2021，42（5）：1-8.
④ 邓小平.邓小平文选（第2卷）[M].北京：人民出版社，1994：170.

党也进一步赢得了人民群众的衷心信任与广泛支持，党和人民期盼已久的生动活泼的政治局面开始形成。随着改革开放和市场经济的不断深入发展，党内开始不同程度地出现了一些新情况新问题，我们党深刻认识到："只有对这些弊端进行有计划、有步骤而又坚决彻底的改革，人民才会信任我们的领导，才会信任党和社会主义，我们的事业才有无限的希望。"① 可以说，我们党在改革开放历史进程中不仅养成了发现和纠正错误的良好作风，更是在党内形成了一套容错纠错的机制，成为"坚持整理、修正错误"的制度性保障。历史也充分证明了"我们党还是伟大的，勇于面对自己的错误，勇于纠正自己的错误"②。这种政治品格和政治能力是我们党区别于其他政党的显著标志，而且中国共产党对待错误的态度，决定了其能够随时发现和修正错误，从而也就内在地决定了我们党能够持之以恒地坚守为人民谋幸福的初心。

进入新时代以来，随着世情国情党情的深刻变化，我们党面临的执政课题也愈加复杂，尤其是执政面临的"四大考验"和"四种危险"呼唤着我们党必须采取行之有效的措施来做出强有力的回应。因此，在这种紧迫情况下，"能不能坚持不懈同自身存在的问题和错误作斗争，就成为决定党兴衰成败的关键因素"③。鉴于此，党的十八大以来，我们党以强烈的历史自觉和巨大的政治勇气提出自我革命的全新命题，以刀刃向内的决心和勇气向党内存在的各种侵害党和人民根本利益的顽瘴痼疾开刀。这些党内存在的顽瘴痼疾主要体现在：一些党员干部理想信念缺位，不担当不作为，贪污腐败现象经常性发生；部分党员干部党性观念模糊，漠视党纪党规，从而自觉或不自觉地走向了违法犯罪的深渊等，凡此种种，在一定程度上与我们党在管党治党方面宽松软有着直接的联系。可以说，如果这些"强烈的突出矛盾和问题得不到及时解决，我们党执政的基础就会动摇和瓦解；同样，如果我们让已经初步解决的问题反弹回潮、故态复发，那就会失信于民，我们党就会面临

---

① 邓小平 . 邓小平文选（第 2 卷）［M］. 北京：人民出版社，1994：333.
② 邓小平 . 邓小平文选（第 2 卷）［M］. 北京：人民出版社，1994：296.
③ 习近平 . 论全面深化改革［M］. 北京：中央文献出版社，2018：327.

更大的危险"①。正是基于这样一种深邃思考和科学认知，我们党从为人民谋幸福初心的角度出发，以自我革命永远在路上的精神状态检视自己的问题，始终做到"不掩饰缺点、不回避问题、不文过饰非、有缺点克服缺点，有问题解决问题，有错误承认并纠正错误"②。特别是在党的十八大以来，我们党以刀刃向内的勇气和壮士割腕的决心不断推进全面从严治党，坚持"苍蝇""老虎"一起打，进而使我们党的先进性与纯洁在革命性锻造中得到了升华。正如习近平总书记强调："自我革命本身就是对着问题去的，讳疾忌医是自我革命的天敌。"③ 进入新时代以来，我们党接续开展的自我革命的生动实践也充分说明了这些发生根本性变化的背后是我们党敢于揭丑亮短、勇于承认错误并及时纠正错误的精神品格。质言之，我们党凭借自己一次次成功地解决了危及其执政地位和执政基础的顽瘴痼疾。而纵观全世界，像中国共产党这样能够始终如一正视自身的问题，能够形成一整套自我约束的制度规范体系，能够严肃惩处党内一大批腐化变质分子的，可以说少之又少。展望未来，我们党在长期执政的过程中势必也会遭遇一些危及党执政基础和执政地位的问题，甚至有可能还会犯一些错误。故此，我们党就必须以"君子检身，常若有过"的问题意识和自我革命永远在路上的精神状态及时自我纠偏、自我调控、自我矫治和自我完善，唯有如此，我们党才能在长期执政的历史长河中做到初心如磐。

二、坚持开展经常性教育和集中性教育相结合

坚持开展党内教育是马克思主义政党鲜明的政治本色。回顾党的百年奋

---

① 中共中央党史和文献研究院. 十八大以来重要文献选编（下）［M］. 北京：中央文献出版社，2018：454.

② 中共中央党史和文献研究院，中央"不忘初心、牢记使命"主题教育领导小组办公室. 习近平关于"不忘初心、牢记使命"论述摘编［M］. 北京：党建读物出版社，中央文献出版社，2019：282.

③ 中共中央党史和文献研究院，中央"不忘初心、牢记使命"主题教育领导小组办公室. 习近平关于"不忘初心、牢记使命"论述摘编［M］. 北京：党建读物出版社，中央文献出版社，2019：283.

斗历程,"在全党开展集中性学习教育,是我们党推进自我革命的重要途径,也是一条重要经验"①。可以说,我们党正是在每次党内集中教育的基础上达到统一思想、纯洁队伍的效果。而纵观党的每一次集中教育,其中一个最鲜明的特点就是党内集中教育都在我们党重要历史时期或重要历史节点开展,都是以更好地解决自身问题和更好地完成其初心与使命为根本目的。回溯中国共产党百年来党内集中教育的演进历程,我们党自成立之初就充分意识到思想建党的重要性,并强调首先要在思想上进行自我净化和自我革新。在土地革命战争时期,我们党在总结大革命失败经验教训的基础上深刻认识到:"红军党内最迫切的问题,要算是教育的问题。为了红军的健全与扩大,为了斗争任务之能够负荷,都要从党内教育做起。不提高党内政治水平,不肃清党内各种偏向,便决然不能健全并扩大红军,更不能负担重大的斗争任务。"② 这更是一语道出了党内集中教育之于斗争任务的重要性,而这一时期的斗争任务的价值指向就是致力于实现民族独立和人民解放。从这一意义上来看,开展党内集中教育的根本目的就是教育共产党人更加自觉地践行其肩负的初心与使命。因此,针对党内大部分人在思想上没有入党甚至是完全没有入党的迫切问题,我们党鲜明地强调要"加强党内的马列主义教育"。旨在通过马列主义的党内集中教育来坚定其为劳苦大众谋幸福的理想信念。直到抗日战争时期,"随着抗日战争进入关键的战略相持阶段,针对当时所处的时代环境和党内存在的诸多问题,中国共产党果断地开展了具有马克思主义教育性质的延安整风运动"③。作为中国共产党建设史上的一大创举,我们党在延安整风过程中始终秉持"惩前毖后,治病救人"的教育方针来达到"转变思想和作风,增进党的团结和统一,推进革命和建设事业的发展"的目的。"经过延安整风运动的洗礼,中国共产党在思想、政治、组织上达到

---

① 习近平. 在党史学习教育动员大会上的讲话 [J]. 求是,2021 (7).
② 中共中央文献研究室. 毛泽东文集(第1卷)[M]. 北京:人民出版社,1993:94.
③ 张文龙,李建军. 中国共产党自我革命的理论渊源及现实诉求 [J]. 大连理工大学学报(社会科学版),2021,42 (5):1-8.

了空前的团结和高度的统一。"① 可以说，延安整风运动不仅开启了中国共产党党内教育的历史先河，而且推动中国革命取得了最终的胜利。新中国成立之后，基于从革命到建设任务的根本性转变，我们党在继承优良传统的基础上先后开展了以整风整党为主要形式的党内集中教育并取得了一定的效果。但是，后来由于我们党对党内阶级斗争的形势出现了错误的估计，导致党内集中教育在一定程度上偏离了本意与初衷，党内集中教育这一党的优良传统在特殊的历史时期亦走了许多弯路。

进入改革开放新时期，我们党在深刻总结历史经验教训的基础上重新恢复和发扬党的优良传统和优良作风，尤其是党内集中教育得到了更为突出的重视。我们党在改革开放新时期先后开展了一系列党内集中教育实践活动。一是在1983年召开的十二届二中全会，中国共产党发布了《关于整党的决定》并决定在全党范围内开展一次"从中央到基层组织，自上而下、分期分批地整顿"② 的整党运动，这次整党运动以彻底清理十年内乱遗留下来的旧问题和解决新的历史条件下产生和发展起来的新问题（尤其是党内出现的腐败问题和不正之风）为根本动因，其目标指向是"要使全党在思想上政治上和精神状态上有显著的进步，党员为人民服务而不谋私利的觉悟有显著的提高，党和群众的关系有显著的改善……要通过整党，加强党的建设，实现党风的根本好转"③。可以说，我们党在这一次整党运动的革命性锻造中更加坚定了中国共产党为人民谋幸福的初心。二是以专题教育活动开启了党内教育的新形式。世纪之交，基于苏联解体、东欧剧变的复杂国际背景和西方和平演变战略的潜在威胁，一些党员干部在"资产阶级自由化思潮的泛滥，资产阶级的'民主''自由''人权'口号的蛊惑，利己主义、拜金主义、民族虚无主义和历史虚无主义的滋长"④ 的影响下理想信念发生了动摇，逐渐失

---

① 张文龙，李建军. 中国共产党自我革命的理论渊源及现实诉求［J］. 大连理工大学学报（社会科学版），2021，42（5）：1-8.
② 中共中央文献研究室. 十一届三中全会以来重要文献选读（下册）［M］. 北京：人民出版社，1987：708.
③ 邓小平. 邓小平文选（第3卷）［M］. 北京：人民出版社，1994：39.
④ 江泽民. 江泽民文选（第1卷）［M］. 北京：人民出版社，2006：94.

去了对社会主义和共产主义的信仰。因此，如何在复杂多变的执政环境中保持党的先进性和战斗力，是我们党必须面对和解决的执政课题。鉴于此，我们党紧紧围绕以解决党内存在的突出问题，以更好地承担起改革开放伟大事业的历史任务，决定在全党范围内自上而下、分期分批开展以"讲学习、讲政治、讲风气"为专题内容的党性党风教育活动。旨在通过"三讲"党内教育活动"来提高党员干部自重、自省、自警和自励党性修养的自觉性"①。质言之，这次"三讲"专题教育实践活动不仅开创了党内集中教育的新模式，而且使党员干部受到了一次深刻的党性党风教育，达到了党内教育的预期效果。此后，我们党以党内集中专题集中教育的形式接续开展了"三个代表"重要思想学习教育活动、学习和践行"科学发展观"等数次专题教育活动。这些党内教育活动无疑对改革开放和社会主义现代化事业起到了巨大的推动性作用。

党的十八大以来，随着世情国情党情的深刻变化，中国共产党在新的执政环境中面临着一系列严峻威胁和挑战，党内更是存在着许多损害人民群众利益的行为。因此，我们党在深刻总结执政规律的基础上认识到："党内存在的一些突出问题，从根源上说都是思想上的问题。从延安整风运动以来，我们党开展历次集中性教育活动，都是以思想教育打头。"② 质言之，我们党要加强自身建设，就必须首先解决党员干部思想教育的问题，而开展党内集中教育不失为行之有效的方法。鉴于此，党的十八大以来，为了锻造坚守和践行为人民谋幸福的坚强领导核心，我们党接续开展了多次党内集中教育活动。一是针对党内存在的"四风问题"开展了党的群众路线教育实践活动。"因为这'四风'是违背我们党的性质和宗旨的，是当前群众深恶痛绝、反映最强烈的问题，也是损害党群干群关系的重要根源。"③ 显而易见，党的群众路线教育实践活动有着鲜明的问题意识和问题导向，这次党的群众路线教

---

①　张文龙，李建军. 中国共产党自我革命的理论渊源及现实诉求［J］. 大连理工大学学报（社会科学版），2021，42（5）：1-8.

②　习近平. 习近平谈治国理政（第三卷）［M］. 北京：外文出版社，2020：526.

③　习近平. 习近平谈治国理政（第一卷）［M］. 北京：外文出版社，2018：374.

育实践活动在继承和借鉴延安整风历史经验的基础上按照"照镜子、正衣冠、洗洗澡、治治病"的总要求来找准靶子、有的放矢地解决作风方面存在的严重问题。通过这次党的群众路线教育实践活动全体党员干部普遍受到了马克思主义群众观的思想洗礼，党在人民群众心中的地位和声誉得到了进一步的巩固和提高，党心民心得到了进一步凝聚。正如习近平总书记所强调："教育实践活动有期限，但贯彻群众路线没有休止符。"① 这一重要论述集中体现了党内教育由集中性向经常性转变的意向和趋势。直至后来我们党接连开展了"三严三实"专题教育活动，并且致力于"推进'两学一做'学习教育常态化制度化，通过集中性教育和经常性教育相结合"②。可以说，这两次学习教育活动是党的群众路线教育实践活动的延展和深化，党员干部的党性修养和宗旨意识在教育活动中得到了显著的提高。此外，在新中国成立70周年之际，我们党在总结历次党内集中教育经验的基础上在全党范围内开展"不忘初心、牢记使命"主题教育活动来增强党员干部守初心、担使命的思想自觉和行动自觉。通过这次主题教育实践活动，我们党基本上"消除了一些可能动摇党的根基、阻碍党的事业的因素""促进了全党思想上的统一、政治上的团结、行动上的一致"③。我们党为人民谋幸福的初心在主题教育活动的洗礼中越发成为一种自觉。在中国共产党迎来百年华诞的重要历史节点，我们党决定在全党开展"党史学习教育"活动。历史是最好的清醒剂和教科书，通过"重温这部伟大历史能够受到党的初心使命、性质宗旨、理想信念的生动教育"④。质言之，在建党百年的重大历史节点上开展"党史学习教育"活动的根本目的就在于"教育引导全党深刻认识红色政权来之不

---

① 习近平. 在党的群众路线教育实践活动第一批总结暨第二批部署会议上强调：扎实开展第二批教育实践活动努力取得人民群众满意的实效 [N]. 人民日报, 2014-01-21（1）.

② 习近平. 在"不忘初心、牢记使命"主题教育工作会议上的讲话 [M]. 北京：人民出版社, 1993：2.

③ 习近平. 在"不忘初心、牢记使命"主题教育总结大会上的讲话 [N]. 人民日报, 2020-01-09（2）.

④ 习近平. 在党史学习教育动员大会上的讲话 [J]. 求是, 2021（7）.

易、新中国来之不易、中国特色社会主义来之不易"①。让党员干部在回首和重温党的光辉历史中坚定理想信念和坚守为民初心。

一言以蔽之，历史已经充分证明了"在全党开展集中性学习教育，是我们党推进自我革命的重要途径，也是一条重要经验"②。因此，我们党倘若要在长期执政过程中更好坚守和践行为人民谋幸福的初心，就必须把党内教育作为一种优良传统贯穿于治国理政的全过程，而且要根据历史实践的变化不断更新其教育内容和形式。

三、有效运用批评与自我批评的锐利武器

"勇于开展批评和自我批评，加强党内监督，接受人民监督，不断纯洁党的思想、纯洁党的组织、纯洁党的作风、纯洁党的肌体，等等。这些是推进党的自我革命的重要经验。"③ 回溯党的百年奋斗历程，我们党总是能在遭逢危局困境的重要历史时刻自觉地拿起批评与自我批评的武器来解决自身存在的问题，这也是我们党区别于其他任何政党的显著标志。在革命战争时期，针对部分党员特别是党的高级干部在中国革命的路线、方针、政策等方面犯了"左倾"和右倾错误而不知悔改时，我们党在继承和发扬马克思主义建党学说的基础上创造性地发明了批评与自我批评的思想武器，旨在通过这一强大的思想武器来审视自己的言行和改正自身存在的问题。正如毛泽东同志强调："团结、批评、团结，第二步骤就是要批评与自我批评，中国革命要胜利，就是要采取这种态度。"④ 这旗帜鲜明地指出了批评与自我批评是我们革命取得胜利的重要政治保障。此外，毛泽东在总结革命战争经验的时候指出："一个共产党，一个国民党，这两个党比较起来，谁怕批评呢？国民

---

① 习近平. 在党史学习教育动员大会上的讲话［J］. 求是，2021（7）.
② 习近平. 在党史学习教育动员大会上的讲话［J］. 求是，2021（7）.
③ 习近平在中央政治局第十五次集体学习时强调 全党必须始终不忘初心牢记使命 在新时代把党的自我革命推向深入［N］. 人民日报，2019-06-26（1）.
④ 中共中央文献研究室. 毛泽东文集（第3卷）［M］. 北京：人民出版社，1993：263.

党害怕批评。它禁止批评，结果并没有能够挽救它的失败。"① 这更是一语道出了批评与自我批评是我们党能够在近代各种政治力量角逐中脱颖而出的重要原因所在。直至党的七大首次把"批评与自我批评"作为党的优良作风并将其写入党章，自此以后，"批评与自我批评"这一思想武器随着历史语境的不断延展而呈现出不同的时代特征并贯穿于党的各个历史阶段。历史充分证明了正是我们党勇于拿起"批评与自我批评"的思想武器来检视自己和反省自身，中国共产党才能够及时正确地解决关乎中国革命前途命运的一系列矛盾和问题，我们党为人民谋幸福的初心才有了最根本的前提和保证。新中国成立以后，我们党秉持"批评与自我批评"的优良传统和政治本色不改，而且把"批评与自我批评"置于决定社会主义建设成败的全新高度加以审视和认知。正如毛泽东强调："经过批评和自我批评，在新的基础上达到新的团结……这样就很得人心，就能够团结全国人民，调动六亿人口中的一切积极因素，来建设社会主义。"② 这高度体现了"批评与自我批评"这一思想武器是凝聚民心和获得人心来开展社会主义建设的有效方法的重大意义。此外，针对如何正确解决人民内部出现的各种矛盾，我们党进一步指出："批评和自我批评是一种方法，是解决人民内部矛盾的方法，而且是唯一的方法。除此以外，没有别的方法。"③ 历史也充分证明了敢于承认错误并及时展开"批评与自我批评"是我们党能够在社会主义建设时期进一步赢得民心、迅速巩固新生政权和建立社会主义制度的重要原因所在。

进入改革开放新时期，我们党在事关决定党和国家前途命运的重大历史关头旗帜鲜明地指出："不搞批评和自我批评一定不行。批评的武器一定不能丢……这样下去要亡国的。"④ 然而，由于我们党在新中国成立后期的一段时间里因对社会主义建设规律的认知和把握出现了错误和偏差，导致我们党在社会主义建设过程中犯了许多错误甚至是"文化大革命"这样重大的历史

---

① 中共中央文献研究室. 毛泽东文集（第 7 卷）[M]. 北京：人民出版社，1993：274.

② 毛泽东. 毛泽东选集（第五卷）[M]. 北京：人民出版社，1997：313.

③ 中共中央文献研究室. 毛泽东文集（第 8 卷）[M]. 北京：人民出版社，1993：293.

④ 邓小平. 邓小平文选（第 2 卷）[M]. 北京：人民出版社，1994：390.

性错误，加之世情国情党情的深刻变化，在党内开展"批评与自我批评"所遭遇的困难和挑战是不言而喻的。正如邓小平强调："现在我们开展批评很不容易，自我批评更不容易。"① 但是，我们党作为马克思主义政党，总是能够自觉地从维护和实现人民利益的立场出发来检视自己和剖析自身存在的问题。故此，我们党在改革开放的历史进程中以"党内不论什么人，不论职务高低，都要能接受批评和进行自我批评"② 的政治勇气和责任担当在全党范围内兴起"批评与自我批评"之风。我们党的战斗力和影响力在"批评与自我批评"的过程中得到了进一步的提高。世纪之交，面对风云变幻的国际形势，我们党一以贯之地把"批评与自我批评"作为"维护党的团结和纯洁、增强党组织战斗力"③ 的有力武器，而且旗帜鲜明地强调："在新的历史条件下，批评和自我批评的优良传统不仅不能丢，而且要大大发扬。"④ 可以说，正是我们党在改革开放的历史进程中始终以"批评与自我批评"为锐利武器不断加强自身建设和校正为人民谋幸福的初心，中华民族才得以迎来站起来到富起来的历史性飞跃，中国人民才得以成功地摆脱饥寒交迫的生存境遇转而向小康富裕的伟大飞跃。

党的十八大以来，我们党在继承和弘扬"批评与自我批评"优良作风的基础上创新了其形式，而且将其广泛运用于新时代管党治党的全过程，使"批评与自我批评"这一锐利武器得以再次焕发出耀眼的时代光芒。习近平总书记强调："对批评和自我批评这个武器，我们要大胆使用、经常使用、用够用好，使之成为一种习惯、一种自觉、一种责任，使这个武器越用越灵、越用越有效果。"⑤ 可以说，新时代以来中国共产党在管党治党方面取得了卓著的成效，其中一个至关重要的原因就是我们党充分运用了"批评与自我批评"这一能够确保党的肌体健康的有效武器。然而，当前一些党员干部

① 邓小平．邓小平文选（第2卷）[M].北京：人民出版社，1994：389.
② 邓小平．邓小平文选（第3卷）[M].北京：人民出版社，1994：38.
③ 江泽民．江泽民文选（第3卷）[M].北京：人民出版社，2006：596.
④ 江泽民．江泽民文选（第3卷）[M].北京：人民出版社，2006：596.
⑤ 中共中央文献研究室．十八大以来重要文献选编（中）[M].北京：中央文献出版社，2018：97.

在执政业绩光环的照耀之下缺乏接受批评的胸怀和敢于揭丑亮短自我批评的勇气,党的"批评与自我批评"这一思想"利器"逐渐出现了"生锈"和"变味"的不良倾向。在很多地方,一些党员干部把"批评与自我批评"变成了自我表扬和相互吹捧,从而导致好人主义和庸俗化之风盛行;有些党员干部担心批评上级怕打击报复,批评下级又怕丢失选票等;还有的党员干部在自我批评的时候避重就轻、对人不对己,缺乏深挖根源、触及灵魂的态度来深刻剖析和检视自己。这些现象和问题不仅严重损害了党的形象,更是伤害了党和人民群众之间的血肉关系。究其原因,主要是部分党员干部用错了"批评与自我批评"武器。鉴于此,我们党倘若要在新的历史起点更好地坚守和践行为人民谋幸福的初心,就必须运用好"批评与自我批评"这一锐利武器,用这一思想武器时刻进行自我剖析、自我批判与自我反思。使"批评与自我批评"的过程成为加强党的自身建设的过程,成为不断厚植党与人民群众血肉关系的过程,成为践行初心与使命的过程。进而在"批评与自我批评"的过程中不断增强自我净化、自我完善、自我革新和自我提高的能力,使党员干部在"批评与自我批评"的过程中反思初心、叩问初心,进而坚定为人民谋幸福的初心。

第五节　在国际责任上,以世界情怀延展"初心"的意义空间

中国共产党作为马克思主义政党,"历来有着深厚的人民情怀,不仅愿意为中国人民造福,也愿意为世界各国人民造福"①。为人类谋求和平与发展是镌刻在中国共产党精神基因中的显著标识。一百年来,我们党始终把为人类做出更大贡献作为自己的初心与使命并贯穿于党的百年奋斗实践中。

---

① 李伟红,赵成,杨迅,等.习近平出席中国共产党与世界政党高层对话会开幕式并发表主旨讲话 [N].人民日报,2017-12-02 (1).

一、始终不渝走和平发展道路

习近平总书记指出："坚持不忘初心、继续前进，就要始终不渝走和平发展道路，始终不渝奉行互利共赢的开放战略，加强同各国的友好往来，同各国人民一道，不断把人类和平与发展的崇高事业推向前进。"① 这一重要论述深刻阐明的就是中国共产党的初心与走和平发展道路之间的逻辑关系。党的百年历史更是生动地证明了走和平发展道路是党和人民的真诚愿望和不懈追求。回溯党的百年苦难与辉煌历史，我们党从成立之日起就致力于为实现中国和平稳定和人民幸福安康的目标而接续奋斗。在革命战争时期，我们党在深刻洞察和科学判断中国革命实际情况的基础上认识到只有通过消除战争、争取和平，人民群众对幸福安康生活的向往和追求才能有最基本的保障。正是基于如此深刻的认识，毛泽东鲜明地强调："全党必须下最大决心，努力准备一切条件……以战争的胜利去取得和平。"② 在历经 28 年艰苦卓绝的浴血奋战后，我们党团结带领人民群众彻底结束了旧中国任人宰割、备受欺凌的屈辱历史。新中国的成立不但为我们国家的发展创造了和平稳定的环境，而且促进了世界的和平与自由，世界各国人民从中国共产党和中国人民的身上看到了自己解放和建设人类幸福社会的光明前景。此外，新中国成立以后，中国共产党在科学把握和深刻认识人类社会发展规律的基础上确立了独立自主的和平外交政策，积极倡导以和平共处五项原则来构建有利于世界和平与发展的新秩序。正如毛泽东强调："中国共产党是个马列主义的政党，中国人民是爱好和平的。"③ 可以说，正是基于马克思主义政党的本质规定和人民群众的现实诉求，我们党深刻认识到："我们现在需要几十年的和平，至少几十年的和平，以便开发国内的生产，改善人民的生活。我们不愿打仗，假如能创造这样一个环境，那就很好。凡是赞成这个目标的，我们都能

① 中共中央党史和文献研究院 . 十八大以来重要文献选编（下）［M］. 北京：中央文献出版社，2018：353.
② 中共中央文献研究室 . 毛泽东文集（第 4 卷）［M］. 北京：人民出版社，1993：151.
③ 中共中央文献研究室 . 毛泽东文集（第 7 卷）［M］. 北京：人民出版社，1993：123.

同他合作。"① 这更是一语道出了和平发展环境对于中国共产党为人民谋幸福安康生活的重要性。因此，在新中国成立以后，我们党在致力于发展自身的同时以实际行动来积极发展同其他国家的友好交往和互利合作，中国和平发展的外交政策因符合人类共同的发展利益而赢得国际社会的广泛支持，从而有效地促进了国际形势的缓和与稳定。

进入改革开放新时期，我们党在理性审视世情国情深刻变化的基础上做出了和平与发展是时代主题的重大战略判断。基于中国社会发展的时代要求和人民群众对提高和改善物质生活水平的殷切期望，中国共产党人深刻认识到"中国太穷，要发展自己，只有在和平的环境里才有可能。要争取和平的环境，就必须同世界上一切和平力量合作"②。这集中体现了和平发展不仅符合中国人民的利益，而且也符合世界人民利益的重要性。可以说，我们党在制定对外政策时以"寻求一个和平的环境来实现四个现代化"③ 为价值导向，是以和平与发展为根本宗旨的。正因如此，在改革开放历史进程中，中国共产党以敞开胸襟和拥抱世界的态度坚持独立自主的和平外交政策，成功实现了从封闭半封闭到全方位开放的伟大历史性转折，进而在扩大世界各国共同利益汇合点的基础上为人类和平与发展的崇高事业做出了中国贡献。改革开放40多年的光辉历程昭示了一个颠扑不破的科学真理，即只有坚持走和平发展的道路，各国人民才"能够按照自己的意愿创造并享受美好的生活"④。

党的十八大以来，以习近平同志为核心的党中央在深刻洞察和科学把握时代发展潮流的前提下做出了始终不渝坚持走和平发展道路的战略抉择。可以说，坚定不移地走和平发展道路的自信与自觉，具有深厚的历史渊源和广泛的现实基础。这种选择的自信与自觉，"来源于中华文明的深厚底蕴，来源于对实现中国发展目标条件的认知，来源于社会主义制度的内在要求，来

---

① 中共中央文献研究室．毛泽东文集（第6卷）［M］．北京：人民出版社，1993：365.

② 邓小平．邓小平文选（第3卷）［M］．北京：人民出版社，1994：82.

③ 邓小平．邓小平文选（第2卷）［M］．北京：人民出版社，1994：241.

④ 江泽民．江泽民文选（第2卷）［M］．北京：人民出版社，2006：495.

源于对世界发展大势的把握"。其一，坚持走和平发展道路是中华民族五千多年来长期积淀的鲜明的民族特色和独特的精神基因，已深深植根于中国人民的内心并深深影响着中国人民的思维方式和行为方式。中华优秀传统文化中所蕴含的"天下大同""天下为公""以和为贵""怀柔远人、协和万邦"等和平理念，正是中华民族始终崇尚的品德和胸怀。不论过去还是现在，都有着永不褪色的时代价值。中华民族从来没有主动侵略他人、国强必霸的历史传统，尤其近代以来中国人民对战争带来的苦难有着惨痛的感知和刻骨铭心的记忆，因此倍感珍惜来之不易的和平稳定的生活。故此，"走和平发展道路，是中华民族优秀文化传统的传承和发展，也是中国人民从近代以后苦难遭遇中得出的必然结论"①。其二，坚持走和平发展道路是对现实中国发展目标条件的认知。经过党和人民群众的自信自强和不懈努力，我们顺利实现了第一个百年奋斗目标并朝着第二个百年奋斗目标勇毅前进，"实现中华民族伟大复兴进入了不可逆转的历史进程"②。而要实现这一伟大梦想，就需要和平的环境。正如习近平总书记强调："中国梦是追求和平的梦，追求幸福的梦，奉献世界的梦。"③ 因此，从这一视角而言，坚定不移走和平发展道路是中国共产党实现其新时代历史使命的必然诉求。其三，走和平发展道路是顺应时代发展潮流做出的战略抉择。一方面，当今世界正处于深度的大变革大调整时期，5G 技术、元宇宙、AI 人工智能等新一轮科技革命和产业变革深入发展，国际格局和国际秩序正在加速发展和进行着深刻重塑，各国相互联系和相互依存日益加深。因此，和平发展的历史大势不可逆转。另一方面，当今世界处于百年未有之大变局，全球发展的矛盾和冲突愈演愈烈，霸权主义、单边主义依然存在，新冠疫情等突发事件此伏彼起，和平赤字、发展赤字依然是摆在人类面前共同的威胁和挑战。此外，随着中国的发展壮大

---

① 中共中央宣传部．习近平新时代中国特色社会主义思想学习纲要［M］．北京：学习出版社，人民出版社，2019：211.

② 鞠鹏，殷博，李响．庆祝中国共产党成立 100 周年大会在天安门广场隆重举行［N］．人民日报，2021-07-02（1）.

③ 杜尚泽，王芳，鞠鹏．习近平和奥朗德共同出席中法建交五十周年纪念大会 共创紧密持久的中法全面战略伙伴关系新时代［N］．人民日报，2014-03-29（1）.

并日益走进世界舞台的中央,西方国家按照其陈旧的思维逻辑担心中国走"国强必霸"的路子,在世界范围内鼓吹"中国威胁论","中国崛起""强国战略"等错误观点甚嚣尘上。究其本质而言是西方国家对共产主义的恐惧和仇视及意识形态领域的偏见,企图以此来遏制中华民族伟大复兴的历史步伐。故此,"坚定不移走和平发展道路,既通过维护世界和平发展自己,又通过自身发展维护世界和平。走和平发展道路,是中国对国际社会关注中国发展走向的回应,更是中国人民对实现自身发展目标的自信和自觉"[①]。一言以蔽之,选择走和平发展道路既是中国人民的殷切期望,更是中国共产党的不懈追求,高度彰显了我们党对自身能力和义务的理论自信与实践自觉。

二、坚持正确的义利观,弘扬人类共同价值

"义利之辩"历来是中国传统文化中不断探索的价值命题,是中华优秀传统文化长期积淀的智慧结晶。"义""利"的价值排序成为判断人们道德品格的重要标尺,影响着大众的价值取向和思维方式,规约着社会发展的秩序。"义利之辩"以厚重的文化形态融入中华民族的心理与性格塑造中。自先秦始,诸多先哲圣人针对"义"和"利"的逻辑关系问题展开了论述,在此基础上形成了内涵丰富的义利观思想。从孔子强调的"君子以义为上""君子喻于义,小人喻于利"到孟子的"重义轻利、舍生取义"来突显"义"的重要性,再到墨子强调的"义,利也"的重要论述突显"义利统一"和"义利并举"的重要性。可以看出,"道义至上"和"重义轻利"的价值理念随着历史的不断演变逐渐成为中国传统义利观的主流和主线,同时"见利思义"和"义利统一"在历史的演进中进一步沉淀为中华民族主导性的道德准则和行为规范。中国共产党人以马克思主义为武器对中国传统的义利观进行了重构与超越,并赋予了其更为广阔的意义空间。因此,中国共产党在创造性转化和创新性发展传统义利观的基础上将其与现代国际关系相结

---

① 中共中央宣传部. 习近平新时代中国特色社会主义思想学习纲要 [M]. 北京:人民出版社,学习出版社,2019:210.

合，探索出了一条具有中国特色和时代特色的义利观。

　　从中国共产党百年践行义利观的生动实践来看，"重义轻利"始终是我们党开展外交活动所秉持的重要理念和实践特色，而且在很大程度上决定了我们党的利益判断和价值诉求，进而深刻影响着我们党在对外关系上的"取舍"与"侧重"。新中国成立之后，在国际场域，尽管我们经历多年战乱非常贫瘠，但党和人民依然节衣缩食，始终站在道义的制高点尽最大努力给予发展中国家特别是发展贫困落后的国家各方面的援助，坚定不移地支持其民族独立与解放事业，并力所能及地帮助发展中国家发展经济和改善民生。这些行动和举措是我们党坚持以义为先、重义轻利的最真实的历史写照，高度彰显了我们党外交上"重义轻利"的价值理念。

　　进入改革开放新时期，基于特殊的世情和国情，我们党在积极发展和不断壮大自身的基础上提倡"重义讲利"，既重视道义与使命，又秉持自身利益的统一。正如邓小平强调："帮助是相互的，贡献也是相互的。"① 经过重新的调整与巩固，我们党在致力于发展自己的同时在对发展中国家援助的规模、质量等方面达到了历史新水平，从而为维护世界和平与促进人类进步做出了巨大贡献。可以说，在这一历史时期，不管遭遇任何危局困境，我们党始终坚持把"中国人民的利益同各国人民的共同利益结合起来，秉持公道，伸张正义"②。中国共产党希望中国人民过得幸福美好的同时希望世界各国人民都过得好。此外，在国际关系方面，我们党旗帜鲜明地"反对以强凌弱的霸权主义和强权政治，坚持原则，支持公道，伸张正义，努力维护广大发展中国家的正当权益，推动建立公正合理的国际政治经济新秩序。社会主义中国的国际地位和国际影响与日俱增"③。质言之，这里的坚持正义就其本质而言就是我们党坚持正确义利观最生动的脚注，更是中国共产党基于自身角色定位与人类情怀的时代彰显。

　　进入新时代以来，我们党在对国际格局和中国与世界关系变化的深刻把

①　邓小平. 邓小平文选（第3卷）[M]. 北京：人民出版社，1994：79.
②　胡锦涛. 胡锦涛文选（第2卷）[M]. 北京：人民出版社，2016：651.
③　江泽民. 江泽民文选（第3卷）[M]. 北京：人民出版社，2006：269.

握的基础上积极顺应和平与发展、合作与共赢的时代潮流，始终秉持"利在一身勿谋也，利在天下者谋之"的政治本色不改，而且根据时代场域的不断变化赋予了传统义利观具有时代化的结构内涵和丰富的意义空间，开启了新时代大国外交的历史新篇章。2013年3月，习近平在访问非洲时首次提出要坚持"正确义利观"并将这一重要理念生动地呈现于新时代中国的外交方针中，即"亲、诚、惠、容"的周边外交方针和"真、实、亲、诚"的对非工作方针。习近平还对正确义利观做出了科学的内涵界定，他鲜明地指出："义，反映的是我们的一个理念，共产党人、社会主义国家的理念。这个世界上一部分人过得很好，一部分人过得很不好，不是个好现象。真正的快乐幸福是大家共同快乐、共同幸福。我们希望全世界共同发展，特别是希望广大发展中国家加快发展。利，就是要恪守互利共赢原则，不搞我赢你输，要实现双赢。"① 这一重要论述既创造性地赓续了中华优秀传统文化中关于义和利的核心理念，又体现了中国共产党人心怀天下、造福世界的情怀。此外，在开展对外关系时要坚持"亲、诚、惠、容"的理念，在维护本国核心利益的前提下"树立和贯彻正确义利观，有原则、讲情义、讲道义，见利思义、义利兼得，甚至必要时舍利取义"②。可以说，正确义利观是对西方"利益至上"和唯利是图现实主义外交观念的理论回应与超越，是新时代中国共产党作为世界第一大党对利益、责任与道义的深刻理解，而且中国共产党用实际行动向世界勾画出了"天下为公"的世界情怀和坚持义利兼顾和以义促利的正确义利观，从而为国际关系伦理的塑造贡献了中国智慧与中国力量。

三、倡导构建人类命运共同体，画出"世界大同"的人类幸福圆

回溯党的百年演进史，可以说，党的历史就是一部党通过艰辛奋斗来深刻改变世界发展局势和格局，不断为世界谋大同、为人类谋进步的光辉历

---

① 王毅. 坚持正确义利观 积极发挥负责任大国作用：深刻领会习近平同志关于外交工作的重要讲话精神［N］. 人民日报，2013-09-10（7）.
② 中共中央文献研究室. 十八大以来重要文献选编（上）［M］. 北京：中央文献出版社，2018：467.

史。秉承"天下一家"的世界情怀，始终是马克思主义执政党区别于其他政党的显著标志。马克思主义的终极价值指向是致力于实现无产阶级解放和全人类的彻底解放。马克思在继承和批判黑格尔等旧式世界历史思想的基础上以前瞻性的眼光深刻洞察到"由于世界市场的开辟，人们的活动范围愈渐扩大，历史也就越是成为世界历史"① 这一社会历史发展的新潮流，进而科学预测和深刻揭示了人类历史向世界历史变革的未来走向。也正是对世界历史发展规律的掌握，马克思指出："共产主义只有作为'世界历史性的'存在才有可能实现。"② 这进一步论证了"共产主义不是一般地域性的存在，需要着眼于全世界，只有解放了全人类才能真正彻底地解放无产阶级自己，需要全世界无产阶级联合起来共同构建一个可能的共同体"③。因此，作为以马克思主义理论武装起来的中国共产党，无论处在什么环境、不管时代发生多大变迁，但致力于实现"全人类解放的初心"永远不会改变。因此，倡导并践行"人类命运共同体"理念正是中国共产党在新的历史场域中实现共产主义和人类解放梦的"中国表达"和"中国指向"。

进入新时代以来，一方面，随着世界多极化、经济全球化、社会信息化和文化多样化的不断深入发展，国际社会愈发呈现出利益交融、安危与共的历史趋势，越来越成为你中有我、我中有你的命运共同体，世界各国的互联互动更加密切，加上发展中国家的不断发展壮大，国际力量和世界格局发生着前所未有的变化，从而日益重塑着国际关系的理论与实践。另一方面，反观全球局势，人类社会正经历百年未有之大变局，世界发展面临各种问题并遭遇严峻的挑战，逆全球化和民粹主义此起彼伏、恐怖主义肆虐、地区冲突频繁发生、环境问题、重大传染疾病流行等全球性重大问题日益凸显，各种社会政治思潮交锋激荡，旧的国际治理理念和治理体系越来越难以适应新的

---

① 中共中央马克思恩格斯列宁斯大林著作编译局 . 马克思恩格斯选集（第 1 卷）[M]. 北京：人民出版社，2012：413.

② 中共中央马克思恩格斯列宁斯大林著作编译局 . 马克思恩格斯选集（第 1 卷）[M]. 北京：人民出版社，2012：413.

③ 张文龙，刘娟，李建军 . 中国共产党初心与使命的理论渊源、历史演进与实践导向 [J]. 西南民族大学学报（人文社会科学版），2020（11）：198-204.

国际格局和解决人类面临的新挑战。因此,面对"世界怎么了?我们怎么办"的时代之问,习近平总书记在切实回应国际社会的共同期盼与诉求,准确把握中国与世界关系的历史性变化的基础上就"建设一个什么样的世界、如何建设这个世界"等关乎人类前途命运的重大时代课题进行了深邃思考与探索,并在此基础上创造性提出了构建"人类命运共同体"的全新价值理想和美好世界构想,这一全新价值理念不仅与人类所孜孜追求的"和平、合作、正义、自由"的内心愿景高度一致,集中反映了全人类的普遍愿望和共同心声,而且为构建公正合理的国际新秩序提供了理论遵循,为解决全球性危机、走出现代性困境和开辟人类更加美好的发展前景指明了前进方向。可以说,人类命运共同体的构建跨越了不同种族、不同信仰、不同制度的界限,主张"在追求本国利益时兼顾他国合理关切,在谋求本国发展中促进各国共同发展,建立更加平等均衡的新型全球发展伙伴关系,同舟共济,权责共担,增进人类共同利益"①。这无疑是对马克思主义"真正共同体"的复归,使得"全人类解放"的"世界梦"的最高理想诉求有了现实的落脚点,进而勾勒出了"世界大同"的美好幸福圆。而在世界陷入更大不确定性的今天,各国携手共建人类命运共同体是人类对幸福美好安宁生活向往由期盼变为现实的时代呼声和必然选择,人类命运共同体理念从审视世界现实、思考世界未来的政治意识,发展成为兼具系统化的观念体系和实践体系的成熟理论。

---

① 中共中央文献研究室. 十八大以来重要文献选编(上)[M]. 北京:中央文献出版社,2018:37.

第六章

新时代中国共产党"初心"的意义和价值

以"大历史观"洞悉全新的命题和实践往往能够得到深刻的价值意蕴。中国共产党"为人民谋幸福"初心话语的提出，不仅是新时代中国特色社会主义理论体系的最新成果，同时还为新时代党和人民的伟大事业提供了实践遵循。因此，不管是在理论意义层面抑或是现实意义层面，中国共产党的初心都具有十分重要的意义和价值。

第一节　新时代中国共产党"初心"的理论意义

中国共产党的初心首先具有极其深刻的理论意义。它不仅实现了马克思主义唯物史观的中国化表达，集中彰显了中国共产党百年来"人民至上"的价值追求，而且丰富了习近平新时代中国特色社会主义思想，更是深化了中国共产党对其执政规律、社会主义建设规律以及人类社会发展规律的全新认知。

一、开辟了马克思主义中国化的全新境界

"为人民谋幸福"之所以能够成为中国共产党百年来始终不渝坚守的初心并将其作为长期执政的价值准则与实践依据，其根本原因在于马克思主义唯物史观的内在本质规定，坚守和践行"为人民谋幸福"的初心是马克思主义执政党的根本要求。回溯党的百年光辉奋斗历程，不管时代如何变迁，中

国共产党始终把马克思主义作为不断进行革命、建设、改革的强大思想武器，并不断推进实践基础上的理论创新。这是因为马克思主义是人民的理论，人民始终是贯穿马克思主义唯物史观的核心和灵魂。正如习近平总书记强调的那样："马克思主义之所以具有跨越国度、跨越时代的影响力，就是因为它植根人民之中，指明了依靠人民推动历史前进的人间正道。"① 进入新时代以来，习近平总书记以非凡的政治智慧和高度的理论自觉继承和发展了马克思主义的崇高理想和价值追求，并对其进行了具有中国特色和时代特色的高度概括，从而将对马克思主义的唯物史观的理解与认知提升到了前所未有的全新境界。

首先，中国共产党矢志不渝坚守初心是对马克思主义群众观的坚决秉承，集中彰显着中国共产党对马克思关于人民群众历史主体思想的理性认知与科学把握。马克思以"现实的人"为逻辑起点，深刻揭示了人类社会存在与发展的首要前提是现实中从事物质生产实践的人的存在，这与以往一切唯心主义所秉持的上帝创造历史、绝对精神创造历史和少数人创造历史的观点和想法彻底划清了界限。马克思主义以"历史活动是群众的活动"的重要论断为视角深刻阐释了人民群众是历史的主体和历史的创造者的科学真理，从而为马克思主义政党在"依靠谁"的立场问题上指明了正确的方向。进入新时代以来，随着时代境遇的不断变迁和人民群众对美好生活的迫切向往都要求中国共产党要以马克思主义唯物史观的理论内核和思想精髓来主动回应现实问题并解答现实问题，要求中国共产党必须坚持"人民是历史的主体，是历史的创造者"这一原则来科学制定新时代党为人民谋幸福的路线、方针和政策。正如习近平总书记强调："人民既是历史的创造者、也是历史的见证者，既是历史的'剧中人'、也是历史的'剧作者'。"② 可以说，我们党在治国理政的生动实践中始终遵循这一原则并依据实践的不断变化而赋予了其更为丰富的内涵空间，而且深刻指向着要在实践中"始终把人民立场作为根

---

① 习近平. 在纪念马克思诞辰 200 周年大会上的讲话 ［N］. 人民日报，2018-05-05（2）.

② 习近平. 习近平谈治国理政（第二卷）［M］. 北京：外文出版社，2017：314.

本立场，把为人民谋幸福作为根本使命""这是尊重历史规律的必然选择，是共产党人不忘初心、牢记使命的自觉担当"①。唯有如此，中国共产党才能在践行初心的过程中不会偏离人民群众所思、所盼、所需的价值指向。质言之，中国共产党的初心对马克思主义唯物史观的赓续与发展首先体现在马克思主义对于人民作用与地位的基本体认。

其次，中国共产党坚守为人民谋幸福的初心是对马克思主义强调的"为绝大多数人谋利益"价值追求的自觉传承。马克思在《共产党宣言》中旗帜鲜明地指出："过去的一切运动都是少数人的，或者为少数人谋利益的运动。无产阶级的运动是绝大多数人的，为绝大多数人谋利益的独立的运动。"② 可以说，这一重要论述为马克思主义执政党提前预设了政党的出发点及其活动的价值取向。同时，马克思在深刻透视历史运动的本质和社会发展规律的基础上生动描绘了未来社会将是"一切人自由而全面发展"的美好图景。这为所有马克思主义政党创设了终极奋斗目标。正如习近平总书记强调："马克思主义博大精深，归根到底就是一句话，为人类求解放。"③ 一言以蔽之，马克思所追求的从来都不是像以往资产阶级统治者那样为少数人谋利益或维护特权统治阶层的根本利益，而是站在人民的立场来寻求全人类自由解放的正确道路。中国共产党正是在科学把握马克思主义向来强调的"为绝大多数人谋利益"价值取向的基础上立足中国实践提出了为人民谋幸福的初心，可以说，为人民谋幸福的初心在一定程度上可以理解为关于马克思主义"为绝大多数人谋利益"的理论表达，是马克思主义理论话语在新的实践境遇中的重大突破。然而，需要明确的是，中国特色社会主义进入新时代，我们党治国理政需要面临全新的实践场景，中国特色社会主义伟大事业的建设与发展同样面临着与以往相比截然不同的新情况新问题，其中一些理论创新与实践探

---

① 习近平．在纪念马克思诞辰 200 周年大会上的讲话［N］．人民日报，2018-05-05（2）．
② 中共中央马克思恩格斯列宁斯大林著作编译局．马克思恩格斯选集（第 1 卷）［M］．北京：人民出版社，2012：411.
③ 习近平．在纪念马克思诞辰 200 周年大会上的讲话［N］．人民日报，2018-05-05（2）．

索的基本方向已远远超出马克思在那个年代的理论想象。如历史方位的变化、社会主要矛盾的转化、经济新常态、百年未有之大变局等等。因此，中国共产党为人民谋幸福的初心并不是对马克思"为绝大多数人谋利益"简单的机械套用，而是在不断求解现实问题的基础上实现具有中国特色和时代特色的理论创新与话语创新。如我们党在紧紧围绕初心这一根本问题上提出了"以人民为中心""人民美好生活向往""人民至上"等一系列新概念新话语。可以说，中国共产党在坚持马克思主义科学理论的基础上辩证地解决了理论"守正"与"创新"之间的张力问题，既坚持在理论创新的过程中保证"老祖宗"不能丢的原则，又做到了在实践变化中说"老祖宗"没有说过的"新话"。因此，从各方面综合来看，中国共产党为人民谋幸福的初心开辟了马克思主义中国化的新境界。

二、深化了对中国共产党宗旨性质的认识

回溯中国共产党百年来矢志不渝践行为人民谋幸福初心的不懈奋斗史，一条清晰的逻辑主线便是"我们党的百年历史，就是一部践行党的初心使命的历史，就是一部党与人民心连心、同呼吸、共命运的历史"①。虽然我们党所处的时代场域在变，中国共产党为民造福的叙事语境与话语表达亦随之改变，但我们党的执政理念与奋斗目标始终没有偏离"为民"二字。中国共产党在百年奋斗历程中对主体价值导向保持着清醒而又坚定的认识，并在不同的历史境遇中用具体的实践对"为了谁"这一根本问题做出相应的时代回应。

在风雨如磐的革命岁月里，我们党之所以能够成功摆脱以往各种政治力量追求自身利益的局限性，其中一个至关重要的原因是我们党始终把造福人民作为自己建党立党的根本动因，把人民利益高于一切作为自己对劳苦大众使命与责任的自我觉醒。因此，作为一种价值追求和价值理念必然要在革命

---

① 黄敬文. 习近平在党史学习教育动员大会上强调 学党史悟思想办实事开新局 以优异成绩迎接建党一百周年［N］. 人民日报，2021-02-21（1）.

斗争的实践中表现出来。鉴于此，毛泽东在谈到为什么要革命时鲜明地指出："使中国大多数穷苦人民享有经济幸福。"① 而且我们党在开展革命斗争的历史进程中进一步认识到"把群众的利益放在第一位。这是我们与国民党的根本区别，也是共产党员革命的出发点和归宿"②。从话语演进的逻辑规律而言，这里的"出发点"和"归宿"的理论阐释是新时代我们党初心话语在革命语境中的原始性表达。直至党的八大，我们党把全心全意为人民服务作为区别于其他政党的显著标志并将其作为党的宗旨写入了党章，这高度体现了我们党对人民利益的高度重视与关切。历史也有力地证明了中国共产党人一旦树立了为人民谋福利的价值追求和价值观念，就会自觉地放大自己的责任与义务，甚至为了维护和实现人民的利益以牺牲生命为代价，在团结带领中国人民推翻"三座大山"与建设社会主义新中国的历史进程中，我们党为了求得人民解放与幸福遭遇太多苦难而又不屈不挠，付出惨烈牺牲而又英勇无畏，都是其特有价值追求与价值观在革命与建设语境中的生动体现。进入改革开放新时期，我们党在深刻总结历史经验的基础上保持为民造福的政治本色不改，在改革开放的伟大进程中保持尊重社会发展规律与人民主体性的一致性，创造性地把"三个有利于标准"作为中国共产党为人民谋幸福实践活动的评判标准，把"共同富裕"作为实现人民幸福始终不渝的奋斗目标，直至以后，我们党不断创新性地提出"三个代表"重要思想和"以人为本"的"科学发展观"，都始终以全心全意为人民服务为根本价值取向，充分彰显了中国共产党服务人民、造福人民的精神追求与价值坚守。

进入新时代以来，"全心全意为人民服务"这一党的根本宗旨又结合新的历史场景具有全新的意义。随着社会主要矛盾的转化和人民对美好生活向往的美好愿景，中国共产党在立足全新时代方位和遵循党的宗旨性质的基础上鲜明地提出党的初心这一全新价值理念与价值追求，明确将"为人民谋幸福"作为其本质内涵贯穿于新时代中国共产党治国理政的生动实践中，而且紧紧围绕"什么是人民幸福、怎么样为人民谋幸福"这一核心议题展开了深

---

① 中共中央文献研究室. 毛泽东文集（第1卷）[M]. 北京：人民出版社，1993：16.

② 毛泽东. 毛泽东选集（第五卷）[M]. 北京：人民出版社，1977：242.

刻的理论阐释。如关于人民对美好生活的向往就是中国改革诸多始终不渝的奋斗目标的重要论述、关于群众路线是党的生命线的重要论述、关于全心全意为人民服务是共产党人天职的重要论述、关于不断增强人民群众幸福感的重要论述、关于"江山就是人民，人民就是江山"的重要论述、关于人民生命健康安全的论述、关于民心是最大的政治的重要论述，等等。可以说，这些全新的理论虽然在话语表达和涉及的方面不尽相同，但却无疑构成了"人民幸福"的同一语义谱系，是中国共产党"为民、爱民"的价值逻辑展现。回顾我们党"全心全意为人民服务"到"以经济建设为中心"到"以人为本"再到"为人民谋幸福"的演进脉络，可以清楚地看到，人民幸福的历史主线和价值定位随着实践的不断发展而愈加凸显和具象化。正如习近平总书记所说："党的初心和使命是党的性质宗旨、理想信念、奋斗目标的集中体现。"① 也就是说，新时代中国共产党为人民谋幸福初心的出场进一步书写了我们党宗旨性质的崭新形态，是我们党一贯以来宗旨性质的再认识、再深化，中国共产党为人民谋幸福的初心正是我们党全心全意为人民服务宗旨在中国特色社会主义全新实践中的返本开新，而且我们党根据叙事语境的变化而赋予了其鲜明的时代特色和独特的价值内蕴。

三、丰富了习近平新时代中国特色社会主义思想

"为人民谋幸福、为民族谋复兴、为世界谋大同，是深刻理解和全面把握习近平新时代中国特色社会主义思想的'金钥匙'。"② 党的十八大以来，以习近平同志为核心的中国共产党人在立足中国实践、回应人民诉求、洞察社会发展趋势的基础上就新时代坚持和发展什么样的中国特色社会主义、怎样坚持和发展中国特色社会主义这个重大时代问题进行了不断的理论探索与实践探索，并形成了一系列具有原创性的新理念新思想新战略，而且以全新的历史视野和高超的政治智慧开辟了马克思主义中国化的新境界，进而形成

---

① 习近平．习近平谈治国理政（第三卷）［M］．北京：外文出版社，2020：538.
② 中共中央宣传部．习近平新时代中国特色社会主义思想学习纲要［M］．北京：学习出版社，人民出版社，2019：10.

了习近平新时代中国特色社会主义思想。这一全新思想的创立始终坚持马克思主义的基本立场、原则和方法，在新的历史场域中愈发闪耀着马克思主义的真理光辉，充分彰显了新时代中国共产党人的政治品格、价值理念和理想追求。党的十九大、十九届六中全会用"十个明确"和"十四个坚持""十三个方面成就"深刻阐释了习近平新时代中国特色社会主义思想的精神实质、精髓要义以及丰富内涵。

党的十九大报告的主题总共 68 个字符，开头便以"不忘初心、牢记使命"打头，而且从 3 万多字的十九大报告中不难发现，"人民"二字被不断地提及了 203 次，报告中第八章节围绕"多谋民生之利，多解民生之忧"的论述占 2292 个字，提高和改善民生在报告中亮点频频，关于"心"的字眼出现了 57 次。由此可以看出，"这一思想坚守中国共产党人为人民谋幸福的初心""彰显了以人为本、人民至上的价值取向，彰显了立党为公、执政为民的执政理念"[①]。换言之，为人民谋幸福是习近平新时代中国特色社会主义思想的价值追求与逻辑主线。纵观习近平新时代中国特色社会主义思想的核心内容，可以说，虽然每一方面的表述和侧重点都不尽相同，但在本质内涵上却始终以"人民幸福"为价值中轴和目标归宿。在论述新时代的基本内涵上，党的十九大报告鲜明地强调："这个新时代，是承前启后、继往开来、在新的历史条件下继续夺取中国特色社会主义伟大胜利的时代，是决胜全面建成小康社会、进而全面建设社会主义现代化强国的时代，是全国各族人民团结奋斗，不断创造美好生活、逐步实现全体人民共同富裕的时代。"[②] 在根本立场问题上，党的十九大报告旗帜鲜明地提出中国共产党的初心就是为人民谋幸福，要把党的奋斗目标聚焦于广大人民群众对美好生活向往的美好愿景上来，要始终坚信依靠人民群众创造历史伟业。在奋斗目标问题上，党的十九大报告中强调，实现中华民族伟大复兴是中华民族近代以来最伟大的梦想，而且要最终实现这个伟大梦想就必须不断为人民造福。在战略安排上，

---

① 中共中央宣传部．习近平新时代中国特色社会主义思想学习纲要 [M]．北京：学习出版社，人民出版社，2019：10.

② 习近平．习近谈治国理政（第三卷）[M]．北京：外文出版社，2020：9.

党的十九大报告强调在全面建成小康社会的基础上分两步走，向着社会主义现代化强国不断迈进，使中国人民在此基础上享有更加幸福的生活。在发展动力问题上，党的十九大报告明确强调改革开放是决定中国命运的关键一招，要把改革成效的评价标准置于是否促进社会经济发展、是否促进社会公平正义和是否增进人民福祉的维度来加以认识。在社会建设问题上，党的十九大报告强调要把增进民生福祉作为社会发展的出发点与目标归宿，要在发展中保障和改善民生，不断增强人民群众的获得感与幸福感。在政治保障上，党的十九大报告明确指出毫不动摇党的核心领导是全国各族的利益所在、幸福所在。

一言以蔽之，人民幸福犹如一条政治红线贯穿于习近平新时代中国特色社会主义思想的全过程。从一定意义上来讲，中国共产党为人民谋幸福的初心是习近平新时代中国特色社会主义思想的集中体现。因此，人民性毫无疑问是习近平新时代中国特色社会主义思想最鲜明的底色和最闪亮的坐标，而我们党为人民谋幸福的初心将顺理成章成为习近平新时代中国特色社会主义思想的理论主线、实践主题与价值主旨。故此，只有深刻理解和科学把握中国共产党为人民谋幸福的初心的本质内涵与核心要义，我们才能系统、全面、科学地体悟习近平新时代中国特色社会主义思想的精神原点、逻辑起点和价值起点，才能更好地运用习近平新时代中国特色社会主义思想来指导我们党治国理政的生动实践。只有深刻理解和科学把握中国共产党为人民谋幸福的初心，我们才能从历史、现实与未来的贯通中不断深化对习近平新时代中国特色社会主义思想的科学认知。

四、深化了对党的执政规律、社会主义建设规律、人类社会发展规律的认识

在历史的长河中，万千事物及其规律都是自在的。因此，党的十八大以来，以习近平总书记为核心的中国共产党在深刻洞察和自觉因应党的执政规律、社会主义发展规律和人类社会发展规律的基础上紧紧围绕“为什么人”的问题进行了不断的理论探索，形成并提出了为人民谋幸福的初心这个重大理论问题和实践课题，实现了我们党执政理念与价值追求的与时俱进，同时也实现了我们党治国理政思想的历史新飞跃。因此，只有系统考究中国共产党的初心生发与运行背后的规律，我们才能真正理解其话语和理念本身的时代内涵与价值旨归。

首先，中国共产党的初心深刻揭示了党的执政规律。规律是人们认识世界与改造世界所遵循的基本规则。对中国共产党来说，党的执政规律最核心的就是人心向背的定理。正如习近平总书记所言："一个政党，一个政权，其前途和命运最终取决于人心向背。"① 这是中国共产党百年来坚定不移所遵循的最根本的执政规律。我们党在不同的历史语境中根据历史实践的变化对执政规律的认识有着不断的深化、拓展和升华。质言之，中国共产党在执政过程中既要坚持执政本质，又要实现执政目标，只有明确执政本质，即首先明确中国共产党"是什么"的根本问题，才能真正解决好"为了谁"的目标归宿问题。回溯党的百年奋斗历程。可以说，党的历史就是一部我们党不断总结经验、吸取教训并充分把握执政规律的历史。中国共产党成立伊始，我们党在深刻总结以往一切政治力量失败的经验教训基础上得出了中国革命要取得成功的前提条件是要明确"为什么人的问题，是一个根本的问题，原则的问题"②，如果中国革命要取得最终胜利就必须遵循这一规律。可以说，正是由于我们党在革命实践中对这一规律有了科学与精准的认识，中国共产党才能紧紧依靠人民群众取得了近代以来各种力量不可能完成的艰巨任务。在新中国成立前夕，我们党就如何跳出"其兴也勃焉，其亡也忽焉"历史周期律的问题进行了不断的探索与思考，并得出了要让人民群众监督政府、让人民当家做主的执政规律。正如毛泽东强调："全世界共产主义者比资产阶级高明，他们懂得事物的生存和发展的规律，他们懂得辩证法，他们看得远些。"③ 这更是一语道出了能够科学把握和自觉认知党的执政规律是中国共产

---

① 中共中央文献研究室．十八大以来重要文献选编（上）［M］．北京：中央文献出版社，2018：81.

② 毛泽东．毛泽东选集（第3卷）［M］．北京：人民出版社，1991：857.

③ 毛泽东．毛泽东选集（第4卷）［M］．北京：人民出版社，1991：1468.

党与其他政党的显著区别。进入改革开放新时期，我们党在不断总结历史经验教训的基础上深刻认识到"不发展经济，不改善人民生活，只能是死路一条"①。显而易见，这是我们党对其自身执政规律的深刻体悟。也正是由于我们党在改革开放历史进程中始终围绕这一执政规律来满足人民的根本利益和回应人民对提高和改善生活水平的历史要求，我们党才能重新赢得人民群众的信任与支持。质言之，改革开放 40 多年取得的巨大历史性成就也从侧面反映了我们党对近代以来执政规律的自我认识与觉醒。

党的十八大以来，中国共产党在新的历史实践中对"为谁立命、为谁执政"这一规律性课题做出了明确的时代回应。正如习近平总书记所强调："党和人民事业发展到什么阶段，党的建设就要推进到什么阶段。这是加强党的建设必须把握的基本规律。"② 可以说，这一论述集中彰显了我们党对其执政规律的认知达到了历史新高度。因此，习近平总书记在多个场合围绕执政为民这一基本执政规律展开了多维度论述。关于中国共产党执政基础与人民利益之间的关系，习近平总书记指出："中国共产党在中国执政就是要为民造福，而只有做到为民造福，我们党的执政基础才能坚如磐石。"③ 这是我们党之所以能做到长期执政的"基因密码"。而且他在揭示中国共产党能够得到人民拥护的原因时强调："中国共产党之所以能够得到人民拥护，中国特色社会主义之所以能够得到人民支持，也正是因为造福了人民。"④ 这深刻揭示了人民群众的拥护与中国共产党长期执政之间的内在规律。此外，习近平总书记在十九届中央政治局第十五次集体学习时鲜明地强调："把'不忘初心、牢记使命'作为加强党的建设的永恒课题。"⑤ 这更是揭示了中国共

① 邓小平. 邓小平文选（第 3 卷）[M]. 北京：人民出版社，1994：370.
② 徐隽，刘卫兵，鞠鹏. 庆祝中国共产党成立 95 周年大会在京隆重举行 [N]. 人民日报，2016-07-02 (1).
③ 中共中央党史和文献研究院. 十八大以来重要文献选编（下）[M]. 北京：中央文献出版社，2018：32.
④ 中共中央党史和文献研究院. 十八大以来重要文献选编（下）[M]. 北京：中央文献出版社，2018：400.
⑤ 习近平在中央政治局第十五次集体学习时强调 全党必须始终不忘初心牢记使命 在新时代把党的自我革命推向深入 [N]. 人民日报，2019-06-26 (1).

产党的初心与党的建设之间的逻辑规律。总体来说，这些重要论述深刻阐释了中国共产党执政的出发点和目标归宿就是造福人民，人民幸福是我们党长期执政的价值坐标。毋庸置疑，中国共产党的初心将党的价值追求与历史使命集中聚焦于人民幸福上来，这高度彰显了党性与人民性的统一，同时也进一步深化了对党的执政规律的科学把握与深刻认知。

其次，中国共产党的初心深化了对社会主义建设规律的认知。进入新时代以来，中国共产党在深刻把握我国社会主要矛盾发生变化的基础上就如何坚持和发展中国特色社会主义进行了不断的理论与实践探索。习近平总书记在上任之初就鲜明地指出："我们党领导人民全面建设小康社会、进行改革开放和社会主义现代化建设的根本目的，就是要通过发展社会生产力，不断提高人民物质文化生活水平，促进人的全面发展。"① 可以说，这为新时代社会主义建设设定了逻辑起点与价值导向。因此，我们党在坚持和发展社会主义过程中始终围绕人民幸福而提出了许多新论断新思想。我们党在深刻洞察社会主义建设规律的基础上将中国特色社会主义事业总体布局由"四位一体"拓展为"五位一体"的历史性转变，而且针对社会主义建设遇到的难题创造性地提出了新发展理念，其最终目的是"让人民共享经济、政治、文化、社会、生态等各方面发展成果"②。这个定位可以说是我党对新时代中国特色社会主义建设认识的新突破。此外，习近平总书记还强调："共同富裕是社会主义的本质要求，是中国式现代化的重要特征。"③ 这里所说的"本质"实则就是"规律"，这标志着我们党对社会主义建设规律的认知达到了历史新高度。而且习近平总书记进一步揭示了社会主义建设的目标指向是"更好发展中国特色社会主义事业，更好推动人的全面发展、社会全面进

---

① 习近平. 全面贯彻落实党的十八大精神要突出抓好六个方面工作 [J]. 求是，2013（1）.
② 习近平. 论坚持全面深化改革 [M]. 北京：中央文献出版社，2018：515.
③ 习近平主持召开中央财经委员会第十次会议强调 在高质量发展中促进共同富裕 统筹做好重大金融风险防范化解工作 [N]. 人民日报，2021-08-18（1）.

步"①。可以说,贯穿于这些新思想与新理念的一条鲜明价值主线便是为民造福,究其本质而言是中国共产党为人民谋幸福的初心在社会主义建设领域内的理论表达。所以说,中国共产党为人民谋幸福的初心进一步深化了对社会主义建设规律的认知。

最后,中国共产党的初心深化了对人类社会发展规律的认知。马克思认为,人类社会是按照一定运行规律从低级社会形态到高级社会形态不断更迭发展的必然趋势和结果,而共产主义社会将是人类社会发展的最高阶段。在共产主义的美好图景中,每个人自由而全面发展的终极目标将会得以实现,人们将在真正意义上实现从必然王国到自由王国的跃迁。然而,共产主义并不是轻而易举就可以实现的,而是人们不懈探索和努力奋斗的结果。党的十八大以来,我们党在洞察人类社会发展规律的基础上深刻认识到,尽管历史方位和社会主要矛盾发生了变化,但我们国家仍然处于并将长期处于社会主义初级阶段的基本国情依然没有改变。因此,我们党将为人民谋幸福凝练成新时代共产党人的理想信念与奋斗目标,这与我们党向来坚守和追求的共产主义最高理想在本质内涵上是高度一致的,党的初心是共产主义最高理想在新时代语境下的具象化表达,集中体现了为人民谋幸福的引领性和可预期性,在社会主义中国要实现共产主义理想社会的首要前提是实现人民对美好生活的向往。诚然,中国共产党的初心把共产主义的崇高信仰与广大人民群众的现实追求和未来期许有机融合起来,从而成为通往共产主义必由之路最根本的性质和方向规定。

第二节　新时代中国共产党坚守"初心"的实践价值

中国共产党的初心作为一种精神和心理上的动力,具有多重的实践面

---

① 马占成. 习近平在省部级主要领导干部"学习习近平总书记重要讲话精神,迎接党的十九大"专题研讨班开班式上发表重要讲话强调 高举中国特色社会主义伟大旗帜 为决胜全面小康社会实现中国梦而奋斗 [N]. 人民日报, 2017-07-28(1).

向。回溯党的百年奋斗历程，中国共产党为人民谋幸福的初心既是我们党跳出历史周期律的实然选择，也是激励中国共产党人不断前行的根本动力，亦是巩固党的执政基础的本然选择，更是我们党实现其历史使命的价值诉求。因此，在新时代我们党坚守初心的现实意义就显得尤为重要。

一、坚守初心是我们党跳出历史周期律的实然选择

"历史周期律"是特指中国古代历史上政权朝代兴盛衰亡、变幻更替所展现出的一种周期性历史现象。总结中国历史上的历代封建王朝包括近代以来的各种政党力量团体之所以难逃"其兴也勃焉，其亡也忽焉"的历史怪圈，其原因是多种多样的，但其中最深层次的原因就是它们在"为了谁、依靠谁、我是谁"的根基性问题上迷失了方向与自我，因此，他们的"退场"势必成为历史的必然。我们党的宗旨性质与以往旧式的封建统治是不可同日而语的，但是"以史为鉴，可以知兴替"。纵观世界上一些国家和政党尤其是一些执政时间长达几十年的老牌政党，他们因为在夺取政权之后在精神上自然的惰性发作，从而逐渐模糊甚至淡忘了最初组建政权时的初衷，因此也就内在地决定了其难逃人亡政息的历史悲剧。历史一再警示和告诫我们：执政党如果在长期执政过程中始终秉持和坚守初心，那么它将会赢得民心、赢得时代；反之，执政党如果在其长期执政过程中脱离人民，伤害人民群众的感情，那么它将会失去民心，最终会在历史舞台中黯然退场，古今中外，概莫能外。

回溯过往，中国共产党在长期的执政实践中就如何成功跳出执政的"历史周期律"这一历史性课题始终保持着清醒而又坚定的认识。在新中国成立前夕，我们党就"以什么样的精神和姿态"在即将胜利的新中国做到全国范围内执政问题与中间派人士黄炎培有过一段关于"兴亡周期律"和"民主新路"的著名对话，针对黄炎培提出的"历史周期律"问题，毛泽东给出了自信而又简短的答复，即"我们已经找到新路，我们能跳出这周期律。这条新路，就是民主。"换言之，只要让人民群众当家作主，始终做到为人民群众造福，我们党就能成功跳出"历史周期律"，可以说，这为我们党的长期执政设定了逻辑起点与价值遵循。此外，不妨把党的执政视角聚焦到九十年代末期，基于苏联解体、东欧剧变的历史教训，我们党深刻认识到："经过苏联解体、东欧剧变，不少国家的共产党丧失了执政地位，一些国家的共产党衰落甚至瓦解了。这里面固然有复杂的原因，但很重要的一个原因就是阶级基础和群众基础的问题没有处理好。"① 可以说，这既是一种深刻的历史镜鉴，又是一种隐喻式的告诫，旨在告诫共产党人，如果"使党和人民的利益受到损害，那么，我们最后必然失去最广大人民的拥护和支持，这是历史兴亡的规律"②。这更是深刻揭示了我们党只有切实践行"立党为公、执政为民"的宗旨理念，才能保证党的社会主义红色江山不动摇不变色，反之，我们党"就会落后于时代，就有失去执政资格、失去人民信任和拥护的危险"③。

"过去一百年，中国共产党向人民、向历史交出了一份优异的答卷。现在，中国共产党团结带领中国人民又踏上了实现第二个百年奋斗目标新的赶考之路。"④ 可以说，不管时代方位和执政环境如何变迁，我们党始终对如何跳出"历史周期律"的时代课题保持着强烈的忧患意识。习近平总书记在多个历史场合反复提及"历史周期律"的问题，他认为"历史周期律"至今对中国共产党都是很好的鞭策和警示。中国共产党在新时代探索如何跳出历史周期律的具体实践中深刻认识到党的执政地位并不是与生俱来的，更不是一劳永逸的，如稍有不慎，就极有可能失去执政资格和执政地位。鉴于此，我们党在深刻总结历史经验教训并结合新的执政要求的基础上得出：越是长期执政，越不能忘记党的初心使命，只有慎始敬终秉持为人民谋幸福的初心才是在长期执政条件下真正解决自身存在的问题与成功跳出"历史周期律"的关键途径所在。正如习近平总书记所言："忘记这个初心和使命，党就会改

---

① 江泽民. 江泽民文选（第 3 卷）［M］. 北京：人民出版社，2006：342.
② 江泽民. 江泽民文选（第 3 卷）［M］. 北京：人民出版社，2006：420.
③ 江泽民. 江泽民文选（第 2 卷）［M］. 北京：人民出版社，2006：284.
④ 鞠鹏，殷博，李响. 庆祝中国共产党成立 100 周年大会在天安门广场隆重举行［N］. 人民日报，2021-07-02（1）.

变性质、改变颜色，就会失去人民、失去未来。"① 反之，只要我们党"牢牢坚持为中国人民谋幸福、为中华民族谋复兴，不断检视自己，不掩饰缺点，不文过饰非，坚决同一切弱化党的先进性和纯洁性、危害党的肌体健康的现象做斗争，就一定能够始终立于不败之地"②。质言之，中国共产党正是在过去的一百年里始终坚守和践行为人民谋幸福的执政初心，我们党从而拥有了长期执政的最大底气和根本力量。展望未来，我们党长期执政面临着新的"赶考之路"，跳出"历史周期律"的"大考"永远在路上，唯有将为人民谋幸福的初心作为破解"其兴也勃焉，其亡也忽焉"历史周期律的精神密码，我们党方能在历史的长河中赢得民心、赢得时代，我们党的执政地位方能千秋永固，党的红色江山方能保证不变质不变色。

二、坚守初心是激励中国共产党人不断前进的根本动力

回顾党的百年不懈奋斗历程，人们不禁要发问：为什么中国共产党能够在历史的大浪淘沙中不断从胜利走向新的胜利？缘何近代以来饱经苦难的中华民族在中国共产党的团结带领之下实现了从站起来、富起来到强起来的历史性伟大飞跃？不妨把历史的坐标系不断向前平移，我们可以清楚地认识到："根本原因就在于不管是处于顺境还是逆境，我们党始终坚守为中国人民谋幸福、为中华民族谋复兴这个初心和使命，义无反顾向着这个目标前进。"③ 质言之，党的初心是激励共产党人坚毅前行、永远奋斗的根本动力来源。在革命战争年代，我们党自登上中国政治舞台的那一刻起就自觉地把"服务人民、造福人民"作为其矢志不渝的价值追求并贯穿于革命斗争实践的全过程，而且我们党对涉及革命的目标问题始终保持着清醒的认知。在谈到为什么要革命时，我们党鲜明地指出："今天的革命，是为的民众的幸

---

① 习近平．习近平谈治国理政（第三卷）［M］．北京：外文出版社，2020：530.
② 习近平．习近平谈治国理政（第三卷）［M］．北京：外文出版社，2020：530.
③ 习近平．习近平谈治国理政（第三卷）［M］．北京：外文出版社，2020：530.

福。"① 可以说，这是中国共产党为人民谋幸福的初心在革命语境中的集中表达。也正是在这种精神力量的指引与驱动下我们党"不管敌人如何强大，道路如何艰难，他们总是坚决前进，绝不徘徊，绝不畏缩，终于使全国人民从黑暗中找到光明，从绝路中找到生路"②。我们党团结带领人民经过长期的浴血奋战最终成功地推翻了压在人民头上的"三座大山"，饱受苦难的中国人民从此摆脱了任人宰割的悲惨命运，中华民族自此也开启了艰难但不可逆转的民族复兴之路。历史也充分印证了中国共产党之所以能够在危局困境中沿着正确方向坚定前行的秘诀就在于把"革命为民"的初心无形地转化为理想信念并牢牢扎根于所有共产党人的内心深处，进而成为激励其经受任何危险考验的精神之源。新中国成立之后，我们党清醒地认识到："一切都是为了人民的利益。打仗，是为人民求解放；和平解放，团结改造，也是为了人民的利益。"③ 正是在全心全意为人民谋利益执政情怀的激励下，我们党才能在"一穷二白"的新中国团结带领人民通过接续开展社会主义革命和建设来解决百废待兴的局面，并致力于为实现国家富强和人民富裕的奋斗目标而接续奋斗。即使后来我们党在艰难探索如何实现国家富强和人民富裕的道路上出现了偏差与错误，但不能说我们党的初心就变了，试想一下，如果没有"建设为民"精神动力的激励和牵引，我们党就不可能快速实现国民经济的恢复，社会主义制度也不可能如期建成，社会主义即使建成了也不可能得到有效巩固。

党的十一届三中全会以来，我们党在深刻总结历史经验教训的基础上以巨大的政治勇气进行全方位多领域的拨乱反正，从而重新定位和校正党的初心。正如邓小平指出："我们要想一想，我们给人民究竟做了多少事情呢？"④ 可以说，这既是一种对过往历史的深刻反思，更是一种理论上的清醒与政治

---

① 中共中央文献研究室，中央档案馆．建党以来重要文献选编：1921-1949（第3册）[M]．北京：中央文献出版社，2011：168.
② 中共中央文献研究室．毛泽东文集（第3卷）[M]．北京：人民出版社，1993：46-47.
③ 中共中央文献研究室．毛泽东文集（第6卷）[M]．北京：人民出版社，1993：10.
④ 邓小平．邓小平文选（第2卷）[M]．北京：人民出版社，1994：128.

上的坚定。基于这样一种为民情怀和执政初心，我们党深刻体察群众愿望和利益要求，果断坚持"以经济建设为中心"来及时主动地回应时代之问和广大人民群众对幸福美好生活的新期待，自觉地把"立党为公、执政为民"作为我们党执政的生命根基与本质要求贯穿于改革开放伟大事业的全过程。而且我们党在改革开放的历史进程中始终保持着"只有植根人民、造福人民，党才能始终立于不败之地；只有居安思危、勇于进取，党才能始终走在时代前列"①的清醒认知，这也是我们党能够在事关党和国家前途命运的重要历史转折关头选择正确的道路而不断前行的主要原因所在。

党的十八大以来，经过党和人民持续不断的艰苦奋斗，我们取得了一系列举世瞩目的历史性成就。如在中国共产党的团结带领下，脱贫攻坚战取得了全面胜利，全面建成小康社会的第一个百年奋斗目标如期实现，等等。这些巨大成就正是源于我们党始终不渝坚守为人民谋幸福的初心而取得的。也就是说，为人民谋幸福的初心自始至终是激励中国共产党人前赴后继、英勇奋斗的根本精神动力。然而，过去辉煌不等于永远辉煌，一些党员干部很容易在执政业绩光环的照耀之下淡忘初心、迷失方向。因此，习近平总书记站在新的历史起点上号召全体党员干部要做到"不忘初心"，其根本目的是提醒共产党人即使走得再远也决不能忘记走过的路，即使走到更辉煌的未来也永远不要忘记为什么出发，这其中展现的是一种未来取向的逻辑思维方式。展望未来，我们党越是要长期执政，就越不能忘记为人民谋幸福的执政初心，因为"唯有不忘初心，方可善作善成、一往无前"②，唯有慎始敬终秉持为人民谋幸福的初心，我们党才能拥有无比强大的精神力量勇毅前行。

三、坚守初心是巩固党的执政基础的必然选择

执政基础是一个执政党维护和巩固其执政地位和实现长期执政的根本条

---

① 胡锦涛. 坚定不移沿着中国特色社会主义道路前进 为全面建成小康社会而奋斗：在中国共产党第十八次全国代表大会上的报告 [N]. 人民日报，2012-11-18（1）.

② 中共中央党史和文献研究院，中央"不忘初心、牢记使命"主题教育领导小组办公室. 习近平关于"不忘初心、牢记使命"论述摘编 [M]. 北京：中央文献出版社，党建读物出版社，2019：14.

件和基础前提，执政基础是否稳定从根本上取决于执政党能否真正代表最广大人民的根本利益、能否始终站在人民群众立场上考虑和解决问题。也就是说，要想获得政权并做到长期执政，先决条件是要获得人民群众的支持、信任与爱戴。回溯党的百年奋斗历程，我们党能够成功夺取政权并不断巩固政权，其中一个决定性因素是我们党从建党之日起就自觉地把人民群众视为最深厚的基础。近代以来，中华民族之所以面临亡国灭种的民族危机，其根本原因就是缺少一个能够完全摆脱追求自身利益局限的政党来解决这一时代问题，从此也导致了无法将社会上的各种力量有效聚合起来。中国共产党成立之后，就自觉地把为人民谋幸福的初心贯穿于救亡图存的不懈探索中，同时也置于中华民族追求民族复兴的宏伟征途中。我们党在革命的时代情境中以明确的宗旨性质、坚定的理想信念及其灵活的斗争策略有效地唤醒并激发了人民群众的革命积极性，而且在长期革命斗争过程中将"独立""解放""幸福""复兴"等话语适时地融入人民群众的"集体记忆"中。换言之，我们党用自己的实际行动和价值承诺唤起了蕴藏在人民群众中的磅礴伟力。俗话说，得民心者得天下，正是在广大人民群众的衷心拥护与广泛支持下，我们党才能通过千难万苦的武装斗争成功夺取了政权。毛泽东更是指出："我们同国民党是对立的，一个要人民，一个脱离人民。"① 这深刻揭示了中国共产党之所以最终能够取得成功的深层奥秘。可以说，中国共产党秉持的初心在革命的实践场域中与中华民族的前途命运和中国人民的利益关切实现了高度的契合，这也是中国共产党赢得民心和取得政权的根本原因所在。

　　进入改革开放新时期，我们党在总结历史经验教训的基础上以巨大的政治勇气与强烈的责任担当致力于重塑党的光辉形象和修复党和人民群众之间的血肉联系。在改革开放的历史进程中，中国共产党始终把人民"高不高兴、答不答应、赞不赞同"作为党一切工作的出发点和目标归宿，始终坚信"如果哪个党组织严重脱离群众而不能坚决改正，那就丧失了力量的源泉，就一定要失败，就会被人民抛弃"② 的绝对真理。故此，我们党深刻认识到

---

① 中共中央文献研究室. 毛泽东文集（第3卷）［M］. 北京：人民出版社，1993：58.
② 邓小平. 邓小平文选（第2卷）［M］. 北京：人民出版社，1994：368.

人民群众是我们党的根基所在，要巩固党执政的群众基础必须自觉地做到"为民造福"；因为"人民群众也往往是从党和政府如何对待他们的切身利益来判断党和政府工作的、来决定他们对党和政府的态度的"①。可以说，正是中国共产党在改革开放的生动实践中联系群众、服务群众、造福群众，我们党才能够赢得民心，进而巩固了党长期执政深厚而广泛的群众基础。一言以蔽之，无论在任何历史时期，增强党的阶级基础和扩大党的群众基础在一定意义上而言是决定其执政地位巩固与否的根本性问题。

党的十八大以来，我们党在深刻洞察和理性把握执政规律的基础上深刻体悟到中国共产党之所以能够由弱到强不断发展壮大，中国共产党在百年来之所以能够一如既往地得到广大人民群众的衷心拥护与广泛认同，正是得益于我们党慎始敬终秉持全心全意为人民谋幸福的初心。因此，基于长期执政的未来考量，我们党将其执政的根基性问题置于决定党生死存亡的高度加以审视与认识。正如习近平总书记所言："中国共产党在中国执政就是要为民造福，而只有做到为民造福，我们党的执政基础才能坚如磐石。"② 可以说，这一重要论述深刻揭示了党的初心与党的执政基础之间的逻辑关系，同时也为我们考量如何在新时代巩固党的执政基础提供了致思理路。因此，我们党始终把为广大人民群众谋幸福作为其执政的出发点和立足点，并付诸新时代治国理政实践的全过程。其一，从理论层面出发，习近平总书记反复用"塔西佗陷阱""舟水关系""天和地之间的关系"等历史事例提醒和劝诫共产党人要"自觉践行党的根本宗旨……着力解决群众最关心最现实的利益问题，不断增强人民群众对党的信任和信心，筑牢党长期执政最可靠的阶级基础和群众根基"③。其二，从实践层面出发，我们党深刻认识到，倘若要赢得人民群众的衷心信任与广泛支持，我们党就要把执政的出发点和价值导向聚

---

① 中共中央文献研究室．论群众路线：重要论述摘编［M］．北京：中央文献出版社，党建读物出版社，2013：115.

② 中共中央党史和文献研究院．十八大以来重要文献选编（下）［M］．北京：中央文献出版社，2018：32.

③ 习近平．在"不忘初心、牢记使命"主题教育工作会议上的讲话［M］．北京：人民出版社，2019：4.

焦于切实解决好人民群众"最关心、最直接、最现实"的问题和人民群众最关心的民生问题上来。因为这些问题得不到有效解决，中国共产党为人民谋幸福的初心就会流于口号和形式而被束之高阁，最后将失去人民群众的信任与拥护，从而最终失去其最可靠的执政基础。进入新时代以来，我们党的威信之所以越来越高，党群关系之所以越来越密切，其根本原因是我们党在人民群众最关切的"就业、收入分配、教育、社会保障、医疗卫生、住房、食品安全、公共安全、公共治安"① 等保障和改善民生领域一大批惠民举措的落地实施，人民群众的获得感、幸福感和安全感较之以往更为充实、更可持续、更有保障，由此带来的效果便是广大人民群众对中国共产党的信任度和满意度上升，尤其是在此次疫情"战役"期间，我们党以实际行动向世界展示了"我们既可以做到发展为了人民，也可以做到当'人民利益'和'发展利益'冲突时，将人民福祉置于最优先的位置"②。这些重大举措无不展现着党的初心与宗旨，人民群众不仅看得到而且也能够切实感受得到中国共产党的为民情怀和赤子之心。因此，也最大限度地赢得了人民群众的认可与支持。毋庸置疑，过去的百年历史以不可辩驳的事实印证了"人民是党执政的最大底气，也是党执政最深厚的根基"③。展望未来，唯有一以贯之坚守和践行为人民谋幸福的初心，人民群众才会从情感上认同和支持中国共产党的执政，我们党的存在、发展、壮大才拥有了全部理由和根据，我们党才能赢得民心，才能拥有深厚的执政基础而接续奋斗。

四、坚守初心是实现历史使命的价值诉求

回顾党的百年光辉奋斗历程，党的初心与使命是紧密相连、相互依存、相互作用的有机统一体，集中统一于中国共产党团结带领人民实现救国、兴

---

① 中共中央党史和文献研究院，中央"不忘初心、牢记使命"主题教育领导小组办公室．习近平关于"不忘初心、牢记使命"论述摘编［M］．北京：党建读物出版社，中央文献出版社，2019：140.
② 张文龙，李建军．新时代"人民至上"的理论出场、内涵布展与逻辑指向［J］．思想理论教育，2020（10）：28-34.
③ 习近平．习近平谈治国理政（第三卷）［M］．北京：外文出版社，2020：137.

国、富国、强国的历史实践中。从党的百年奋斗实践中我们可以清晰地理清楚中国共产党的"初心"与"使命"之间的逻辑关系。即"初心"是"使命"的价值本源，"使命"是"初心"的实践归宿。"初心"回答的是"为什么"的根本性问题，是一种内在的精神品格方面的集中体现。"使命"回答的是"做什么"的根本性问题，是指在具体实践中必须完成的历史任务，更多体现于外在的责任担当，是"初心"在现实生活中的具体表现。因此，"初心"为"使命"提供了行动指南和精神动力；"使命"为"初心"提供了实践支撑和实践形态。倘若中国共产党忘记初心，那么势必就会迷失方向，其肩负的历史使命也会随之失去必要性和合理性；反之，倘若背离使命，也必然会使初心失去其存在的本真意义。

回溯中国共产党波澜壮阔的光辉历程，"一百年来，中国共产党团结带领中国人民进行的一切奋斗、一切牺牲、一切创造，归结起来就是一个主题：实现中华民族伟大复兴"①。可以说，作为一种实践性的历史任务，实现中华民族伟大复兴的历史使命既与马克思主义执政党的最高奋斗目标相呼应，又在不同的历史情境中有着不同的具体表现和实践形态。因此，在实现中华民族伟大复兴的伟大征程中，复兴之路的每一次出发，都需要自觉地秉持初心。在烽火连天的革命战争年代，我们党深刻认识到，要实现民族复兴的首要前提是"不得不起来反抗国际帝国主义的侵略，努力把中国造成一个完全的真正独立的国家"②。也就是说，民族独立是民族复兴的基础和前提，没有民族独立就没有民族复兴，而要实现民族独立的历史使命"须将这个斗争持续的依靠于全国民众自身的力量"③。因此，中国共产党在深刻洞悉中国革命的特点和规律的基础上揭示了近代中国各种政治力量在探索救国救命出路时之所以会失败的重要原因就在于这些政治力量惧怕发动和依靠人民群

① 鞠鹏，殷博，李响．庆祝中国共产党成立100周年大会在天安门广场隆重举行［N］．人民日报，2021-07-02（1）．
② 中共中央文献研究室，中央档案馆．建党以来重要文献选编：1921—1949（第1册）［M］．北京：中央文献出版社，2011：181.
③ 中共中央文献研究室，中央档案馆．建党以来重要文献选编：1921—1949（第2册）［M］．北京：中央文献出版社，2011：378.

众，而且在"为了谁"的问题上终究摆脱不了追求自身利益的历史局限，从而也就内在地决定了他们无法得到最广大人民群众的支持，所以他们的黯然退场势必成为历史的必然。中国共产党自成立之日起，就自觉地把谋求民族独立、人民解放和国家富强、人民幸福作为革命语境中的历史使命并贯穿于革命斗争的全过程，尤其我们党在革命战争中不断强调"革命战争是人民群众的战争"，在革命过程中始终秉持"我们所做的一切，都是为人民服务"①"共产党人是人民的勤务员""真心实意地为群众谋利益"② 的价值理念与价值追求，这些话语极大地激发了人民群众的革命热情，更是提高了共产党人的宗旨意识和立场意识。可以说，正是在这种精神力量的激励下，我们党才能在情感深处得到人民群众的衷心拥护和广泛支持，我们才能成功地解决民族危亡的历史性问题，中华民族进而实现了站起来的伟大飞跃，中华民族自此也开启了民族复兴的逐梦新征程。

进入改革开放新时期，由于我们党在新中国成立后期对社会主义发展规律的把握出现了错误的判断和认知，从而导致国家富强和人民富裕的历史任务并未能在新中国成立后的二十年时间里得到实现。故此，中国共产党在深刻总结历史教训的基础上思考和探索如何使党和国家从危难中重新奋起，基于对国家和民族前途命运的深刻把握，我们党果断"以经济建设为中心"来重新校准中华民族复兴的正确航向，而且基于人民群众对改善和提高物质生活水平期盼和需要的深刻体悟，中国共产党在改革开放的历史进程中始终强调要把"各项工作都要有助于人民的富裕幸福"③ 作为评价其执政业绩的标准并且始终重视和尊重人民群众在改革开放伟大事业中的地位和作用。质言之，正是在改革开放的历史情境中持之以恒秉承为人民谋幸福的初心，我们党才能从人民的实践创造和发展要求中获得前进动能，中国共产党才得以"集中力量搞四个现代化，着眼于振兴中华民族"④。改革开放 40 多年的光辉

---

① 中共中央文献研究室. 毛泽东文集（第 3 卷）[M]. 北京：人民出版社，1993：1039.
② 毛泽东. 毛泽东选集（第 1 卷）[M]. 北京：人民出版社，1991：139.
③ 邓小平. 邓小平文选（第 3 卷）[M]. 北京：人民出版社，1994：23.
④ 邓小平. 邓小平文选（第 3 卷）[M]. 北京：人民出版社，1994：357.

历史更是充分印证了"改革开放是实现中华民族伟大复兴的关键一招"。概言之，正是因为我们党自觉地将为人民谋幸福的初心和人民性立场通过改革开放的伟大实践传播给最广大人民群众，因此我们党才能获得源源不断的精神动力，从而使得中华民族最大程度上迎来了民族复兴的胜利曙光。

党的十八大以来，经过党和人民的长期不懈的艰苦奋斗，我们取得了一系列前所未有的历史性成就，党和人民的事业发生了历史性变革，中华民族亦实现了从站起来、富起来到强起来的历史性伟大飞跃。这些历史性成绩的取得，既是中国共产党正确领导的结果，更是全体中国人民共同参与和努力的结果。正如习近平总书记所言："我们比历史上任何时期都更接近、更有自信和能力实现中华民族伟大复兴的目标。"① 但是民族复兴的远大目标不是等得来、喊得来的，实现中华民族伟大复兴"必须紧紧依靠人民来实现，必须不断为人民造福"②。也就是说，实现中华民族伟大复兴的深厚源泉在于中国人民，最终目标归宿亦是中国人民，"只有同人民对美好生活的向往结合起来才能取得成功"③。质言之，中华民族伟大复兴从宏观层面来说是历史的，在微观层面来说又是具体可感知的。它的具体可感知性集中表现在目前人民群众对美好生活的殷切期盼中，如广大人民群众对教育、文化、医疗卫生、社会保障、居住环境等最关心最直接最现实利益问题的美好期盼。这样一来，实现中华民族伟大复兴的中国梦就与每一个中国人民的美好期盼有机地融为一体，与中国人民追求幸福的价值诉求密切相关。当下实现中华民族伟大复兴已到了不可逆转的历史阶段。故此，中国共产党唯有慎终如始秉持为中国人民谋幸福的初心，始终以人民幸福为执政坐标，在为人民谋幸福初心的感召下团结带领人民群众接续创造幸福生活，在致力于促进人的全面发展和社会的全面进步的基础上聚焦聚力民族复兴主题，"以党的坚强领导和

---

① 习近平．决胜全面建成小康社会 夺取新时代中国特色社会主义伟大胜利：在中国共产党第十九次全国代表大会上的报告［M］．北京：人民出版社，2017：15.

② 中共中央宣传部．习近平新时代中国特色社会主义思想学习纲要［M］．北京：学习出版社，人民出版社，2019：54.

③ 中共中央宣传部．习近平新时代中国特色社会主义思想学习纲要［M］．北京：学习出版社，人民出版社，2019：54.

顽强奋斗，激励全体中华儿女不断奋进，凝聚起同心共筑中国梦的磅礴力量"①。这也是中国共产党为人民谋幸福的初心之于为民族谋复兴使命的实践意义所在。

---

① 习近平．决胜全面建成小康社会 夺取新时代中国特色社会主义伟大胜利：在中国共产党第十九次全国代表大会上的报告［M］．北京：人民出版社，2017：17.

结　语

　　《易经》一文中指出："变者境，不变者律；可变者形，不可变者本心。"纵观中国共产党践行初心的百年历史演进图景，虽然时代在变，人民的需求亦在变，但永不改变的是中国共产党一心为民的深沉赤子之心。过去百年的辉煌历史已见证了中国共产党从成立初始就自觉地把为人民谋幸福作为其不懈追求的初心并为之奋斗一生，在烽火连天的革命战争年代，我们党付出一切奋斗和一切牺牲以拯救人民于水深火热之中，团结带领人民群众探索救国救民之道路，从而实现了民族独立和国家解放的历史重任，中国共产党的初心在中华民族站起来的历史进程中得到初步彰显；在改革开放新时期，我们党以巨大的政治勇气和强烈的历史担当解放思想、锐意进取，史无前例地创造了经济突飞猛进的伟大成就，人民群众的生存状态和生活条件实现了从温饱不足到总体小康再到奔向全面小康的历史跨越，中国共产党的初心在中华民族富强起来的历史进程中得到进一步彰显；进入新时代以来，我们党慎始敬终牢记党的宗旨，积极践行以人民为中心的价值理念，人民群众的获得感、幸福感、安全感较之以往得到了全面提升。中国共产党的初心在中华民族富强起来的历史进程中得到了高度彰显。因此，如何在新的历史条件下继续秉持全心全意为人民服务的宗旨、如何始终保持党与人民群众之间的血肉联系、如何在新的环境下进一步赢得人民群众的情感认同和广泛支持、如何一以贯之践行为人民谋幸福的初心，是中国共产党必须解决的时代课题。在此背景下，习近平总书记告诫和警示共产党人，"一个忘记初心的政党必定是没有未来的政党"①。因此,要把"不忘初心、牢记使命,必须作为加强党的建设的永恒课题和全体党员、干部的终身课题常抓不懈"②。唯有如此,我们党才能在长期执政的历史过程中赢得时代、赢得民心、赢得未来。

中国共产党的初心是一个十分具有研究价值的历史性课题,贯穿于中国共产党治国理政的全过程。作为一个常谈常新的理论和实践课题,中国共产党为人民谋幸福的初心并不是一成不变的,而是随着人民群众对美好生活的需要和全面从严治党的不断深入而日益丰富和完善。因此,本文对中国共产党初心的梳理、归纳和提炼仍然存在不足和需要探索的空间。在以后工作、学习过程中,本人将紧紧围绕现有的研究成果,进一步拓宽自己的研究视野和增加自己的知识储备,以更加明确的研究方向、更加严谨的学术语言、更加科学的学理分析对中国共产党长期执政过程中如何更好地践行为人民谋幸福的初心进行深刻的理论探究。

---

① 习近平.习近平谈治国理政(第三卷)[M].北京:外文出版社,2020:538.
② 习近平.习近平谈治国理政(第三卷)[M].北京:外文出版社,2020:538.

参考文献

专著：

［1］中共中央马克思恩格斯列宁斯大林著作编译局. 马克思恩格斯选集（第1卷）［M］. 北京：人民出版社，2012.

［2］中共中央马克思恩格斯列宁斯大林著作编译局. 马克思恩格斯选集（第2卷）［M］. 北京：人民出版社，2012.

［3］中共中央马克思恩格斯列宁斯大林著作编译局. 马克思恩格斯文集（第3卷）［M］. 北京：人民出版社，2009.

［4］习近平. 习近平谈治国理政（第一卷）［M］. 北京：外文出版社，2018.

［5］习近平. 习近平谈治国理政（第二卷）［M］. 北京：外文出版社，2017.

［6］习近平. 习近平谈治国理政（第三卷）［M］. 北京：外文出版社，2020.

［7］毛泽东. 毛泽东选集（第1卷）［M］. 北京：人民出版社，1991.

［8］中共中央文献研究室. 毛泽东文集（第2卷）［M］. 北京：人民出版社，1993.

［9］中共中央文献研究室. 毛泽东文集（第7卷）［M］. 北京：人民出版社，1993.

［10］邓小平. 邓小平文选（第2卷）［M］. 北京：人民出版社，1994.

［11］邓小平．邓小平文选（第3卷）［M］．北京：人民出版社，1994．

［12］江泽民．江泽民文选（第3卷）［M］．北京：人民出版社，2006．

［13］江泽民．江泽民文选（第2卷）［M］．北京：人民出版社，2006．

［14］胡锦涛．胡锦涛文选（第1卷）［M］．北京：人民出版社，2016．

［15］中共中央党史和文献研究院．十八大以来重要文献选编（上）［M］．北京：中央文献出版社，2017．

［16］中共中央党史和文献研究院．十八大以来重要文献选编（中）［M］．北京：中央文献出版社，2018．

［17］中共中央党史和文献研究院．十八大以来重要文献选编（下）［M］．北京：中央文献出版社，2018．

［18］中共中央宣传部．习近平新时代中国特色社会主义思想学习纲要［M］．北京：学习出版社，人民出版社，2019．

［19］中共中央宣传部．习近平新时代中国特色社会主义思想三十讲［M］．北京：学习出版社，2018．

［20］中共中央文献研究室．习近平关于社会主义生态文明建设论述摘编［M］．北京：中央文献出版社，2017．

［21］习近平．在哲学社会科学工作座谈会上的讲话［M］．北京：人民出版社，2016．

［22］中共中央党史和文献研究院，中央"不忘初心、牢记使命"主题教育领导小组办公室．习近平关于"不忘初心、牢记使命"论述摘编［M］．北京：中央文献出版社，党建读物出版社，2019．

［23］习近平．在全国党校工作会议上的讲话［M］．北京：人民出版社，2015．

［24］中央档案馆．中共中央文献选集（第11册）［M］．北京：中共中央党校出版社，1991．

［25］本书编写组．中国共产党简史［M］．北京：人民出版社，中央党史出版社，2021．

［26］中共中央党史研究室．中国共产党的九十年：社会主义建设时期

［M］．北京：中共党史出版社，2016.

　　［27］中共中央文献研究室，中央档案馆．建党以来重要文献选编（第1册）［M］．北京：中央文献出版社，2011.

　　［28］中共中央文献研究室，中央档案馆．建党以来重要文献选编（第2册）［M］．北京：中央文献出版社，2011.

　　［29］中共中央党史研究室．中国共产党历史：第1卷（上册）［M］．北京：中共党史出版社，2011.

　　［30］中共中央党史研究室．中国共产党的九十年：新民主主义革命时期［M］．北京：中共党史出版社，2016.

　　［31］习近平．论中国共产党历史［M］．北京：中央文献出版社，2021.

　　［32］刘振铎．现代汉语辞海［M］．上海：上海辞书出版社，2010.

　　［33］中央党校党建部"主题教育"课题组．"不忘初心、牢记使命"专题十讲［M］．北京：人民出版社，2019.

　　［34］《精神的力量：共产党人的初心和使命》编写组．精神的力量：共产党人的初心和使命［M］．北京：人民出版社，2019.

　　［36］黄炎培．八十年来［M］．北京：文史资料出版社，1982.

学术期刊：

　　［1］张文龙，李建军．新时代"人民至上"的理论出场、内涵布展与逻辑指向［J］．思想理论教育，2020（10）.

　　［2］李建军，张文龙．新时代党的自我革命的出场语境、价值意蕴与实践理路［J］．理论视野，2020（5）.

　　［3］何畏．"不忘初心、继续前进"：中国共产党治国理政的根本原则和方法论［J］．思想理论教育导刊，2016（9）.

　　［4］茹梦丹．习近平"初心"思想的科学内涵与践行路径［J］．延安大学学报（社会科学版），2018，40（3）.

　　［5］谢春涛．坚持初心就是要坚持党的信仰、理想、信念和宗旨［J］．前线，2016（10）.

[6] 郭玥．论党的初心与党的先进性和纯洁性［J］．探索，2016（5）．

[7] 韩振峰，王蓉．中国共产党"初心"的多维探析［J］．广西社会科学，2020（1）．

[8] 周文斌．"不忘初心"贵在"三不忘"［J］．人民论坛，2019（20）．

[9] 韩庆祥．"不忘初心"的哲学阐释［J］．共产党员（河北），2016（26）．

[10] 包心鉴．"不忘初心、牢记使命"的时代内涵［J］．人民论坛·学术前沿，2019（16）．

[11] 邓纯东．论不忘初心牢记使命的三重逻辑［J］．湖湘论坛，2019（6）．

[12] 齐卫平．论新时代党的自我革命与全面从严治党［J］．思想理论教育，2019（8）．

[13] 韩影，杨乃坤．以勇于自我革命精神担当新时代中国共产党的历史使命［J］．理论探讨，2019（1）．

[14] 张文龙，李建军．中国共产党百年人民观的历史演进及其经验启示［J］．重庆大学学报（社会科学版），2021（4）．

[15] 吴波，朱霁．论增强党的政治领导力［J］．中国特色社会主义研究，2019（4）．

[16] 丁新改，田芝健．新时代不断提高党的建设质量［J］．中国特色社会主义研究，2019（2）．

[17] 杨彬彬．中国共产党长期执政话语演进的形态、历程与启示［J］．世界社会主义研究，2022（3）．

报纸：

[1] 江畅．读懂人民美好生活的意蕴：大家手笔［N］．人民日报，2018-08-20（16）．

[2] 鞠鹏，殷博，李响．庆祝中国共产党成立100周年大会在天安门广场隆重举行［N］．人民日报，2021-07-02（1）．

［3］习近平．加强政党合作 共谋人民幸福：在中国共产党与世界政党领导人峰会上的主旨讲话［N］．人民日报，2021-07-07（2）．

［4］鞠鹏．习近平春节前夕赴四川看望慰问各族干部群众 祝福全国各族人民新春吉祥 祝愿伟大祖国更加繁荣昌盛［N］．人民日报，2018-02-14（1）．

［5］谢环驰，鞠鹏．习近平在江西考察并主持召开推动中部地区崛起工作座谈会时强调 贯彻新发展理念推动高质量发展 奋力开创中部地区崛起新局面［N］．人民日报，2019-05-23（1）．

［6］习近平给国测一大队老队员老党员回信勉励广大共产党员 在党爱党在党为党忠诚一辈子奉献一辈子［N］．人民日报，2015-07-02（1）．

［7］习近平主持召开中央财经委员会第十次会议强调 在高质量发展中促进共同富裕 统筹做好重大金融风险防范化解工作［N］．人民日报，2021-08-18（1）．

［8］习近平在中央政治局第十五次集体学习时强调 全党必须始终不忘初心牢记使命 在新时代把党的自我革命推向深入［N］．人民日报，2019-06-26（1）．

［9］徐隽，刘卫兵，鞠鹏．庆祝中国共产党成立95周年大会在京隆重举行［N］．人民日报，2016-07-02（1）．

［10］黄敬文．习近平在党史学习教育动员大会上强调 学党史悟思想办实事开新局 以优异成绩迎接建党一百周年［N］．人民日报，2021-02-21（1）．

［11］习近平．在纪念马克思诞辰200周年大会上的讲话［N］．人民日报，2018-05-05（2）．

［12］杜尚泽，王芳，鞠鹏．习近平和奥朗德共同出席中法建交五十周年纪念大会 共创紧密持久的中法全面战略伙伴关系新时代［N］．人民日报，2014-03-29（1）．

［13］习近平．在全国抗击新冠肺炎疫情表彰大会上的讲话［N］．人民日报，2020-09-09（2）．

学位论文：

［1］冯海涛．习近平以人民为中心执政理念研究［D］．贵阳：贵州师范大学，2021.

［2］李辰洋．习近平以人民为中心重要论述研究［D］．北京：北京交通大学，2021.

［3］孙道壮．中国共产党权威塑造问题研究［D］．济南：山东大学，2020.

［4］闻静超．新时代中国共产党理想信念建设研究［D］．北京：中共中央党校，2020.

［5］郑超华．论新时代中国共产党的历史使命［D］．北京：中共中央党校，2019.

［6］徐绍红．习近平新时代党建思想研究［D］．北京：中国地质大学，2019.

［7］王增国．中国共产党原初价值理念实现的思想政治教育研究［D］．北京：中国矿业大学，2018

［8］王贵．新时代中国共产党自我革命理论研究［D］．贵阳：贵州师范大学，2021.

［9］刘华超．中国共产党执政能力建设的历史考察及其启示研究［D］．济南：山东大学，2021.

［10］冯麒颖．新时代中国共产党的纪律建设研究［D］．兰州：兰州大学，2021.